JN261068

名刀 和泉守兼定（信玄下賜）を八双に構える津本陽氏と介添の井伊達夫氏

井伊直政所用（関ヶ原合戦替具足）
朱漆塗仏二枚胴具足（彦根城博物館蔵）

豊臣秀吉馬廻《うままわり》所用 色々威二枚胴具足
（京都井伊美術館 寄託）

伝紀伊頼宣所用 紅糸威二枚胴具足
（京都井伊美術館 寄託）

蜂須賀正勝所用 韋包《かわづつみ》本伊予札腹巻
（京都井伊美術館 寄託）

上田宗箇（重安）所用 腰取仏二枚胴具足
（広島県浅方社 蔵・上田流和風堂 写真提供）

山口重政（織田信雄家老）所用（蟹江合戦着用）
鳥毛脇立 越中頭形兜（京都井伊美術館寄託）

柳生連也斎所用 鍔
（京都井伊美術館寄託）

宮本武蔵鍔
（京都井伊美術館寄託）

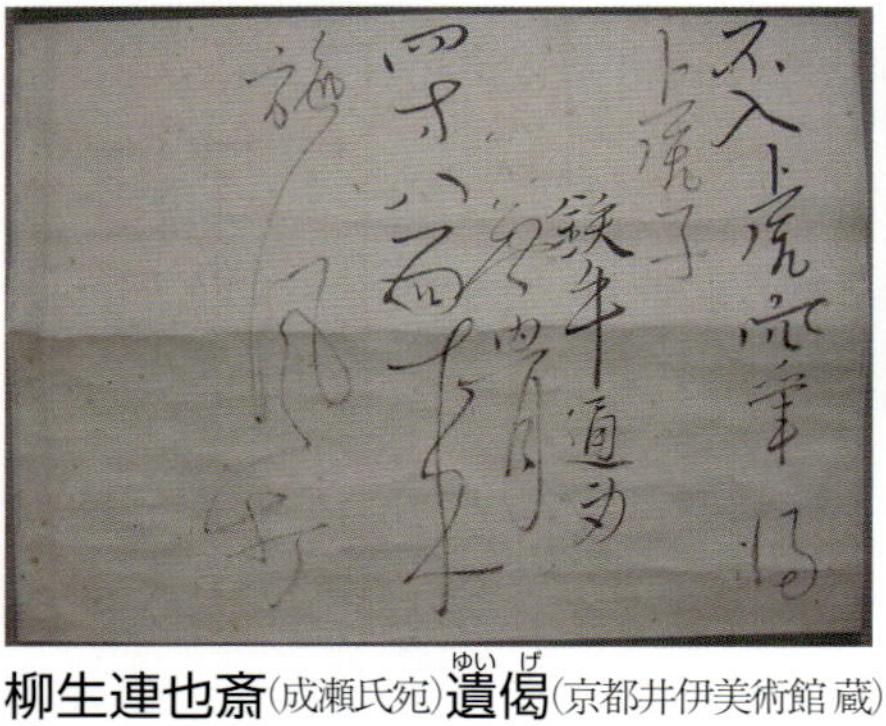

柳生連也斎（成瀬氏宛）遺《ゆい》偈《げ》（京都井伊美術館 蔵）
不入虎穴争得虎子　鉄牛通身無骨
四方八面来旋風打（柳生流の極意を告げたもの）

伝 蜂須賀家政（正勝の子・上田宗箇の主）所用
呂宋茶壷（伊予西条松平家伝来・宮下玄覇氏蔵）

名物三本寺吉光(銘 吉光・上杉謙信佩刀・上杉景勝御手撰三十五腰之内・京都井伊美術館 寄託)

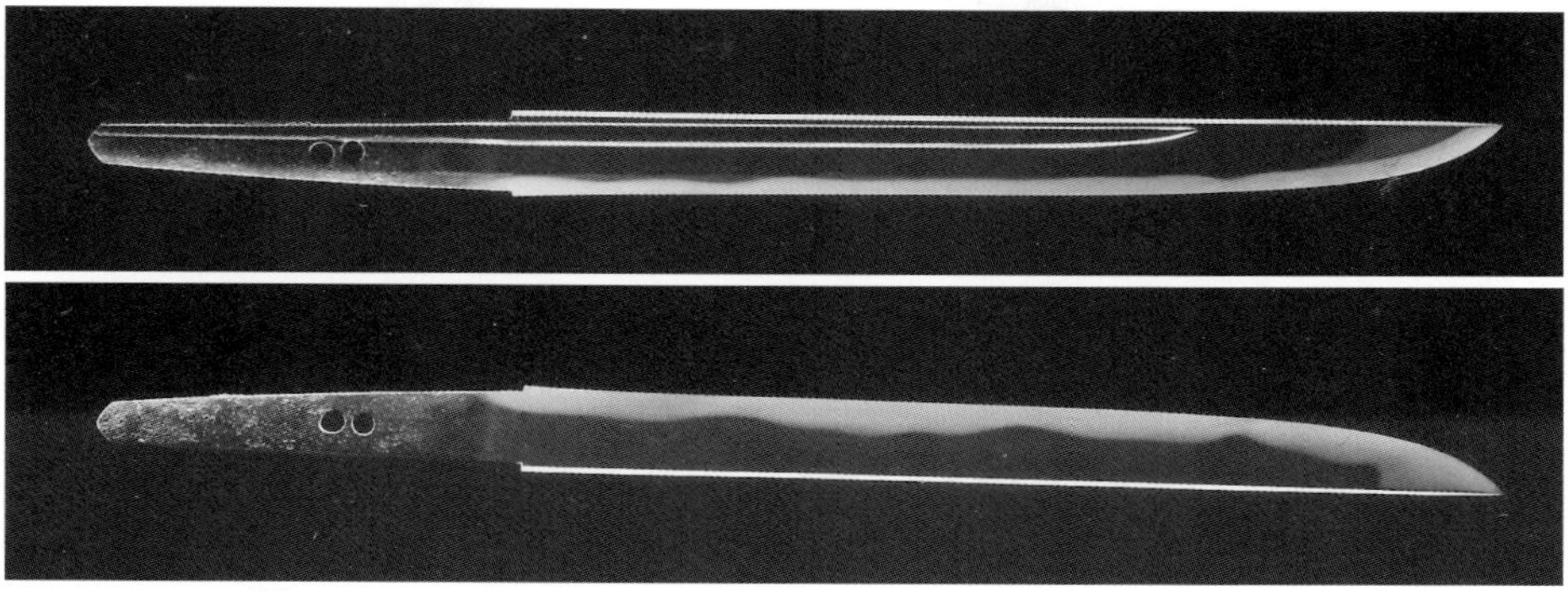

片桐江《ごう》(郷《ごう》義弘・片桐且元太閤より拝領・『相州伝名作集』所載・重要刀剣・某家蔵)

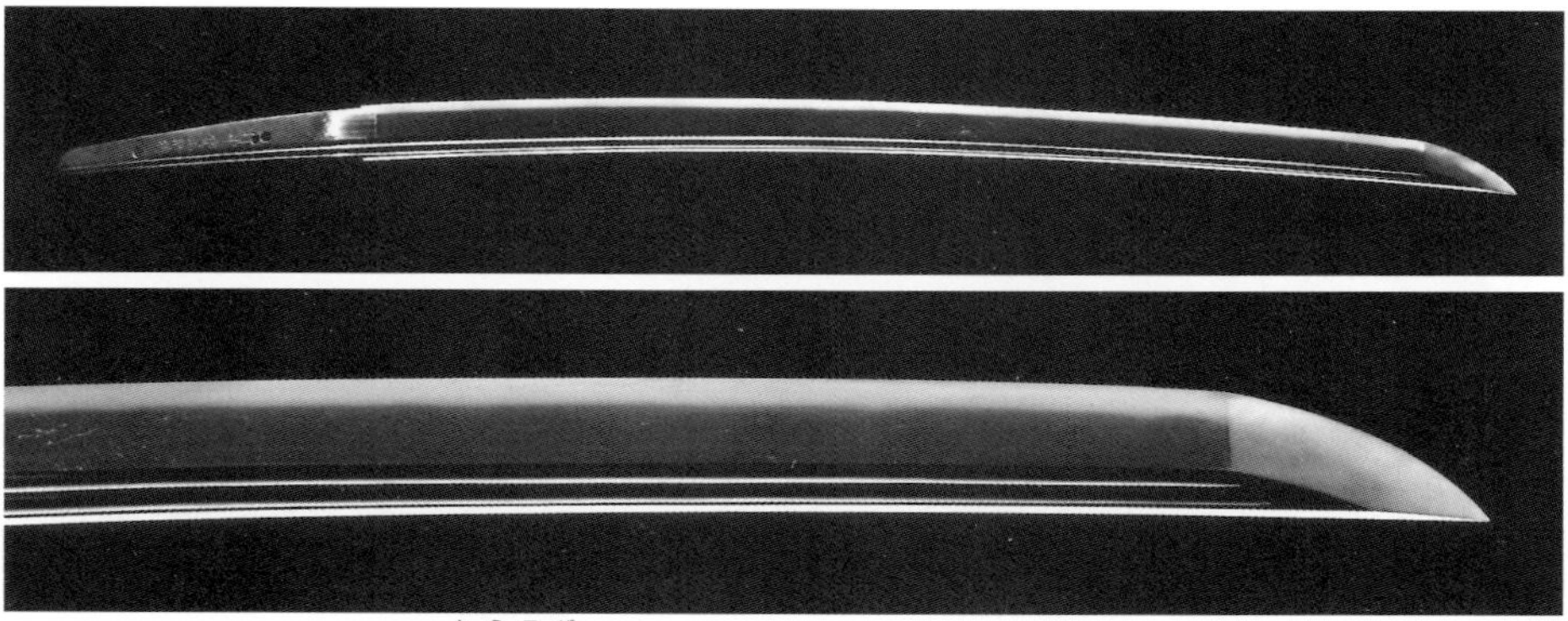

名物虎御前《とらごぜ》元重(無銘 伝元重・竹中重治佩刀・某家蔵)

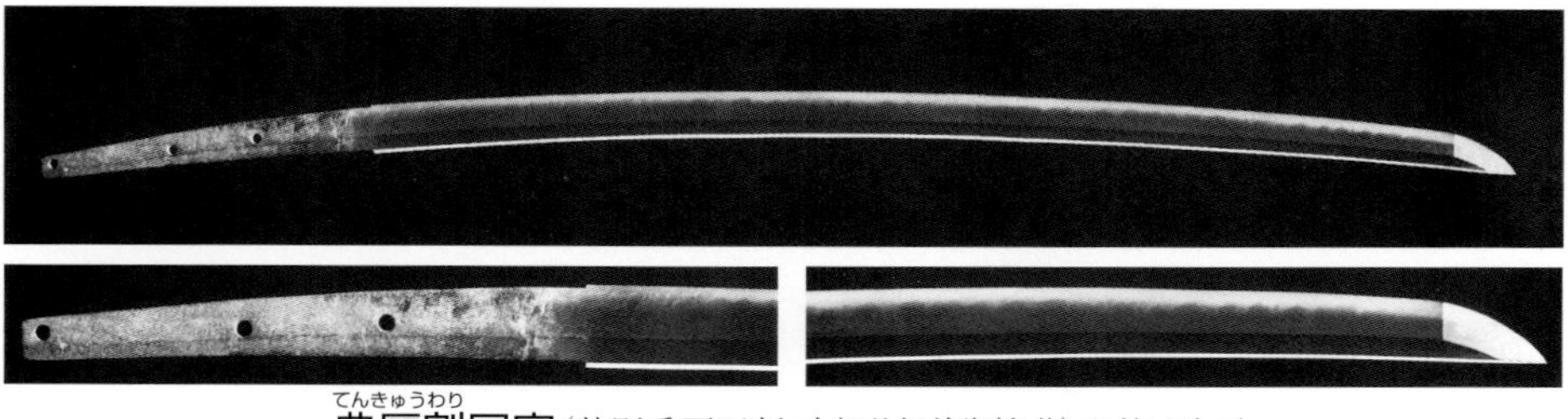

典厩割《てんきゅうわり》国宗(特別重要刀剣・京都井伊美術館 蔵) ※拵は次頁

正宗（小田原大久保家将軍家より拝領・特別重要刀剣・京都井伊美術館 寄託）

典厩割国宗（特別重要刀剣・京都井伊美術館 蔵）

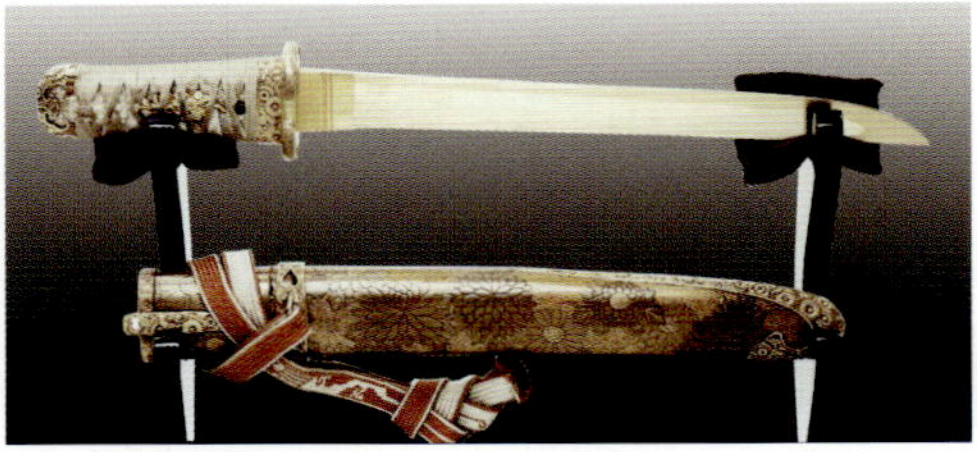

長船清光（前田利泰所用・総金無垢
菊高蒔絵 梨子地拵・京都井伊美術館 蔵）

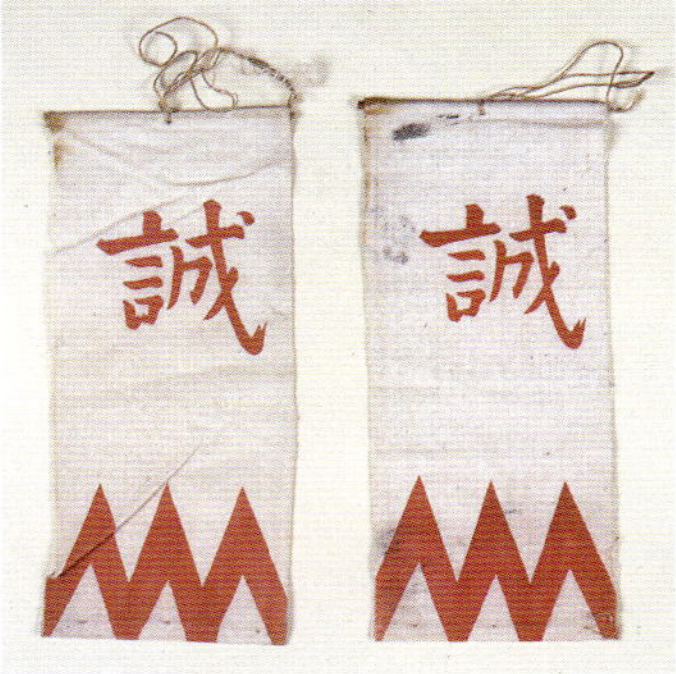

新選組袖章(霊山歴史館蔵)

近藤 勇写真(国立国会図書館写真提供)

井伊直弼像(井伊直安筆)
(豪徳寺蔵・彦根城博物館写真提供)

土方歳三写真(国立国会図書館写真提供)

桜田実地写真之図(早稲田大学図書館蔵)

床に飾られた謙信拵波平《なみのひら》行安（上）と和泉守兼定（下）
（京都井伊美術館寄託）

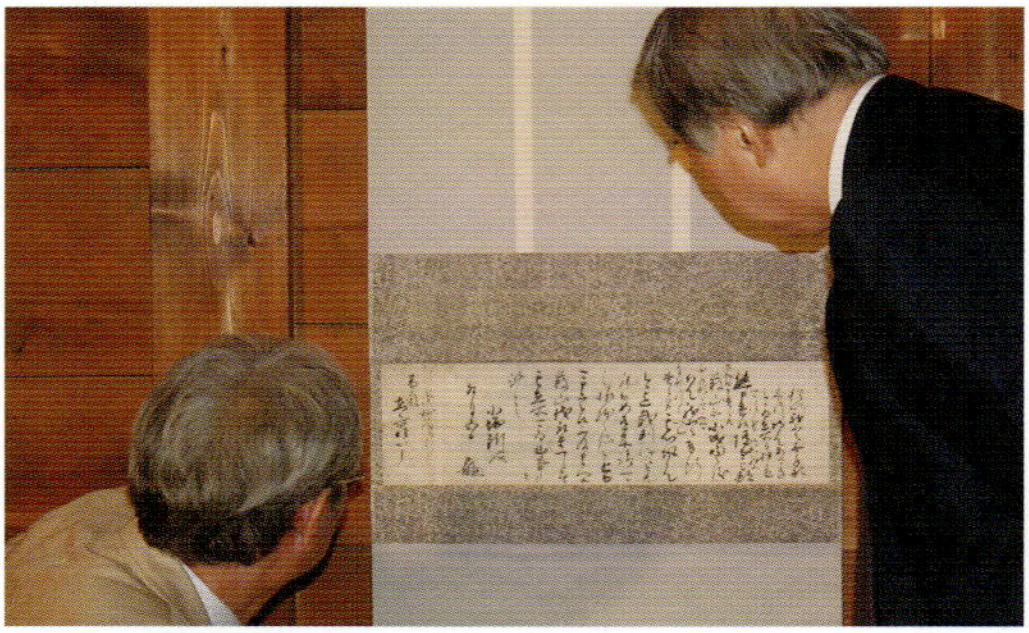

小堀新助正次（豊臣秀長家老 遠州の父）の書状（長浜城歴史博物館蔵）を見る

武将たちが愛好した李朝の高麗茶碗でお茶を喫する

史眼

Shi-Gan

——縦横無尽対談集

津本陽×井伊達夫

宮帯出版社

史眼

縦横無尽対談集

津本陽×井伊達夫

目次

目次

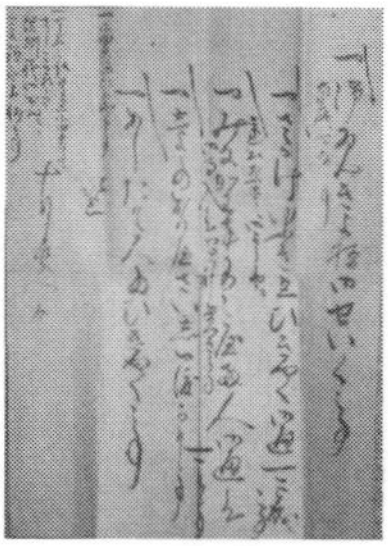

井伊直政 自筆条書
（京都井伊美術館 蔵）

雉《きじ》形兜
（京都井伊美術館 蔵）

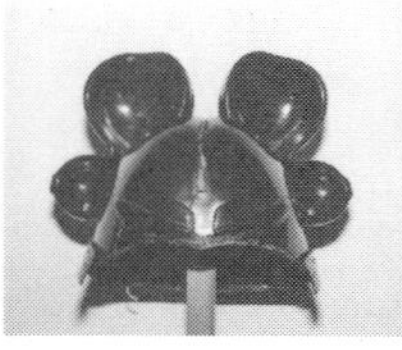

割瓢箪形兜
（京都井伊美術館 蔵）

渦巻形兜
（京都井伊美術館 寄託）

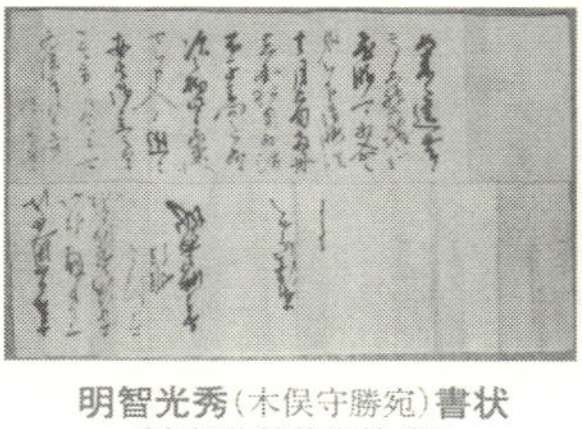

明智光秀（木俣守勝宛）書状
（京都井伊美術館 蔵）

織田信長黒印状
（京都井伊美術館 蔵）

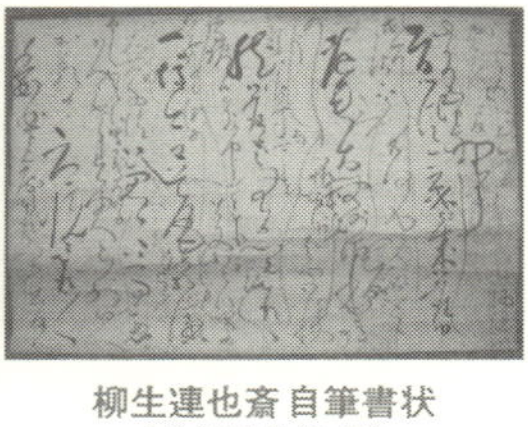

柳生連也斎 自筆書状
（井伊達也氏 蔵）

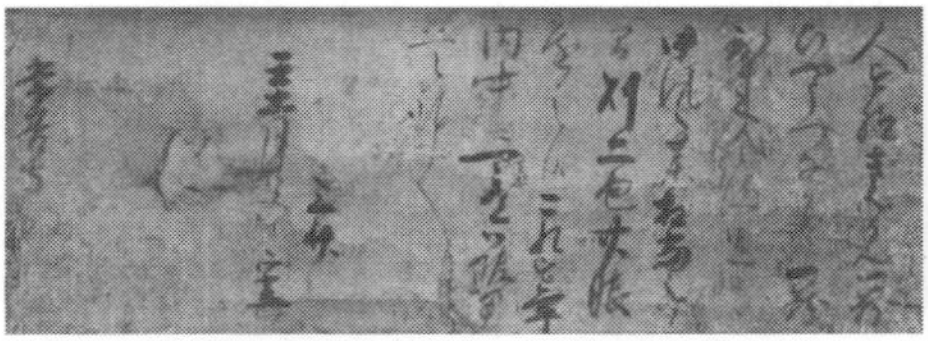

細川三斎（忠興）書状（宮下玄覇氏 蔵）

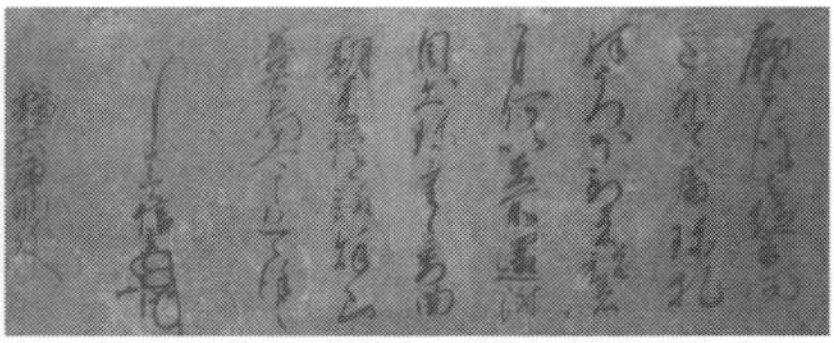

武田信玄（蠟兵庫助宛）書状
（京都井伊美術館 蔵）

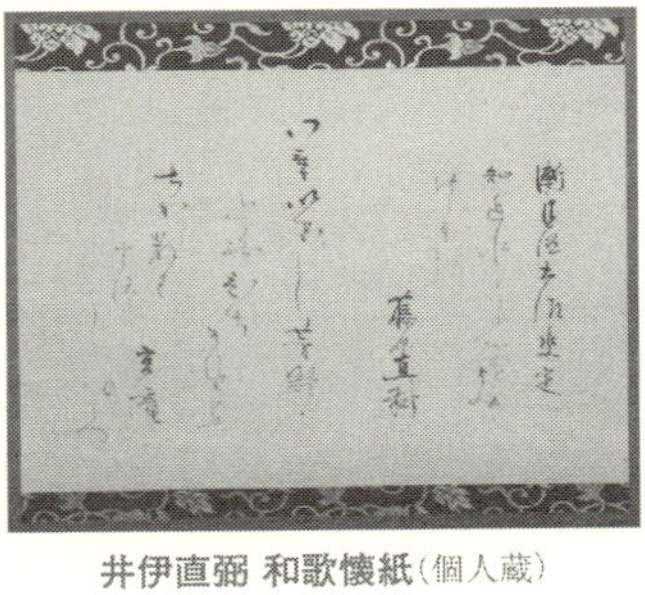

井伊直弼 和歌懐紙（個人蔵）

津本陽——作家になるまで

井伊 作家になる前は、不動産のお仕事をされていたんですね？

津本 親が土地を一八〇〇坪、残してくれたんですよ。昔はもっとあったんですが、農地解放とか財産税とかでワァーッとみな取られてしもうたでしょ。

井伊 もともと、どのくらいあったんですか。

津本 もともとは何十万坪ほどあったかな。それが一八〇〇坪残って。それも僕が会社にいてたらね、もう親父は寝てるでしょ。だから、もうみな取られてしまうと思って、それで開け渡ししたんですわ。

井伊 その後の不動産関係のお仕事をされるときの、それがファンドになったわけですか。

津本 自分でね、それを不法占拠したりしているのを七件くらい追い出したんですよ。そしたらね、やっぱり脅しみたいなのが、いろいろ出てきましたよ。まあ、それは解決したんですが、仲介とか斡旋《あっせん》とかは一回もしたことないんですよ。昭和五〇年代ですから、利益があまり出なかったんですよ。食べていくには十分だったんですが。

井伊 私が印象に残っているのは、直木賞の頃の小説家になる前のお仕事が不動産関係だった。珍しいですね。僕は宅地建物取引や社会保険労務士など、いろいろの資格を持ってましたから。そして多少、あの頃は文学賞などに色気が

対談風景「o・mo・ya 東洞院店」にて

あったものやから。こういう人が取られたんだなと、やはり印象に残っている記憶があるんです。だから最初のスタートの頃の不動産て、どういう仕事をされてたんかなと思って。もともと自分にも同様の免許資格があったから。

津本　普通は仲介とか多いでしょ。初めから、それやったらしんどいんですよね。それで二年ぐらいしたら、食べられるぐらいの収入ができた。だから小説書いてみようかということでやったら、一回目のが直木賞になったでしょ。ちょっと顔出して、もうやめるつもりでおった。それが三〇年やってきたわけです。人間というのは本当に分からんですね。

井伊　紀州でしたかね？　大名の生活の裏側みたいな、そんな本を出されたんですね。

津本　あれは名古屋だ。尾張ですね。

井伊　まあこうして、こういう座が設けられるようになったのも、もともと私の『井伊軍志』という、あれは二〇年ぐらい前に出した本なんですね。それは以前に一五年ほど『湖国と文化』という滋賀県発刊の文化季刊誌に連載しとったんですけども、まとめて一冊にしたとき、それをお送りして、それを基《もと》に井伊直政のことを書かれて。あのように広く直政のことを世に知らしめてもらったというのは、大変ありがたいことだと思っています。そして、いろいろ書かれているうちに井伊家の特性といいますか、特に直政の性格とか、いろいろ感じられたことがあると思うんですよね。井伊家のほかの藩とはちょっと違う体質とか特殊性とか、外部の第三者としてお話していただきたいんですけどね。

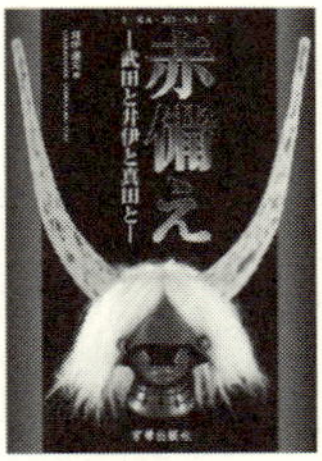

赤備え
甲冑、旗幟《はたのぼり》、刀槍の外装、母衣《ほろ》、陣羽織、馬具、団扇《だんせん》、策《むち》などの軍器が全体的に赤(朱)で統一された軍勢・軍団をいう。

『赤備え—武田と井伊と真田と—』
井伊達夫著 宮帯出版社発行。武田、井伊、真田氏の赤備えを網羅。

『井伊軍志—井伊直政と赤甲軍団—』
井伊達夫著 彦根藩資料研究普及会発行 宮帯出版社発売。
唯一の井伊直政伝記。

井伊の赤備え

津本　そうですね、やっぱりお送りいただいたご本ですね。あのデザインがね、非常に驚きましたね。赤い兜の……。

井伊　赤備えの。

津本　やっぱり井伊なりの土豪としてね、敵が非常に多かったでしょ。もう直政は、お祖父さんの頃から敵が多いですよね。幼い頃から、もう親父さんが殺されたり親戚が……、危ないというか、あれだけ綱渡りみたいな生き方で人生が始まった男というのは少ないと思ったんですよ。

　それで十五歳のときですかね、家康に目通りしますよね。それが近習に取り立ててもらうまでの人生っていうのは、命の危険にずーっとさらされ続けているというようなね。そういう感じの恐ろしいところを切り抜けて隠れていますよね。ああいうのがね、生き抜いてきた人間というのは、やっぱり普通じゃないなと思って、それが興味を持った一番最初の動機ですね。そりゃ、やっぱり直政というのは相当強烈ですよね。家臣に対しても、かなり荒々しい側面を持った人物だということですね。

井伊　だいたい戦国時代の人というのは、似たりよったりなんでしょうね。荒っぽいというか、暴力団の組長をさらに激しくしたような人ばっかりで。そうしていかないと生存していけないというかね。仮借がない。

井伊直政（1561 ～ 1602）
遠江国井伊谷《いのや》祝田《ほうだ》村に生まれる。幼名は虎松。父は肥後守直親、母は一族奥山因幡守親朝《ちかとも》の女《むすめ》。翌年には父直親が非業の死をとげ、今川氏一門の新野《にいの》左馬助親矩《ちかのり》に引き取られる。天正３年（1575）15 歳で徳川家康に仕え旧領井伊谷を与えられる。武田家滅亡後は旧武田家臣を召し抱え、「井伊の赤備え」といわれる精鋭部隊を率い「井伊の赤鬼」と恐れられた。酒井忠次、本多忠勝、榊原康政とともに「徳川四天王」と呼ばれ、関ヶ原の戦いの後には石田三成の旧領近江国佐和山の領主となる。慶長７年（1602）２月１日没。

長純寺（井伊直政火葬地・京都井伊美術館 写真提供）

もともと遠州のあの時代は、井伊氏はもう小土豪に成り下がっていますでしょ。それで生き残るために、時にはAについて時にはBについて。こういう常ならぬ反覆をしなければやっていけないので、それが今川あたりに憎まれたんでしょうね。それで殺されていくという。そこへもってきて土豪の争いというか、井伊氏に取って代わろうという人もおりましたもんね。小野氏なんかもそうですけど。

津本　強運ですよね。あんなところから家康の近習に取り立ててもらうという。家康の寵男《ちょうだん》説とか子供だったとか、いろいろ話があるけれど、そういうような推測をしても不思議はないというほど、いっぺんに気に入られていますからね。

井伊　子供という説は論外としても、寵男であったということはかなり信憑性《しんぴょうせい》が高い。直政は、さわやかな感じで。あの時代の寵男というのは、なよなよした人は一人もおりませんので。森蘭丸《もりらんまる》なんかにしてもそうでしょ。蘭丸にしても坊丸にしても体が大きいし、後世の江戸時代の柔弱なのとは違う、たくましくて大きく立派でないと、また能力がないと駄目なんですね。直政なんかも戦場能力に加えて、政治的な才能というか才覚が先天的にあったんですね。

津本　脅しを効かせるというか、思い切り相手を威圧するという才能を生まれつき持ってたんでしょうね。

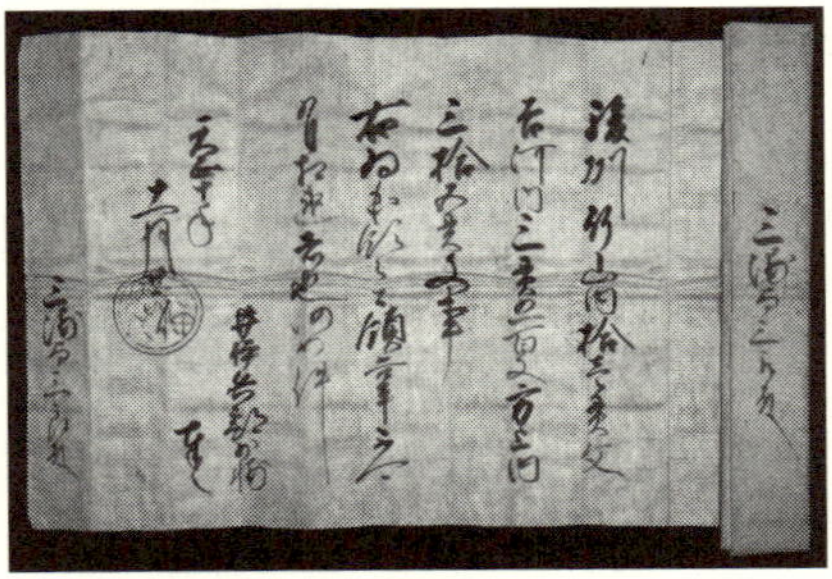

徳川家康 朱印状＊
(井伊直政筆・京都井伊美術館 蔵)
本書を発見したのは今からもう四十年も昔になるが、井伊家史料を研究していた末松修氏がこれを見て、「数少ない直政自筆になる家康朱印状が君によって発見されたことは大変にめでたいことだ」と祝ってくれた思い出がある。中村孝也博士の名著『家康の臣僚』中に紹介するところの直政自筆に係る家康所領安堵状の残存貴重なものの一。印文「福徳」。本書は諸史書に紹介されている直政筆跡を知る代表史料である。

コラム1　井伊直政 上～性格と器量～

井伊直政は非常に気性の荒い人物で、合戦に臨めば先頭で戦わなければ気がすまない男だった。一騎駆けの侍でもなく、一軍の将の立場で自ら手を下して血で汚れるのを好むのだから、あの時代でも珍しい武将だった。

一般に武功で名を馳せた部将、戦陣を預かる一隊の長ともなれば、本来は高級士官として合戦での采配によって自己の器量を示すべきで、自ら手を下して手柄を立てるのは、ある種、卑しむべきことだった。だから生涯に一度も首を斬らずに名将と謳《うた》われた人もいるほどだった。その点でいえば直政はそうした能力もあり、むしろ政治的能力は他に抜きんでているにもかかわらず、それが彼の真骨頂ではなかった。

彼は常に先頭に立ち、戦場で戦う部将だった。せいぜい五〇騎、三〇騎程度の侍大将がやるような戦闘を自らやる。おそらく腕に自信があり、敵を討ち取って首を取るのがよほど快感だったのだろう。それなら首供養をするほど多くの首を取ったかというと、その点ではそれほどでもない。それにしても、なぜ彼があえてそうした行動に出るのか不可解だが、それが仇となって関ヶ原の合戦で負傷して、ついには命を落とすはめになった。そんな無謀な行動に出ずとも、部将として充分やっていけたのだから、やはり直政個人の性格の問題だったと考えられる。そうでなければ、もっと長生きできたはずである。そういう意味では一人の侍としてみた場合、実に頼もしい人物であったがその反面、一国一城の主、大名家の当主としては非常に危うい人物でもあった。

直政は徳川四天王と称された中で一番の新参者にもかかわらず、禄高《ろくだか》は一番上だった。それはそれなりに理由があるわけで、経済的に締まり家だった家康が、ただ単に可愛がっているというだけで、そこまで厚遇しないはずである。したがって、何か非常に期待するところがあったのだと思う。それはやはり直政の政治的手腕であった。

関ヶ原の合戦後における毛利家の処分決定や、薩摩島津家との和平交渉の仲介は、負傷した後にもかかわらず直政が担当している。戦後処理の中心には直政がおり、西軍方大名がこぞって、あたかも「直政邸の門前に市をなす」かのような状況だった。毛利輝元などは、徳川方との交渉に派遣した宿老吉川広家《きっかわひろいえ》に「とにかく直接、兵部少輔《ひょうぶしょうゆう》（直政）に会えないか」と書状に認めているくらいだった。毛利・島津など西軍の大名は、直政に面会して家康に取り次いでもらわねば、身分保証の交渉が進まなかったのである。

これに加え、彼は実務処理や政治的決断も抜群だった。例えば長曽我部氏改易の後に土佐浦戸の接収を担当したが、山内一豊が入部する前の地均《じなら》しを営々《えいえい》とやっている。とにかく彼は家康の麾下《きか》でも抜群の実務能力があり、その上、字も非常に達筆だった。

また直政は武者振りがいいことでも、よく知られていた。体が大きい上に美男子で、実に見栄えがよく、さらに才覚もある。

それゆえ鍋島勝茂などは、関ヶ原の合戦で彼が負傷したところを目撃し、その姿や振る舞いがあまりに立派だったことに驚嘆したという。当時、鍋島勝茂そのほか、彼を賞賛する大名の声も大きかった。

　残念ながら、井伊直政は、関ヶ原の合戦で島津義弘の軍勢から受けた鉄炮傷がもとで、慶長七年（一六〇二）二月に四十二歳の若さで亡くなった。おそらく破傷風の菌が体にまわって、敗血症を起こしたのが死因だったと思われる。当時の気骨ある侍は、傷の治療を大事にして養生する姿は臆病者と見なされるのを恐れて、決して他人に見せなかった。だから傷が癒《いえ》ないまま風呂に入ったりして、治りかけた傷がまた破れたようである。今なら自殺行為とされるようなことをあえて行い、無駄に命を落とすことになった。

　しかし、以上のように直政は決して、ただ合戦の功名《こうみょう》だけで語り尽くせる人物ではなかった。ある意味では破天荒なまでの生き方を貫いた人物であったが、その才覚や器量は当時の部将の中でも卓越し、軍事的技量ばかりか政治的手腕も優れた人物であった。

コラム2　井伊直政 下～激しい気性と家臣たち～

　井伊直政は、非常に短気で激しい気性の人物だったから、もしその後も存命だったら、二代将軍秀忠と必ず衝突していただろう。現に直政は、関ヶ原の決戦に遅れた秀忠の失策で家康と秀忠の間に隙《すき》が生じた時（家康は本気で廃嫡《はいちゃく》を考えていた）、かなり辛らつな評価を下していた。世間では鳶《とんび》が鷹を生むというが、「鷹（家康）が鳶（秀忠）を生んだ」などと言って嘲笑したという。その背景には、女婿の松平忠吉を次期将軍にしたいという直政の思いがあったようだ。忠吉は関ヶ原で先陣を駆け功をあげた優秀な部将だった。そんなこともあってか直政は秀忠の器量を認めず、その能力を信用していなかった。日頃の放言を快く思わなかった秀忠にとって、直政は目の上のタンコブのような存在で、将軍就任後も直政がまだ生きていたら、決して彼をそのまま放置しておくはずがなかった。秀忠は直政没後三年目の慶長一〇年（一六〇五）に将軍宣下《せんげ》を受けたが、もし秀忠の治世まで彼が存命だったら、今ごろ井伊家は存続していなかったかもしれない。

　直政が早くに死んだことは確かに不幸だったが、秀忠の黜陟《ちゅっちょく》を受けることなく、無事に次代直継《なおつぐ》（直勝）が家督を相続できたことは不幸中の幸いだった。逆に言えば、歴史の皮肉というか、豊臣家が滅亡し徳川の天下に移り変わる激動期に二代直継・三代直孝《なおたか》へと何事もなく家督を継承できたことは、非常に幸運だったのである。直政はある意味、あの時に死んでちょうど良かったのかもしれない。

　ところで直政の気性の激しさについては、もう一つ看過《かんか》できない問題がある。それは家来との関係である。直政は気性が厳し過ぎて、家来には慕われることがなかった。彼は若い頃から流浪辛酸の苦労をしてきたが、元々自分は貴種《きしゅ》だというプライドだけは人一倍持っていた。徳川家康よりいい家柄だから、そういう身分感覚で家臣や下々の者に接していた。だから彼らに対しては遠慮がなく、厳しい態度で接していた。その点では、本多忠勝や榊原康政などに比べると家臣への思いやりや配慮が欠けていたらしい。やはり、そのあたりが彼に殉死者がいなかった理由のようである。

例えば、天正一二年（一五八四）の小牧・長久手の合戦で与力として付属されて以来の旧臣、井伊谷《いのや》三人衆の鈴木重好《しげよし》、菅沼忠久、近藤秀用《ひでもち》は直政の旗下ではこれ以上、働きたくないと家康直参への帰参を願い出ようとする始末であった。家康は与力侍《よりきざむらい》らの帰参《きさん》を許さなかったが、近藤秀用だけは是が非でも直政から離れる決意が固く、文禄二年（一五九三）頃、強引に暇乞《いとまご》いして彼の許から去っていった。結局、秀用は奉公構《ほうこうがま》えを受け、直政の存命中は世に出ることができなかった。

それほど直政の家臣に対する規律や軍律は厳格で、彼らへの配慮や寛容さがなかったのである。もちろん直政にも、筆頭家老の木俣守勝のような頼みとした家臣はいた。あとは井伊谷三人衆の宿老、鈴木平兵衛こと、石見守重好。重好は豪傑として名を馳せた人物だが、木俣守勝《きまたもりかつ》のような知略の人ではなかった。戦場で手柄も立てるし、知性も兼ね備えている人は少ないから、そういう意味では、守勝が一番優秀で頼りになる家臣であった。守勝は家康から付属された付け家老だから、仮に直政の勘気《かんき》を被ろうと手討ちにはできなかったし、軽々しくミスを犯すような人物でもなかった。

もちろん赤備え、「赤鬼」の井伊軍だから戦上手はたくさんいた。例えば、家康に付属された甲斐武田旧臣も多くいたし、駿河の先方の衆など戦場の巧者、帷幄《いあく》の将はそれこそ山ほどいた。また軍略家としては横地修理《しゅり》が第一の人であった。直政は身のこなしが軽い人物だったようで、配下の家来はなかなか大変だったらしい。

そうした頼りにしている家臣でさえ、直政の気性の激しさや軍規の厳しさに耐えかね、直政のもとを離れようとした者が後を絶たなかった。例えば、関ヶ原の合戦の戦後処理で土佐浦戸を接収するにあたって、直政はその実務遂行のために鈴木石見を派遣しているが、彼は石見の実務処理が遅いことに怒り、そんなことも処理できないなら四国でさっさと死んでしまえ、などと書状で書き送っている。せっかちで仮借ない直政の対応が家臣の離反を招くのは当然だった。信頼し頼みとした鈴木石見ですら、こういう対応なのだから、他の者に対しては推《お》して知るべしである。この一件で当事者の石見が直政のもとを離れようとしたのは当然だが、はては一番の頼りだった懐刀《ふところがたな》の木俣守勝ですら直政の下にいるのが嫌になり、家康に旗本に戻してくれるよう頼んだというから、直政の激しい気性と規律の厳しさは尋常なものではなかったことがわかる。

兵法と剣の極意

井伊　今言われた脅しを効かすというのは兵法ですよね。結局、剣の極意も一緒で先を入れる。相手がやるまえに抑えてしまう。だから、そういうのは修練で積むもんじゃないでしょ。やっぱり生まれつきある程度、商売人の資格と一緒で。

津本　まあ、そういうことですね。

井伊　なんでも生まれついて持った才能がないと。よく剣の極意なんかには「よくよく鍛錬……」と書いてあるけれども、いくら鍛錬しても向いてない人は駄目やから。剣を抜く前に言葉のやり取りなんかでも、まず相手を抑えるというか、抜く前にね。これが一番大事なんですね。

津本　大事ですね。

井伊　この抜いて戦うのは下の下やから、それまでに片を付ける。直政なんかもそういう、ある程度大きくなってからでしょうけども、あんまりしゃべらないけれども、ここというときにぱっと抑えてしまう。それができたらしいですね。

津本　柳生石舟斎《やぎゅうせきしゅうさい》が言っていますけども「一合の器に一合の水、一升の器に一升の水」。そのとおりですね。剣道でも、段は上がっても試合に出たら負けてばっかりいるのが、結構いますからね。

柳生石舟斎（1527 ～ 1606）
大和国柳生の土豪で剣豪。諱《いみな》は宗厳《むねよし》。号は石舟斎。剣術の新陰流継承者。柳生家厳《いえよし》の子。子に厳勝《よしかつ》、宗矩《むねのり》らがいる。上泉《こうずみ》信綱に弟子入りし、「柳生新陰流」を現出した。筒井順慶《じゅんけい》・三好長慶《ながよし》・松永久秀に仕えたが振るわず、柳生に隠遁《いんとん》した。太閤検地において隠田《おんでん》が発覚して所領を没収された。徳川家康に「無刀取り」を披露し、子孫が徳川家に仕える端緒を得た。

井伊　塚原卜伝《ぼくでん》が、試合は弱かったらしいですね。ところが何か記録が残っていますね。自分の行列に大鷹をすえてて、それから上下七〇～八〇人程連れてね。そういうことができたというのは、やっぱり経済をちゃんと運営する能力があったというか。それで、卜伝なんかに負けた人が弟子になったりする。それは何かなと、そういうこともお聞きしたいなと思ったんですよ。負けているのに弟子になっている。『甲陽軍鑑《こうようぐんかん》』か何かに出ていますけども、例の山本勘《かん》助《すけ》（菅助）とか波合備前《なみあいびぜん》とかは相当剣術が強かったらしいですね。

津本　波合備前というのは薙刀《なぎなた》とか長巻《ながまき》を使ってね。あれはレコードホルダーですね、戦場で一番たくさん人を斬った。二〇〇人くらい斬ったんですね。勘助というのは浜松かどこかの人らしいですけど、あれはわりと、あんまりはっきりいたかどうかというのは。

井伊　最近までね、架空であると書かれたんですけど「市川文書」か何かに出てきて。それが公になっていることなんですね。彦根藩といいますか、井伊家のほうの関係では、彦根の築城のときに勘助の弟子である早川弥三左衛門《やぞうざえもん》（幸豊《ゆきとよ》）とか、あのへんが築城の縄張りなどにかかわっているんですよ。勘助の弟子とはっきり言ってますから。そういうことも一般の歴史のほうでは公になっていませんから。「市川文書」とか長野の大学の先生とかに見い出されて、実際おったんですよね。

津本　官と草冠《くさかんむり》ですね、菅助というのは。武田方で、菅《すげ》という字ですね。

井伊　それは皆、勘助のことじゃないですか？　当て字を平気で使いますから

山本勘助（生没年不明、甲陽軍鑑説 1493 ～ 1561）
菅助とも。戦国時代の武田氏の部将。伝説的要素が多いが『甲陽軍鑑』によると、用兵の天才で信玄に仕え、川中島の戦（1561）で討死したという。

波合備前守胤成
武田家臣団中の信濃一騎合衆《いっきあいしゅう》の一人。現在の長野県下伊那郡浪合村に住んでいたという。

「市川文書」
北信濃の豪族だった市川氏の子孫が保存する古文書類。北海道釧路市の指定有形文化財。弘治３年（1557）6 月 23 日付の市河藤若《ふじわか》宛「武田晴信書状」の中に山本菅介の名が記されている。

ね昔は。『甲陽軍鑑』なんかも、昔からいい加減だといいますけど、やっぱり読んでみると、あの時代の人でないと書けない部分があるから。今の唯物的な学者は、例えば年月が一つ違うと「これは、あかん」とかね、決めてしまうでしょ。昔は大雑把です。その大雑把なところをちゃんと見ないと、いいものまで見落としてしまうところがあると思います。

津本　『甲陽軍鑑』なんかも結構、面白いですからね。あの時代の、あの匂いがします。武田信玄が侍を採用するときに、女を近付けておいて節穴から覗いて、その振る舞いを見るとかね。ああいうのが結構簡単なようで、面白いですよね。

井伊　そう。わずかなところに時代の雰囲気があるというか。だから刀の柄巻《つかま》きの仕方とか、そういうことも実戦の時代の人が言ってるなということが分かりますわ。刀の柄なんかも普通は鮫《さめ》。実正はエイという魚の皮ですが、あれなんかも江戸時代には通例で皆、鮫を使ってますけども雨に濡れるとぬるぬるになるんですよ。だから使い勝手がよくない。片手巻きが一番いいとかね。こう巻いただけがいいとか。ブツブツしたところが濡れて実際に戦いを長いことやるとぬるぬるになるんです。

津本　血も流れてくるでしょうしね。

井伊　そうそう。だから柄巻き師は柄の中に入った血を外に滲《にじ》み出さんようにするのが名人やったんですね。いつも斬り合いしてると、新選組にあるでしょ。土方歳三の刀の茎も血だらけになったとか、錆《さ》びて抜けんようになったとか。

『甲陽軍鑑』
武田氏に仕えた春日弾正忠虎綱《かすがだんじょうのじょうとらつな》(香坂昌信《こうさかまさのぶ》)によって書かれたとされる軍学書。内容は武田氏の戦記を中心に、家臣としての心構え、戦術などについて59品から成っている。史料的な価値については評価がさまざま。

早川幸豊
武田信玄、勝頼に仕えたが、天正10年(1582)、武田氏滅亡後は徳川家康配下の井伊直政に仕えた。山県昌景《やまがたまさかげ》より勘助流(甲州流)築城法を伝えられたいわれ、広瀬景房《かげふさ》とともに彦根城を築いた。

土方歳三(1835～69)
幕末の新選組の副長、蝦夷《えぞ》政府陸軍奉行並《ならび》。武蔵多摩郡石田村出身。京に上り浪士組・新選組に参加。近藤勇らとともに芹沢鴨を暗殺して、新選組の実権を掌握して、新選組を組織化した。鳥羽伏見の敗戦以後、関東東北を転戦。箱館の榎本軍に参加、蝦夷政府の陸軍奉行並に選出された。官軍に対して善戦したが、箱館で戦死した。
(写真＝口絵参照)

中へ血が入ってくるわけです。それが下手な柄巻き師になりますと柄ににじんで出てくるわけです。そうすると、もうどうにもならんですね。だから朝夕《あさゆう》、朝夕《ちょうせき》、戦場に出んならんような人は手入れをする暇ないでしょ。そこが一番大事なとこなんです、柄のやりようがね。やっておられたからわかると思いますけども、あそこがなくなったら、全然効きませんもの。

津本　そりゃ効かないですね。

井伊　刃筋を立てないかんから。そういえば試斬というか試し斬りをされた、そんな話を……。

津本　それはもうね、初めからそれだったんです。私は日本刀を持ったことがなかったんですよ。家にはありましたけどね。終戦後、植木屋が来なかったんで庭木が伸びるでしょ。それを私は日本刀で切ってました。そしたらね、よう切れるんですわ。それでチャンバラ小説書いてました。文春で六本書いて一冊にしたんですかね。それがね、そのあともう、いたるところからおんなじような注文がきたんですよ。それで書きまくっていたんです。

　薪割りでね、外材はパコンとやったらパーンと飛ぶんですよ。日本の木はガンとやったらギューッと、こうなるでしょ。それで二つ目か三つ目でバーンと割れるわけですけど。僕はね、人の体を斬ったときもそうやと思ったんです。だから二の腕にね、手応えがグッときたということをね、小説に書いてたんですよ。そしたら山本七平さんがね、あの人、砲兵隊でフィリピンの生き残りですわね。で、軍刀がまったく斬れないんだと。

山本七平（1921 ～ 91）
作家、評論家。クリスチャンであった山本文之助と八重の長男として東京で生まれる。青山学院専門部高等商業学部在学中に徴兵され、ルソン島で終戦を迎え、マニラの捕虜収容所に収監される。1949 年に日本に帰国。1956 年に聖書学専門の出版社、山本書店を創業。昭和 45 年（1970）には自らが書いたといわれる『日本人とユダヤ人』イザヤ・ベンダサン著を発行。昭和 43 年（1973）、第 35 回文藝春秋読者賞受賞。昭和 56 年（1981）、第 29 回菊池寛賞受賞。山本書店は平成 19 年（2007）3 月 31 日に閉店。
（PHP 研究所 Voice 編集部 写真提供）

井伊　モノが悪かったんじゃないんですか。

津本　結局、鈍刀で鉈《なた》みたいなものを持っていたらしいですよ。それで一回試そうじゃないかって文春のTさんという、今局長をしてる人ですけどね。彼は空手のほうも今、和道流の師範ですかね。それと棒術なんかもやっとったんですね。その人が川崎に住む中村泰三郎という日本一の「抜刀術抜刀」の先生を紹介してくれました。七十歳だったんですよ。で、文春の食堂で一八キロの豚の太ももをビニールに包んで、車のトランクに積んで二人で行ったんですわ。

そしたらね、バカにしたように「何したいの、斬りたいのか？」って近所の変な道場へ連れてってもらって。それで、初めは巻き藁《わら》から斬れって。乾いた藁じゃなしに六畳ほどの畳表を、三日間水に浸して二日生乾きにして、押してわずかに曲がるくらいに。それを僕に思いっ切り斬れってね。袈裟《けさ》に斬るというのが分からないので、「どうするんですか？」って言ったら、こうしてね、「こう振りかぶって、わずかに体を斜めにして真っすぐ下ろしたらスポンといくんだ」とかね。口で教えてくれるんですよ。それで半歩下がったらいいとかね。こっちは窮屈でしょうがないでしょ。袈裟というのは横面打ちのようなものだと思っていたんです。先生の刀貸してくれたんですよ。こう持ってね、バーンと横にいったんですわ。そしたら五ミリほど入っただけですよ。それでね「あ、俺の刀曲げたな」ってね。見たら、棟《むね》が曲がってるんですよ。それを押して直して。それで「袈裟っていうのはこう、ほとんど真っすぐだけど結局、頭一つはずして刃筋を立てて、左右を斬れ」と。そしたらね、スッと何ぼでも斬れる

中村泰三郎（1912 ～ 2003）
武道家。山形県上山市に生まれる。21 歳で第 8 師団山形歩兵第 32 連隊に入隊。満州事変に出征し、除隊後は東京芝浦電気入社。陸軍戸山学校で銃剣道の指導を受け、戦中は満州で武道教官を務める。昭和 23 年（1948）、至誠館道場を設立。昭和 48 年（1973）には戸山流、中村流抜刀道を伝承するために全日本戸山流居合道連盟、全日本抜刀道連盟を結成。平成 10 年（1998）には国際抜刀道連盟が組織された。抜刀道 10 段、剣道 8 段、銃剣道 8 段、短剣道 8 段、柔道 3 段、弓道 4 段。
（国際抜刀道連盟 写真提供）

んですよ。下から斜め上方斬り上げる逆袈裟、あれもできるんですね。横一文字もできる。それで「珍しいな」って。「高段者でも初めは斬れない。力の弱いのは刀を飛ばすし、力が強いのは曲げるしね。ところが君はよくやれるな」と。

そこで豚を持ち出したんですよ。そしたらね、「うーん」と言って……。一回だけ自分で斬りましたわ。こんなまな板の上に置いて一八キロでしょ。それを正面じゃなくて、ちょっと斜めに置くんですね。斜めに置いて足を踏ん張って背筋に刀の棟を付けて斬る、この瞬間に手の内を締めると。斬るときだけパーンとここで、きめるんですね。そしたらね、パチーンとね。二、三、四、五と僕が斬ったんですよ。それで手応えゼロですわ。

それで切り口見たら直径一〇センチの骨と三センチの骨とがあるんです。なんやこんなんかいな、実に簡単やなと思っていたら、「俺の刀、刃こぼれさしたな」と言うんですね。見たって分からんのですよ。電気に照らしたらチラッと〇・五ミリくらい光ったんですね。結局、肉から骨を斬って、また肉から骨でしょ。そのとき、僕は手の内締めてこうやってるつもりだけれども、やっぱり慣れてないから動いたんですわ。それでブレたんですよ。それを七万円で磨り上げしてね、自分の買えって。

それで僕は最初、美濃の二尺四寸五分の刀を一五〇万円かな、買ったんですよ。それでね、あとは道場へ行って稽古するというよりも、週刊誌のグラビア撮影、それからＮＨＫの教育テレビでしょ。各、民放でしょ。来てくれって言ってね。僕は刀を入れる袋の紐《ひも》の締め方も知らんのですよ。それで大阪も行きま

抜刀道

日本の武道のひとつ。日本刀を用いて実際に斬るのを目的とした武道。「抜刀道」の語は、もとは居合と同義であったが、居合が近代に型による演武を中心としたものに移行したため、中村泰三郎らが真剣を用いて藁を斬る「抜刀道」を創始した。

したよ。大阪の朝日放送の前にホテルがあったんですよ。で、朝の八時からの番組で三本斬ってくれと言うんですよ。

井伊　考えられますね。その頃はあんまり、そういうことがオープンになってなかったから、はしりみたいなものですね。今はもう、皆斬っていますけどね。あんまり斬りすぎて、流行《はや》りすぎて面白くないくらいですけど、昔はなかったですよね。オープンにそういうことは。

津本　なかったんですよ。それでね、カメラマンも皆、ワッと後へ引くんですよ。ビャーッと音がしますからね。

井伊　第一、一般の人は刀を見たことがないから。

津本　そうなんです。

井伊　話題性は十分やからね。

津本　皆飛び上がってね。ただね、何で大阪の朝日放送を覚えているかというと、水に漬けてなかったんですよ。新品の畳の表を。

井伊　はい、はい。

津本　それで僕が言うたら、水道の水なんかはじいてしまうでしょ。それで時間くるでしょ。斬らんかったら終わりでしょ。もう必死になってやったんですよ。そしたらね、斬れたんですよ。そのビデオを中村先生が見てね「まぐれだ」って言うんですよ、斬った瞬間に。「よく斬れたなー」って「俺のほうが驚いちゃうよ」って言ってくださってね。その後、藁ですね。藁をこのぐらいにして縛っているんですよ。あれは気持ちいいですよ。ジャーン、ジャーンて音がするん

美濃刀
美濃国(岐阜県)で造られた刀全般をさすが、とくに関の刀は有名。鎌倉時代にはすでに刀工が出て、室町時代までに全盛期を迎えた。さらに戦国時代にはさらなる需要が生まれたことから、自治組織「鍛冶座」が結成され、多くの分派(関七流)が発生した。また関以外の刀工集団は「末関鍛冶」と総称される。江戸時代に急速に衰退したものの、現代でも関市には刀工がおり、かつての繁栄の縁を伝えている。

ですよ。それで下へ落ちないで、これぐらいで止まりますけどね。それも坂本龍馬と中岡慎太郎の殺害現場と同じようなセットをつくってね。それをフィルムとビデオの両方で撮りましたけどね。そのときね、あんまり皆がびっくりするんで一回斬る見本でね、巻き藁五本斬るんですよ。こう斬って、こう斬ってこう斬って、それからこう斬ってこう。で残心ですわね。それを僕一〇回繰り返した。いや一二回繰り返した。だから六〇本連続でしたんですけどね、全然疲れなかったですよ。僕は六〇本ていうのは濡れた畳表の巻き藁でも六十四歳のときにやりましたわ。ふつうは二四本ぐらいしか斬らさんそうですね。手元が狂ってくるから危ないんですってね。僕は六〇本ばっかりやってましたけどね。刀の切れ味が実際、化け物みたいな感じですね。

井伊　もちろん刀の質にもよるし、使い方。まず一番手の内の使い方が大事だと思うんですね。さっきの山本七平さんでしたかね、軍刀が切れなかったというのは？

津本　そうそう。

井伊　あの頃の一般の軍刀というのは、スプリング軍刀といいましてね、バネ、機関車なんかのスプリングあるでしょ。あれを再利用しましてね、それを軍刀ににわか仕立てにしたものが多いんですよ。そりゃ斬れない。そういうなんは日本の陸軍と刀屋なんかが結託しましてね、大儲けしたところがあるんですよ。そりゃ斬れるわけがないんで。

中岡慎太郎（1838～67）
幕末の土佐藩出身の志士。土佐安芸郡北川郷大庄屋の長男。文久元年（1861）土佐勤王党に参加し、2年後に脱藩。薩長連合などに尽力し、倒幕のため陸援隊を組織。京都河原町近江屋で坂本龍馬とともに暗殺された。（国立国会図書館 写真提供）

コラム3　軍学書や史伝書の評価について

軍法というのは合戦全体を左右するものであり、また当時の侍の作法にも深く関連するものである。軍法は中国の兵法書から採り入れられるものもあれば、自ら合戦に参加した者が実戦の中からあみ出す場合もあった。このような軍陣のように全軍に関わるものから、例えば刀の柄巻はどのようなものがよいのか、などという細々したことまで詳しく書かれているのが軍学書である。

『甲陽軍鑑』を例にすると、山本勘助（菅助）がこのように述べている、という形式で記された。実際に勘助が語ったかどうかという点は問題があるが、戦国時代を生きて戦場に出た経験をもつ作者が、勘助などの軍略家・武将の名前に仮託して言わせているわけである。軍記物などでもそうだが、山本勘助とか高坂弾正などが実際に述べたのではなく、彼らをいわば一つの俳役にして、刀の下緒はこう扱うものだとか長さはこれがいいとか軍事に関する秘伝や情報を伝えている。

このような『甲陽軍鑑』などの軍学書は、一種の教科書のように作らせたものだから、あれはあれで二次史料だなどとして一概に切り捨てはいけない。あの時代を生きた人でなければ分からないことが多く含まれている。例えば斬り合いの時の対処とか、どういう作法をしていたかとか、そんなことは太平の世になった江戸中期以降の人には、まったく分からないことである。ただ厳密な意味での歴史的事実、例えば事件の日付や史料の作成年月日などが正確でなかったりするが、それだけをとり上げて、「これは偽書である」などと言ってしまうと、その史料的価値は評価できなくなってしまう。現今、不学の学芸員などが理解の届かぬ伝承を無責任に切り捨てるのと同じである。

現在の歴史学者や研究者が、作成年代が確かな古文書や古記録などの記載だけを頼り、それを尊重するあまり、戦国武将の逸話や史話を集めて記した『常山《じょうざん》紀《き》談《だん》』等の史伝書を史料としては二次・三次に位置づけてしまっているのは、あまりにも唯物的な考え方というか、一面的な考え方だ。われわれのように甲冑や鎧を研究し、また実際に着用したりして具体的な経験を積んでいれば、書物の記事中でこの話は作り話ではないな、ということが分かってくる。そのような当時の知識や情報を、世に名が通った人に仮託しているわけである。

『常山紀談』などの場合は、書かれている出来事が発生した当時から随分経ってからまとめられているので、細かい年月日などは当てにならない場合もあるし、人名を間違えた記載もままみられる。『甲陽軍鑑』でも山本菅助を勘助、香坂を高坂とするように、昔は人名に間違った当て字を平気で使うし大雑把なのである。しかし、『甲陽軍鑑』も『常山紀談』も、かなり重要な史料であるのは間違いないところだと思う。『甲陽軍鑑』などは軍学書として、つまり甲州流兵法の教科書としてまとめられていく過程で、いろいろと象徴化された箇所もあった。それを史料価値が低いと言い切ってしまったら、豊富な内容が活かされなくなってしまう。『甲陽軍鑑』は、軍学書として整った〝型〟なのだから、やはり重要な史料だと思う。

龍馬暗殺状況の真実

井伊　先ほどの坂本龍馬暗殺の件なんですけどね、どんな刀を使ったと思いますか？　刀というのは長さは？

津本　僕は短い刀ではないと思いますね。

井伊　私は、いつぞやそういう番組があって、ある京都の資料館の人が脇指みたいなものを使ったと……天井が低いし。ああ、こりゃ違うなと私は思ってたんですよ。一人前の刀を使っていると思うんですけどね。

津本　ある程度の刀身の長いの。

井伊　そうでしょ。短兵《たんぺい》（短い刀・短刀類）では相当、近づかなできないわけで。

津本　あれは三尺の戸ですから、左手で開けてね、開けるときに刀を抜いて右肩に担いでいたと思うんです。挨拶してから抜刀していては遅いですから。開けるときに、もう刀を担いでいたと思うんですよ。そうやったんですわ。開けて、ここに中岡いるでしょ。それをバーンといくでしょ。で、バーンとこっちの……。

井伊　だから、ちょっと距離が、間合いが開いた状態じゃないとあきませんわね。やる方は、間合いをもうはかってるからね。せやから、長い刀で一瞬にかたをつけたというのが、ほんとは正しい。これは、もう一度改めて言っておかんと、短いのが定説のようになっとるんで。短い刀を使ってたというようなこ

坂本龍馬（1835 ～ 67）
幕末の土佐藩出身の志士。江戸で北辰一刀流を学び、文久元年（1861）に土佐勤王党に参加・脱藩した。長崎で海援隊の前身となる亀山社中を結成し、慶応２年（1866）には薩長連合を現出させた。後藤象二郎に自身の国家構想である「船中八策」を示し、大政奉還の実現に導いた。京都の近江屋で中岡慎太郎とともに暗殺された。（国立国会図書館 写真提供）

とを言う人は、要は素人《しろうと》なんやと。実戦を経験したと言うか、ほんとの剣術をやってる人は、ああいう所で短い刀を使うなんてことは思わない。これは間違いない。狭い所やと、短い刀やないといかんという考え方がおかしい。狭い所でも長い刀でやった方がいいのよ当然。達人はそんなことはへっちゃらやから、平気で刀を使えるわけですよ。

津本 舟底天井なんか全然触らない。

井伊 関係ないですもんね。だから私は最初あれを、最近といっても何年か前のテレビで短い脇指を使った。それでないとできないというようなことを言う人があって、これは違うなと、本当の剣を知らない人だなと思ったんです。

津本 で、一人ですわ。二人で入ったら危ない、絶対怪我《けが》します。

井伊 控えの者がいたかもしれないですけどね、失敗したときのために。

津本 後ろに付いてたんでしょう。

井伊 それは昔の上意討《じょういう》ちなんかでも、皆そうですもんね。主人公が一人おって、失敗したときに添えものが二人おるんですわね。これは意見が合いましたね。短い刀では絶対ない。

津本 あのね、屛風でも軸でも皆、血痕が残るだけだということは、斬り合わなかったということを立証するものです。ふつう一分間、三〇秒斬り合いしたらね、血で滑って歩けないようになって天井がもう真っ赤に血が飛ぶんですよ。なんにもすべてズタズタになるはずですわ。

井伊 だから相当な使い手はだったこと事実ですね。ものすごい使い手です。

近江屋

京都四条河原町に位置した醬油《しょうゆ》屋。現在跡地に石碑がたつ。当主は代々井口新助を名乗った。近江屋は尊王派の志士を支援しており、坂本龍馬をかくまったが、坂本龍馬は訪ねてきた中岡慎太郎とともに襲撃・暗殺された。鳥羽伏見の戦いでは尊王派に対して武器弾薬・糧食・傷病看護などの後方支援にあたり、維新時の功績によって明治新政府より叙位された。龍馬らが暗殺された時の血染屛風・書簡等は京都国立博物館に寄贈された。

津本　一人でやったんですよ。とにかく、ここからここまでのところを斬ったら動きが止まると。だからこう斬って、バーンと返すでしょ。そしたら、どこか当たるでしょ。それから二回か三回か知らないけど、最初はそうでなかったら、あれだけの血で止まるわけがない。

井伊　とにかくね、短い刀じゃなくて長い刀。これはよかったです。私もそういう考えやから。短い刀で接近してやるんじゃなくて、距離を置いてやってますもんね。

津本　もう冬だから丹前《たんぜん》着るでしょ。綿入れだし、そんなもの斬れないですよ。

井伊　そういう間違った話がいっぱいあるんでね。

津本　ピストルを目の前に置いといても、持ち上げて撃鉄《げきてつ》起こして、それからバンと撃つわけでしょ。その間に斬られますからね。斬る瞬間というのは、中村先生と大学行って計ったんですよ。刀で斬る瞬間の速度は、八〇分の一秒です。

井伊　そりゃ瞬息《しゅんそく》ですもんね。「剣は瞬息」という言葉があります。いわゆる道場剣術と実戦剣術の違いがありますよね。例えば桂小五郎とか、まあ龍馬もそうですけども皆、道場剣術の達人ですよ。で、新選組の土方とか近藤は、道場剣術は下手《へた》で実戦は強い。このへんは、どのように考えられますか？

桂小五郎（1833 ～ 77）
のちの木戸孝允《たかよし》。長州藩士。政治家で維新の三傑に数えられる。松下村塾に入門し、江戸に遊学。北辰一刀流の達人として知られた。藩内の尊王攘夷運動では指導的人物だったが、禁門の変で慎重論を説き、敗北後には京都に潜伏。慶応２年（1866）に薩長同盟を締結し、倒幕を推進した。新政府においては、参与・総裁局顧問・参議を歴任。五箇条の御誓文・版籍奉還・廃藩置県といった幕藩体制解体政策を推進して新国家体制樹立に尽力、大隈重信・伊藤博文らの改革派官僚を庇護した。明治４年（1878）に岩倉遣外使節団の副使となって西洋諸国を視察し征韓論・台湾出兵に反対した。立憲制導入構想をもつなど卓越した才能を持ちながら病死した。（国立国会図書館 写真提供）

道場剣術と実戦

津本　面白いのはチャンバラ剣法。あれね昔、中村先生の弟子でね、六段くらいですわ。それが当たっても怪我しないように、軽い合成樹脂の剣を作って男でも女でも、ちょっとした面だけかぶってね、パンパンパンと打ち合い、どこ打っても触ってもパチンと有効打を打ったら、もう勝ちやというようなね。そういうのを見に来てくれというので行ったんですよ。そしたら、あまりにもね、竹刀に代わるものが軽すぎて、こりゃもう遊びやなと思ったけど、結構六段が子供に負けるんですよ。どこか先に当たったほうが勝ちやということになったらね、もう間に合わんのですね。

井伊　確か幕末に井上伝兵衛ですか、やくざ者に殺されてますでしょ。まあ井上さんは剣の、剣道の達人で、相手はならず者で。だから、ああいうのを見ていますと道場剣術というものは、まったく役に立たないといったらおかしいけど。

津本　どこ斬っとるというんですからね。

井伊　実戦のときに、やっぱり面・胴・籠手《こて》だけじゃないですから。

津本　打つときにパーンと、もうちょっと下げてこのへんでもね、バーンと一発入ったら、もうそれで負けですからね。動けなくなりますからね。

井伊　私が前にやっていたのは、それなんですよ。何をやってもいいんですよ。

近藤勇（1834～68）
諱は昌宜《まさよし》。武蔵国多摩郡に生まれる。天然理心流4代目を襲名。幕府が徳川家茂の上洛警護のために募集した浪士組に参加。京都守護職配下の壬生《みぶ》浪士組として活動し、武家伝奏より新選組の隊名を下賜される。鳥羽伏見の戦いに敗れて江戸に戻る。下総国で新政府軍に包囲され出頭。斬首され、首は京の三条河原にさらされた。（写真＝口絵参照）

渡辺昇（1838～1920）
肥前大村藩士、政治家、大阪府知事。練兵館の師範代を務めた。坂本龍馬、伊藤博文と会見し、桂小五郎（木戸孝允）に薩摩と長州の同盟を促した。維新後元老院議員、大阪府知事。
（大村市観光振興課 写真提供）

とにかく、どこかに当たったら負けというのじゃなくて、降参までやるんです。だから、ふつうの試合とはまた違うんですけどね。それか決定的な打突《だとつ》を受けたら負けとか。そういうふうに決めてたんですけどね。

津本　大村藩の京都室長なんかもした渡辺昇。あれが、よく京都で斬り合いをしたときに、「渡辺」って言われたとたんに「なにを！」って刀の柄に手を掛けたらもう意識不明になって、気が付いたら刀に血が付いてて前の血溜まりに人が倒れてると。そういうの二度くらいあったな。

井伊　あの人は山岡鉄舟《やまおかてっしゅう》の門下ですか？

津本　あれは直心影流《じきしんかげりゅう》のほうじゃないですかね。それで剣の稽古でもね、平気でどこでも突いたそうですね。

井伊　そりゃ実戦やから。突くのは有効ですもんね。鎖帷子《くさりかたびら》を着た者でも突いたらやれるんですよ。龍馬暗殺の敵討ちで陸奥陽之助なんかが、誰かを襲撃してますね。勘違いしたか何か知らん。あのときも相手が鎖帷子を着てるから突けって……。

津本　何度か斬ってると分かったと、そんなこと書いてましたよね。

井伊　夢想剣みたいなものですね。

津本　初めは真っ暗みたいな……。

井伊　それは加藤清正がいつも戦場で最初にでると、周囲が真っ暗な感じになって、場数を踏んでくると夜が明けたようになってきて、しまいにはちゃんと見えるようになる。柳生新陰流の極意に風水の音を聞くというのがあります

陸奥陽之助（1844 ～ 97）
陸奥宗光。紀州藩士、政治家、外交官。不平等条約の改定に尽力し、明治の外交政策の中心人物となった。外交記録『蹇々録《けんけんろく》』は明治外交政策における第一級史料。

加藤清正（1562 ～ 1611）
安土桃山・江戸時代の武将、大名。秀吉に仕えた。賤《しず》ヶ岳の七本槍の１人。慶長５年（1600）の関ヶ原の戦いでは家康側の東軍に加わり、家康との対立を避けながら豊臣家の存続をはかった。（熊本市立熊本城博物館 蔵）

ね。あれもそうでしょ。結局、落ち着いてその状況を見よということでしょうね。

津本　中村泰三郎さんは人を斬ったら陰惨な暗い影があるとかいわれるけど、明るかったですね。

井伊　やっぱりそれは、心の持ち方じゃないですかね。

津本　無邪気な子供みたいに、やっかましい大きな声でしゃべるんですけどね。

井伊　それはあれですか、何か戦争の経験か何かで？

津本　あれはね、第二三師団でノモンハンに従軍し、山下兵団の特別教官になってフィリピンで死にかけたら陸軍大学の斬り込み隊の教官になれといわれて「俺は剣道で命助かったんだよ」って言ってた。結局そういう教官なら、いろいろ経験しとかにゃいかんでしょ。だから大勢、戦場で斬ったのもあるんだけど。

井伊　それは一種の国のための、お国のためやから良心の痛みが伴わないですね。ここに（胸をさして）ともなうものがあると暗くなりますね。

津本　なんか寝てるのが一番難しいといってましたよ。グニャグニャやから。それから防寒コートを着た敵兵……満州なんか。あれは斬ったって、まるっきり駄目だと。バッと……それが三人くらい並んでも突き刺すことはできるって言ってましたよ。そんなことはね、よっぽど酒でも酔わないと言わないですよ。

井伊　言いたくないですよね。なんぼなんでも殺生《せっしょう》だから。

津本　あるときね、若島津が大関のとき、昔の話ですけどね。みんなでテレビ見てたんですよ。で、優勝杯をもらうでしょ。それを中村さんがジーッと見て

山岡鉄舟（1836 ～ 88）
幕臣、政治家、剣豪、思想家。御蔵奉行だった小野朝右衛門高福《たかとみ》の4男山岡静山の養子。清河八郎らと虎尾の会を結成し、浪士組の取締役として上洛するが、江戸に呼び戻され、江戸開城の基本合意を西郷隆盛から取り付け、明治維新後は新政府に出仕。茨城県参事、明治天皇侍従となり、明治20年（1887）に子爵に任ぜられた。（福井市立郷土歴史博物館 蔵）

直心影流
剣術の流派の一つ。始祖は、山田平左衛門光徳《みつのり》とされ、多くの流派に分派し、男谷信友が直心影流男谷派の派祖となった。

てね、「ああいうのが一番斬れ味がいいんだよ」と。

井伊　なるほど若島津みたいな人がね。だから、やっぱり剣者というか、人を斬る人は、例えば女たらしが女を見るようにですね。これはええなとか。（笑い）

津本　そんなこと皆、エエーッてな顔して。

井伊　そりゃ、ちょっとビクッとする言葉ですね。戦国時代の武将というのは中村さんのようなことを日常茶飯にやってたんですね。

津本　そうでしょうね。

井伊　ほんとに、だれを切るか。刀なんかでも私ら、よく言うんですよ。もう古刀なんかは何人斬っているか分からない。試し斬りは当然やっているし、昔は生きた人をやりますしね。紀州の頼宣なんかが、さっき言われた縦袈裟で斬ったら、まだ立ったままにおったというんですね。ポーンと突いたら真っ二つになったんです。『南龍公言行録《なんりゅうこうげんこうろく》』ですか。あれに書いてますけど。あの人らも、さんざん罪人なんかを斬って。

津本　やっぱり慣れてない人は、罪人の体を斬るのでも上がってしまうというんですかね。乃木将軍が有名な刀を持って生き胴を試したらね、鍋鉉《なべづる》のように刀の腰が曲がってしまってね、鞘へはまらんと風呂敷に包んで持って帰った。

井伊　生き胴を試したというのは？　案外、ロシア人？

津本　ロシア人じゃなくて生き胴ですわ。罪人の死体です。それをぞんざいに寝かせて、雁金《かりがね》いうて肩甲骨ね、切ったら刀が曲がったんです。

井伊　死体の試し斬りですね。硬いですから。乃木さんはよく豚を斬ってます

乃木希典《まれすけ》（1849 ～ 1912）
明治時代の軍人。長府藩士、乃木希次《まれつぐ》の長男として生まれる。慶応元年（1865）、長府藩報国隊に入隊し幕府軍と戦う。西南戦争では連隊旗を薩摩軍に奪われてしまう。日清戦争に出征し、台湾征討後は台湾総督に就任したが、統治失敗の責任を取って辞職。日露戦争では第３軍司令官となり旅順攻防戦（1904 ～ 05）を指揮し、陥落させたが６万人の戦死者を出した。その後、学習院院長を務めるなどしたが、明治天皇大葬《たいそう》の日に妻とともに殉死《じゅんし》。
（国立国会図書館 写真提供）

な。

津本　豚は斬りやすいです。東郷重政（示現《じげん》流一一代宗家）は「人は豚と同じだから別段、斬る稽古をしなくてもだいじょうぶですよ」って、いつも言うとったですけどね。ははん、この人は人を斬ったことがあるなと思ったんですけどね。自分では斬らなかったと言うてたですけどね。特務機関に行ってたんですよ。お父さんの弟子なんですよ。遠山中将って九州の特務機関だったんですよ。そこへ鹿児島一中を卒業してずっと行ってましたからね。突然口に出ますね。「二の腕は同じ太さの竹より、いくらか斬りやすいかな」とかね。それがホテルオークラで飯食ってたときに飛び出た。あ、知っておられると思ったんですけど。

山下兵団
太平洋戦争末期、フィリピンの防衛にあたった第14方面軍のこと。山下奉文陸軍大将（1885～1946）が方面軍司令官となったことからその名で呼ばれる。傘下の部隊の大半が壊滅的損害を出し、戦死者は50万人にもおよんだ。

『南龍公言行録』＊
紀州徳川家の祖頼宣《よりのぶ》の言行事蹟をあらわした書物。著者は姓名を詳《つまびら》かにしないが、「眞如隠子」と署名している。『紀君言行録』『紀侯言行録』『大君言行録』『頼宣公言行録』等の別名がある。

コラム4　山岡鉄舟の剣術

彦根では、昔は剣道が非常に盛んであった。私が小学校低学年の頃だったろうか、あるとき山岡鉄舟の門人だったという人が来ていて、その剣術を見たことがあった。そのときの印象では、とにかく竹刀が太くて全体の動きが遅いという感じであった。

山岡鉄舟は無刀流の開祖で、その門人の道場における剣道というものは、ものすごくハードなことで有名であった。私が見た記憶で残っているのは、われわれの竹刀剣術のようなスピードはなく、とても動作が遅いのである。太い竹刀を使って、しかも遅い。しかし何か遅いけれど、この剣術だと真剣になったら本当に斬れるんだな！　という感じがした。

われわれがやっている「学校剣術」というのは、「パンパンパーン」という感じでやるのだが、それは単なるスポーツであって、本当に人を斬る、身を護る剣術というものではないので、あれでは駄目だということが、そのときに分かった。

そこで考えたのだが、鉄舟の門人がやっているということは、鉄舟の剣でもそうしていたということになる。その剣術修練の方法は、竹刀が太くて動作が遅い。無刀流というのは、究極では刀を持っても、持った雰囲気がしないというのか、体と剣が一体化する。刀を手にしていても、ないに等しい感じである。それがさらに進んで、最後には剣が要らないというのが無刀流なのである。無刀流の練習というのは、ものすごく激しいのである。そんな激しい中で研鑽《けんさん》を積んできた剣が、最後にはああいう動作になるのかなと思った。「ゆっくりだが、確実に……」という具合である。

だから、われわれが学校でやっていた剣術というのは当たっているだけの「パンパンパーン」だから斬れない。だから本当の剣術、江戸の実戦剣道というものを、山岡鉄舟の弟子に見せてもらったという気がしたものである。

江戸前期の幕閣～戦乱の終息を迎えて～

井伊　初めの『獅子の系譜』の話に戻るんですけどね。『獅子の系譜』というタイトルなんですが、今のところ井伊直政だけでしょ。やっぱり私が思ったのは次の直孝とか、ずーっと後の直弼なんかもやられるといいなと思ったんですけどね。「系譜」というとそういう意味になりますからね。ちょうどそういう直弼なんかも、ちょっと語弊《ごへい》がありますけども直政や直孝の真似をしたんですね。

津本　ちょっと気が小さいけど。

井伊　あ、そう。直弼さんは気が小さいですね。ものすごく気が小さい。直政、直孝は違いますけれども、直弼という人は本当に小心な人ですね。

津本　でも、やることは荒っぽいことをやりましたからね。

井伊　ですからね、藩主になる前となってからと人が変わってるんです。ああいう戦国時代の直政なんかのことで何かほかに。直政、直孝のことで何か思われることはないですか？

松平伊豆守信綱（1596 ～ 1662）
江戸時代初期の大名。大河内久綱の子として生まれるが、父の弟である松平正綱の養子となる。伊豆守に任官された。寛永 10 年（1633）には老中に任じられた。寛永 15 年（1638）の島原の乱では幕府軍の総大将を務め、武蔵川越藩に加増される。家光没後も第 4 代将軍家綱の補佐として慶安の変や明暦の大火の処理に当たった。

井伊直孝（1590 ～ 1659）
江戸時代初期の彦根藩主。井伊直政の次男として生まれる。大坂の陣では、病弱の兄に代わって軍を指揮し、大功をあげた。その間兄にかわって彦根藩主となるよう徳川家康の命を受け、藩主となっている。幕閣からも重んじられ、大老職に任ぜられたという。

津本　直孝はね、書いてもいいかなと思ってるんですけど。大坂夏の陣なんかで大奮闘してますからね。

井伊　直政も小説的にも人物史伝的にも大変面白い。ところが取り上げた人が私と津本さんと二つだけですもんね。直孝はまだゼロです。誰もないですよ。江戸前期の資料とか、そういう物語とか芝居を見ましてもね、出てくるのは例の知恵伊豆といわれる松平伊豆守（信綱）とあとは酒井忠勝ですか、酒井讃岐守。土井利勝とあの三人くらい。そして、もう少し時代が下がると今度は酒井雅楽頭《うたのかみ》忠清。直孝は閑却されてるんですよ。これはやっぱり何とかしたいです。

津本　重要人物ですな。

井伊　そう、最重要人物で朝鮮通信使が江戸へ来たときも、各老中列座の中で上座にあって一番、直孝が断然、貫禄が違うとか書いてますんで。

　しかし直孝は、あの時代の暴れ旗本の実は親分ですからね。シンパですからね、ふつうは。どちらかというと例の坂部三十郎とか水野十郎左衛門とか講談の白柄組などいろいろいますけど、ああいうほうは気分的に嫌いじゃないですな、あの人は。

　例の島原の乱のもとになったあれ、なんという大名でしたかな？　そう松倉重政。直孝は、あれもひいきにしたんです。で、重政はキリシタンの宗徒に蓑《みの》を着せて火をつけて、なんか蓑踊りとか称して楽しんだ大名ですわ。

津本　ひどいものですね、今から思えば。

井伊　あの重政をひいきにしたんですよ。その後は、とにかく武張《ぶば》ったことが

酒井讃岐守忠勝（1587 〜 1662）
江戸時代初期の大名。三河国西尾に生まれる。元和 6 年（1620）に徳川家光付となり、寛永元（1624）年には土井利勝とともに年寄となる。川越藩第 2 代藩主となるが、加増されて若狭国小浜藩主となる。（小浜市教育委員会 総合政策部 世界遺産推進部 写真提供）

土井大炊頭利勝（1573 〜 1644）
江戸時代初期大名、大老となる。徳川秀忠に仕え、家康の信任厚く、秀忠の側近中の側近で家光の時代には宿老として幕閣に重きを置いた。寛永 10 年（1633）下野国古河 16 万石に移り、大老となる。6 年後に江戸で没した。

好きで、竹中でしたか。村正ばかり集めた大名がおりましてね。ああいうのが事件を起こしたときも、理由を関係なしに竹中のほうに味方してるんです。そういう侠気というか義侠心が強かったんですね。「掃部《かもん》」（直孝のこと）も何回か失敗しているということを、酒井忠勝か誰かが言ってますけど。

津本　あ、そうですか。そりゃ何か面白い資料があれば。

井伊　直孝のことをね、『円心上書《えんしんじょうしょ》』いうのがあるんです。『円心上書』というのは家老の中野助大夫《すけだゆう》という井伊家の一門ですけど、家老がいたんです。その人が直孝の言行を記録してるんですわ。そして、それを五代目（この代数は史学的に正しい代数）の藩主直興《なおおき》に内々に進呈しているんですよ。政治の要諦を知るために。『円心上書』の「円心」というのは、つまり中野助大夫の隠居号ですが、なかなか面白いです。そこに紀州の頼宣《よりのぶ》さんの話がでてくるんです。あの慶安事件と紀州頼宣との関わり。

津本　そりゃあ、いらんこと言うたということも考えられると思いますけどね。

井伊　例の花押を盗まれて小姓が自殺したという話がありますね。公になったときに。真否は知りませんが。でも私は徳川家康の末の子供。三人おりますわね。尾張義直、紀伊頼宣、それから水戸頼房。やっぱり頼宣が一番やんちゃ坊主ですけど英邁《えいまい》なところがありますもんね。やっぱり義直さんとか、特に水戸の頼房のほうがおとなしいですもんね。やっぱり由井正雪あたりに乗せられたんじゃないかと、私はそういう気がしてるんですね。だから紀州は一回、危なくなりかけたんですよね。で、直孝が助けてるんですわ。頼宣さんには、そん

水野十郎左衛門（？～1664）＊
旗本。諱は成之。幡随院長兵衛を殺害。切腹を命じられた。歌舞伎や映画の題材にもなっている。

坂部三十郎（？～1691）＊
旗本。実名広利。紀伊頼宣の臣渥美《あつみ》源五郎正勝の長男。粗暴の振る舞いが多く「夜更けて通るは何者ぞ　加賀爪甲斐か泥棒か　はたまた坂部の三十か」とうたわれた。

徳川頼宣（1602～71）
紀州藩祖。徳川家康の10男。常陸国水戸、駿河国駿府に封ぜられ、紀州藩55万石に入部。以後紀州藩徳川家の基礎を築いた。苛烈な性格で有名で、幾度か幕府より謀反の嫌疑をかけられた。8代将軍吉宗は孫。（和歌山県立博物館 蔵）

な器量がないとね。それで助かってるんです。それ以来、もともと紀州と彦根の井伊家は家来が姻戚関係が多いんですよ。それで幕末に例の将軍継嗣問題が出てきますね。あのときも紀州と井伊家はつながってるんですよ。だから一般の歴史やる人は知らないから、南紀党とか一橋党とかいうでしょ。もう三〇〇年くらいの付き合いがあるから。お互いに家来もそうですし、一朝一夕でああいう政治の状況によってなっているわけじゃないんですね。

津本　確かに私もね、今見せてくれないんだけど藩士の分限帳《ぶげんちょう》というのがありましてね。それは一万三〇〇〇人くらい書いてある。もう五石から七石くらいから載ってるんですけどね。そこに何人か、よそから来た世間に名高い豪傑の人が高禄で召し抱えられていましたよ。もっと何十人ていましたね。だから、そういう交流はあったんだと思いますね。

井伊　そうですね、家老もそうですね。確か安藤帯刀《たてわき》の息子が大坂の陣で討ち死にしてますわ。そのあと彦根の椋原《むくはら》家から養子が入っているんですよ。だから二代目の安藤帯刀は彦根の井伊家の家来。そういうことを重縁といいますね。

例の安藤長三郎ね、木村重成を討ち取ったの。あれは安藤帯刀の甥なんです。重成ほどの男を討ち取ったのに、直孝さんはサラリーをたくさんくれないというので伯父の帯刀に文句を言いに行ったんですね。そしたら帯刀が怒っていますね。「長三郎、お前みたいな分際で、それだけもらったら十分にありがたいと思え」と。実際に木村重成の首を討ち取っているのは庵原《いはら》助右衛門という違う人なんです。もらい首なんです。だからそんなことを考えずに、よくもそう

『円心上書』
井伊直孝の言行録。著者は彦根藩老の中野介太夫（号円心）。川上多助共編・萩野由之監修『日本偉人言行資料』11（国史研究会、1917年6月）に翻刻されている。
『円心上書』古写本（井伊達也氏 蔵）

松倉重政（1574～1630）
安土桃山・江戸時代初期の大名。主家の筒井順慶《じゅんけい》の没後、豊臣家の配下となる。慶長20年（1615）の大坂夏の陣で活躍し、肥前日野江を与えられる。島原城の築城のために領民に重税を課し、徹底的なキリシタン弾圧を行った。死後も嫡子の勝家が同様の政策を行い、島原の乱を招くことになる。幕府よりその失政を問われ、打ち首となる。
島原城（島原市 写真提供）

いうことを言う。なんか紀州へ一回帰ったらしいですわ。知行（給与）が気に入らないってね。帯刀に怒られて、追い返されているんですよ。

あの安藤帯刀直次というのは、直政をだいぶん引廻し取り飼った人ですから。

津本　ああいう戦場の場数を踏み、血を浴びた武辺者《ぶへんもの》は強いですからね。帯刀というのは、あれはものすごい度量の。

井伊　そうですね。もちろんあの時代の生き残った付家老とか、御三家に付けられた家老連中というのは、そりゃあ海千山千の一癖も二癖もある人物ばかりで。

津本　頼宣は鉄炮で人間を撃ち殺したりして。百姓の何人かを撃ち殺したんですね。で、安藤がそれを止めさせるのにね、百姓の格好をして耕して、そしたら玉が飛んできて笠の内を砕いてね、それで飛んでいって「こんなことは止めないと、もうあなたは紀州藩主でいられませんよ」と膝をつかんで意見してる。それから、しなくなったそうですけどね。安藤が死んだ後で風呂に入ったときに、黒あざが膝に残ってるんです。それを今触っても痛いと。で、これを触るたびに安藤の爺を思い出すんだと頼宣が言ってるんですよ。だから、やっぱり命知らずみたいな連中がいたんですね。

井伊　それと帯刀ぐらいになると、なんぼ頼宣さんでも手討ちにできませんもんね。家康公からのお付けだし。手討ちは一回くらいしかやらなくて、あとはしなかったという話です。

津本　あ、そうですか。止められたんですかね。

安藤長三郎（？～1632）＊
実名重勝。大坂夏の陣に敵将木村重成の首を獲った寛永９年35歳で病没し無嗣《むし》断絶、井伊直孝の好意でのちに再興され、紀州徳川の家臣安藤重次が二代目長三郎となって家を継いだ。安藤家は井伊家中士級の家として幕末まで続き、大老直弼時代の９代目長三郎次雄《つぐかつ》は大老の側役をつとめている。

庵原助右衛門＊
駿河出身の歴戦の将。実名朝昌《ともまさ》。今川家亡後、上州で井伊直政に仕えたが直政と衝突して逐電。のち帰参して直孝の功臣となる。木村重成に槍をつけたのはこの助右衛門朝昌である。子孫は代々井伊家第二家老の重臣家として維新に至る。

井伊　いさめられて。名君ですから悔い改めも早い。
津本　しかし井伊直政は、ものすごく手討ちやってるんですか？
井伊　あのね、箕輪《みのわ》や高崎時代に家来は毎朝、家族と水杯をして城へあがったという話です。
津本　するとやっぱり、手討ちの快感みたいなのがあったんでしょうかね。
井伊　癖ですよ、多分。今の家族内の夫の妻に対する暴力事件もあるじゃないですか。あれも快感というよりも、そういう話になって、こういう段階になったら、もうすぐそうなってしまうと。癖だと思います。刀を抜き慣れてしまうと、抜くことに耐えることがしんどいんだと。斬ってもいいんですからね。斬っても誰も止められないんですから。生殺与奪の権は自分に任せられているわけですから。世間の批判はどうでもいいんやからね。そういう意味では、直政という人が家来に慕われることはなかったですわ。だから殉死者が一人もいない、あの時代に。あの時代、直政のときはまだ殉死は禁止じゃないでしょ。
津本　そうですね。
井伊　だから死んだ人があっていいのに一人もいないです。不思議な話です。
津本　山岡鉄舟でさえ二人殉死した。
井伊　あれ、すごいですね。朴訥《ぼくとつ》ですけども人間的に、なんか大きな魅力があった。
津本　馬庭念流《まにわねんりゅう》なんか、もう格好も何もないですもんねえ。
井伊　その馬庭というのは上州でしょ。群馬県の上州。井伊家の剣法が念

馬庭念流
もともと念流は相馬四郎義元の創始による流派で、高弟の一人に樋口太郎兼重がいた。樋口家は信濃国伊那郡樋口村から上野国吾妻郡小宿村へ、さらに上野国多胡郡馬庭に移り住む。13代高重は柏原肥前守盛重に新刀流（神道流）を学び、念流は一時絶えるが、又七郎定次の代に同じ相馬の流れをくむ友松六左衛門尉氏宗《うじむね》（友松清三入道偽庵）より正法念流の教えを請い、馬庭念流として現在に伝わる。
稽古風景（吉井町教育委員会 写真提供）

流ですよ。井伊家は彦根に来てから、馬庭念流にちょっと違う解釈をした。正法念流《しょうぼうねんりゅう》というんですけどね。正しい法律の法と書く。正法念流が井伊家のお家流なんですわ。

だけど幕末、大老直弼の駕籠《かご》脇を守った人々は千葉道場とか江戸近代剣道、あの辺の秀才ですわ。直弼の駕籠脇は三〇万石中のナンバーワン、ツーの剣者がおったんですよ。ただし道場剣術ですよ。井伊家の場合、あの駕籠脇はそういう意味の剣士の集まりなんです。どこでもそうですけど。河西《かさい》忠左衛門という二刀流の達人が大活躍してます。あの人は昔の私の中村の、血はまったくつながりはないですけど、系譜的には関係があるんですよ。

津本　あ、そうですか。

井伊　河西忠左衛門と永田太郎兵衛という二人の達人がいたにもかかわらず、まあ根本的にはピストルでやられてますからね。

津本　なるほどね。駕籠脇は達人ばかりでしょうね。

井伊　そりゃあ紀州もおんなじで、紀州とかあの辺は売り込みが盛んでね。ただあの時代、剣客というのは芸者っていいますわね。直孝なんかは芸者は採らない。なんぼ剣の達人でも採用しない。何を基準にするかというと男心の奉公ができる者しかいらない。剣なんかどうでもいいと。だから男オンリーですから、剣の芸者である宮本武蔵みたいな者はいらないわけです。宮本武蔵はどのくらい強かったんですかね?

正法念流
彦根藩の剣術。正式には正法念流未来記兵法という。馬庭念流の系統をひき、彦根藩士友松氏宗が馬庭念流樋口家より念流を伝授されて創始した。

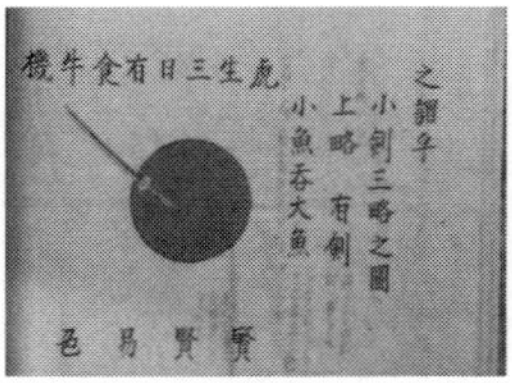

正法念流伝書（京都井伊美術館 蔵）

河西忠左衛門＊
忠左衛門家は井伊直政以来の古参の河西源五左衛門の分家である。その八代目が忠左衛門良敬《よしたか》で、家中きっての剣客。流儀は北辰一刀流で、二天一流の遣い手永田太郎兵衛と共に剣における彦根の龍虎であった。

永田太郎兵衛＊
実名正備《まさとも》。井伊直弼桜田門外遭難の節、直弼の駕籠脇を守った二刀流の達人。いまだ部屋住であったが、剣技をもって「一代切小姓《いちだんぎり》」に召し出されていた。

コラム5　大名家の後継者選びと家名存続の努力

　戦国時代以前の跡目《あとめ》争いは、それこそ血で血を洗うような殺し合いの側面があった。当時の身分関係からすれば、父親が大名であれば、親子関係は主従関係に等しく厳格であった。基本的には正室の男子が嫡子とされ、相続順位のトップに位置づけられるが、父親である大名家当主の意向が絶対的で、順位より優先されていたことは否めない。だから後継争いともなれば、父の寵愛をいかに受けるかが勝負で、熾烈《しれつ》な競争があったのである。父親の一番の寵愛を獲得できれば跡継ぎになれるのだから、われわれが想像する以上に激しい鍔迫《つばぜ》り合いが陰で繰り広げられたことは想像に難くない。

　江戸時代前期の大名は、どちらかというと能力重視の傾向があるものの、能力があり過ぎるのも警戒された。例えば外様の大名などは、あまりに優秀で人から抜きんでると幕府に睨まれるわけである。だから能力重視というのも、有能さを重視するというより、むしろ人間関係で災いを起こさない温厚な性格や人との調和を図る調整力などの器量が重視されたのである。あっち向けと言われたら、一日中でもあっちを向いていられるような、従順な性格の持ち主、そういう殿様の方が家の安泰にとってはいいのである。そうした基準に合わないと、優秀・有能な人物であっても廃嫡《はいちゃく》されたり追放されたりした。

　そうした後継者の問題でみると、例えば彦根藩では井伊直孝が長男直滋《なおしげ》を廃したし、幕府大老酒井忠勝（小浜藩）も優秀だった嫡男忠朝《ただとも》を廃嫡している。外様大名の細川家では、忠興が長男忠隆《ただたか》を廃嫡し、次男興秋《おきあき》も家督にせず、後に自害させている。

　直滋などは、半ば伝説だが家光に寵愛され、一〇〇万石を与えようとまでいわれていた。だが、そんなことが実現したら必ず周囲から叩かれ、家が潰れるもとになる。高禄をもらえば譜代大名間でも怨みや嫉《ねた》みに遭い、後が大変だったのである。したがって直孝の跡目は傑出した秀才では駄目で、大名の間で目立ち過ぎるような人物であってはならなかった。それこそ家名断絶の原因になるのである。

　そうした事情は酒井家でも同じで、忠勝の嫡男忠朝は若年寄にまで出世したほどの優秀な人物だったが結局、廃嫡された。幕閣の中で目立ち過ぎると、必ず引きずり下ろそうとする動きが出てくる。そうなれば単に忠朝のみを失墜させるだけでは済まず、酒井家の改易に話が及んだりして、家の存続自体が危なくなるのである。他の親藩・譜代でも大なり小なり同じだが、特に大名家当主が幕閣の中枢にいた場合、跡継ぎがあまりにも優秀だと二代目・三代目とその地位を独占するのではないかと危険視されてしまうのである。

　そういう意味では外様大名に至っては、なおさら能力があり過ぎる切れ者は、幕府にとって危険な存在と見なされた。だから前田利常《としつね》などは、「あれなら大丈夫」と油断させるために、わざと馬鹿な真似をしたという。また、伊達政宗も意図的にそういう振る舞いをした。彼は将軍秀忠御成《おなり》の際に歓待《かんたい》の演能で、わざと酔っ払ったふりをして、最後に能舞台へ上がり刀を差したまま大いびきをかいて寝てしまった。他の親しい大名たちが近づいてきて、刀を抜いてみたら木刀だったという。わざとそういう演出をして、幕府に危険視されることを防いだのである。その意味では先見の明があったわけである。そういう芝居ができるほどの才覚がある人物ならいいが、鋭いところばかりが表に出てしまうのでは元も子もないから、傑出して目立つような切れ者は、たとえ本意でなくとも、はじめに後継者から外しておいた方が無難なのである。

細川家では、関ヶ原の戦いの直後、廃嫡された長男忠隆に次いで、次男の興秋（忠秋）も世子に選ばれず、三男忠利が家督を継いだ。興秋はショックのあまり、慶長一〇年（一六〇五）、江戸へ向かう途中で出奔し、大坂の陣では豊臣方に走り合戦に参加し、戦後に父忠興の命で自害を余儀なくされた。忠興からすれば幕府の手前、豊臣方に与した息子を許せば、細川家の改易《かいえき》にもつながりかねない事態だったから、仕方がなかったのである。ひるがえって後継者の選択にしても、例え優秀であろうと、やはり豊臣方に味方するような危険な考えをもつ息子を跡継ぎにすることは、未然に避けておく必要があった。彼は気性が激しく鋭い人だから、やはり細川家自体が危機に曝《さら》された時、また将来、息子が細川家の禍根《かこん》になると思った時は仮借《かしゃく》なく廃嫡し、詰め腹を切らせた。それが戦乱の世で生き残る条件であり、情に流されて臆すると、己のみならず一家・家来すべてが滅びる危険性があった。その頃はまだ、江戸時代の初めで戦国の雰囲気に近い状況があったから、そうした過酷な判断をせざるを得ないこともあったのである。細川家の記録を見ると関ヶ原から江戸初めにかけて、上方・江戸の状況を逐一国許へ知らせている。今日、殿中でこんなことがあったとか、あるいは誰が失脚したとか、今は誰が一番力があるとか詳細な情報を入手していた。日々の的確な状況判断が大名家の存続に直結するのだから、それらを常に把握し、すぐに対処するようにしていた。天下の形勢に乗り遅れたら、家の断絶につながる。徳川方からすれば、強大な細川家五四万石を改易できないかと、虎視《こし》眈々《たんたん》と落ち度を探っていたのである。そうした事態を防ぐため、細川家は幕閣中枢に多額の賄賂《わいろ》を贈った。いわば賄賂政治だが、特に外様大名はそうしたことに気を使っていたのである。

コラム6　井伊直孝と奉公構え

井伊家二代目の家督を継いだのは、直政の嫡男直継（直勝）だった。直継は後に与板《よいた》藩井伊家の祖となった人物だが病弱で、大人しい人物だった。そうした直継の代わりに次男直孝が幕府に出仕したが、結果的には、それはそれでよかったのかもしれない。直孝は、家康ではなく秀忠の臣僚《しんりょう》になった。それがもう少し早く出仕して家康の方の臣僚になっていたら、状況はまったく異なっていたであろう。現に家康側近の本多正純らは、家康の死去にともなって政治の表舞台から退いていった。つまるところ政権の代が替わったら、幕閣の臣僚や側近もすべて入れ替わって交替するのである。

家康は後々のことを考え、秀忠のために直孝を有力な側近として付属させた。さらに家康は大坂の陣の軍功によって、病弱な直継に替わり、直孝に井伊家の家督を継ぐように命じたのである。その結果、彼は土井利勝や酒井忠勝、松平信綱より上座に位置づけられ事実上、秀忠の臣僚のトップに立ったのである。そのことが彦根藩井伊家の発展のきっかけとなり、井伊家にとって開運の第一歩になったのである。

ところで井伊家三代目の直孝は、どういう人物だったか。直孝の剛毅で果断なところ、思い切って行動するところは父直政と似ていたようだが、時宜に応じて対応を変えられるような柔軟さがあった。だからたとえ意見が異なったとしても、秀忠と事を構えるようなことは決してしなかった。その点が、直政とは決定的に違う一面であった。

しかし、父親譲りの家臣に対する厳格さという側面も、併せ持っていた。そのことを伝える逸話として、大河内茂左衛門の奉公構えという事件がある。大河内茂左衛門は松平信綱の親戚だったが、伏見城を素っ裸で攻めたという逸話がある豪傑である。彼は仕官しても一年と持たずに仕官先から去ってしまい、あちこち大名家を渡り歩くというので、「煤《すす》つかずの茂左衛門」（煤が付くほど居付かない、年末の煤払いまで居ないという意味）というあだ名があった。そこで、直孝は「よし、それなら俺が煤を払わせてみせる」と意気込み、彼を召し抱えた。しかし結局、一年とは持たなかった。直孝は「侍一途に御座候《ござそうろう》」と、茂左衛門の去り方に感嘆、賞賛しつつも（『円心上書』）、よほど口惜しかったのか彼に対して奉公構えをしている。

奉公構えとは豊臣時代から始まる侍に対する一種の刑罰で、大名が改易された武士や主家を出奔した家臣・奉公人を召し抱えないよう、他家へ伝えるために廻す回状のことをいう。奉公構えをする大名側からみると、どこへも仕えることができぬようにしてやるという侍の意地、上位の武家としての意地の一念であった。しかし、これによって奉公を一代構われると、家臣の侍側は主君の生存中は他家への再仕官が不可能になった。

例えば、外様の黒田長政が飛び出した家来を奉公構えにしたら、外様の間では絶対に召し抱えられなかった。黒田家で構えを受けたのに、細川家などには行けないわけである。もし、そんなことをしたら戦争になるから、細川家がいくらその人物を家臣に欲しいと望んでも召し抱えることができない。その他、譜代大名でも幕府の旗本でも、みんな遠慮したのである。奉公を構われた人物を召し抱えるには、それだけのリスクが伴うから、あえてそれを冒してまで召し抱えるようなまねはしないのである。

これが徳川御三家あたりなら話は別で、構えはきかず仕官も可能であっただろう。しかし井伊直孝の場合は、紀州徳川家と仲がよく、直孝の時代から紀州とは縁があって、それが安政の大獄の時代まで続いている。そんなわけで直孝の奉公構えによって、茂左衛門は他所へ奉公することができなくなってしまった。直孝が死没してからでなければ、たとえ知恵伊豆と称された松平信綱らの親戚でも、茂左衛門を助けてやることできなかった。かつて、井伊谷《いのや》三人衆の近藤秀用を直政が奉公構えにしたことがあったが、直孝もこうしたことでは相当執念深く、また厳しい対応をとったのである。まあ、これは独り直孝のみの問題ではなく、大なり小なり昔の主君というのは、そういうものだったのである。

コラム7　戦場の実態と遺品

実際の戦場では敵方の首を取らねばならない。いくら非人道的だとか無惨だといっても、つまるところ戦とは首取り合戦である。しかし急戦などの緊急の合戦では、いちいち首を取ってはいられない、また取ってはならない、という状況もしばしばあった。その場合は首の代わりに鼻を取っておくのである。鼻を取る時には、必ず鼻から上唇にかけて取る。男なら鼻下に髭《ひげ》やその跡があるからだ。凄惨な話だが、実際にそうしなければ敵を討ち取った証明にはならない。また、そういう作法や決まりでもなければ、関係のない女を殺してでも敵を討ち取ったように見せかける輩《やから》が出てくる。

それに合わせて同僚か誰かに、首を取った時の状況を見てもらっておくことが必要である。もし戦目付《いくさめつけ》が近くにいる場合には、目付に見てもらっておく。後々に敵を倒して討ち取ったことを証明するために、証人が必要になるからである。

しかし、それさえできないことがある。悠長に首や鼻など取っていると、それだけで負けてしまうこともあるから、どうしても討ち捨てにしていかざるを得ない。そんな時は自分が挙げた首だと証明する何かを残しておく。例えば可児《かに》才蔵（吉長）の逸話では、自らが討ち取った首の口には、笹の葉をくわえさせておいたという。そこから彼は「笹の才蔵」というあだ名で呼ばれるようになった。しかし、そんな芸当は名の知れたベテランでなければできないことである。実際の戦場では、たとえ首を取っても、どさくさに紛れて味方に盗まれることがあった。敵を討ち取ったとしても、そのことを皆が知っているわけではない。味方がすべて味方だと思ったら大間違いなのである。仮に三人しか家来がいない侍が敵の首をあげて持っていたとしても、いきなり七人ほどでドッとやってきて、その首を持ち去っていく。大坂の陣の際には、そうした行為がかなり横行したらしく、井伊家の記録に数多く記されている。味方が味方の首を盗むということは、多々あったということなのだろう。せっかく首を討ち取っても、それをめぐって、味方に殺されることにもなりかねないから、それが戦場の怖さの一つであった。

戦場のどさくさで起こることは、それだけではない。戦死者の遺品等は名だたる部将のものであっても、戦利品として持ち去られた。大坂夏の陣で安藤帯刀直次（徳川頼宣付きの家老）の嫡子彦四郎重能《しげよし》が討死したときには、敵方によって大小の刀や甲冑のみならず下帯・褌《ふんどし》まで取られてしまった。その上、体の血が抜けるから誰の遺骸が分からなくなってしまう。彦四郎の場合は、辛《かろ》うじて巾着《きんちゃく》の根付《ねつけ》の破片だけが近くにまだ残っていたので、ようやく彼の遺骸だと分かったという話がある。真田信繁《のぶしげ》（幸村）の場合も同様で、その亡骸は裸同然だった。戦死する際に名のっていたから分かったのだが、血が抜けて容貌もすっかり変わってしまったという。戦場では、奇麗ごとではすまないのである。

このように当時の戦場では、戦死者は甲冑ばかりか籠手や着衣まで、ほぼ身ぐるみを剥がされてしまう。特に甲冑の部品等はみな貴重品で、それが中古品として再生された。そのため、根こそぎ取られてしまうのである。再生された甲冑には、兜のシコロに胴の小札《こざね》を使っているようなものまである。また武器は、すぐに誰かが使ってしまう。有名人の甲冑分捕品《ぶんどりひん》は意外とプレミアがつかず、所用者が分からなくなるケースが多い。江戸時代初期の土佐藩家老野中兼山《のなかけんざん》が闕所《けっしょ》になった時、兼山の甲冑もすべて収公されたが、それもすぐに行方がわからなくなったという。また、改易になった大名家のものも意外と伝わっていない。安芸の福島正則が改易された時には、車紋がついた足軽胴や福島物《ふくしまもの》といわれる大身の槍がたくさんあった。しかし、それも行方がわからない。北条氏康の甲冑も、小田原開城時にたくさんあったはずだが伝わっていない。後北条氏のものであれば、胴丸か腹巻の八双金物《はっそうかなもの》に三鱗紋《みつうろこもん》が散らしてあるだろうが、それは隠滅されており現存していない。火事で焼けてしまったとも考えられるが、もっとあってもよさそうなものであり、非常に不思議なことである。とにかく家が滅んだらばらばらになってしまい、社寺等に寄進したものが時々残っているぐらいのものである。戦場にしろ、家の取り潰しにしろ、その遺品は現実の営みの中で歴史の闇に飲み込まれていったのである。

宮本武蔵と二刀流

津本　分からんですねえ。まあ書いたものを見ればね、強かっただろうとは思うんですけどね。ちょっと見当つかないですね。中村泰三郎という人は、あんまり学問のない人はいろいろ、よう言わんのですね。ところが宮本武蔵の話は、しきりにしたがるんですよ。吉川英治とか僕は気に入らんとか言うんですよ。なんでこの人は、こんなに武蔵にこだわるんだろうなと思ったらね。亡くなっ

宮本武蔵（1584頃～1645）
江戸時代初期の剣豪、兵法家。二天一流兵法の祖。諱は玄信で、姓は新免とも。兵法家吉岡一門や巌流島の決闘がよく知られる。晩年には細川家の客分となり、『五輪書』を記した。

てから写真帳を送ってきてくれたんですよ。その中にね、全国大会で二刀流で二位になってます。二刀流を使って剣道大会で中村泰三郎が二位になってるんですよ。それであんなに言ったんですね。僕は、それがよく分かりました。据え物斬りにしたって皆、一刀ですからね。試合で二刀使った。

井伊　その二刀流の人も皆、だいたいふつうは一刀専一でしてた。使うのは一本ですもんね。武蔵が二刀使ってやったというようなことはありますかね？

津本　なんか、漁師とか何十人て暴れだした。そのときに網元にちょっとまかせてくれと言うたとき、二刀でボコボコと何人か殴ってね、それで落ち着いたということがあるみたいですね。

井伊　映画なんかではね、『般若坂の決斗』なんかあるでしょ。錦之助（中村）が宮本武蔵を演じた映画が。内田吐夢《とむ》でしたかな監督の。私、あれは錦之助の代表作だと思うんですけどね。あのとき、『般若坂の決斗』なんか大勢相手にするでしょ。どのへんまで史実なんでしょうかね？

津本　いいや、分からん。

井伊　だから、ほかにもあるでしょ。一乗寺下り松とかね、ちょっとある雑誌に書いたことがあるんですけど。どのくらい吉岡のほうが人数を連れてきたかなとか考証して。

津本　あんまり、よう分からんですよ。

井伊　なんぼ洛外でも所司代に引っかかるでしょ、ああいうことやったら。内密の戦いにせんと。だから大人数が移動したりしたら戦争でしょ、これ。私は

「宮本武蔵　般若坂の決斗」
1962年、東映。内田吐夢監督、吉川英治原作。吉川英治原作の『宮本武蔵』を1961年から1965年にかけて毎年1本ずつ内田吐夢が監督。第1部『宮本武蔵』、第2部『宮本武蔵　般若坂の決斗』、第3部『宮本武蔵　二刀流開眼』、第4部『宮本武蔵　一乗寺の決斗』、第5部『宮本武蔵　巌流島の決斗』。中村錦之助（新免武蔵＝宮本武蔵）、入江若葉（お通）、木村功（本位田又八）、竹内満（城太郎）、月形龍之介（日観）、黒川弥太郎（宝蔵院胤舜）など。

一乗寺下り松址（京都井伊美術館 写真提供）

もっと人数が少なかったんじゃないかなと思うんですね。映画では大きく派手に戦争しとるけどね。この決闘、鍵屋の辻みたいに荒木又右衛門の三十何番斬りとかいうような話になって……。武蔵が剣を取ったのも三十歳までで、それ以後は熊本の細川家にお世話になるまでのことがはっきりしないですね。

津本 しない。

井伊 何をしてたんですかね。なんか尾張へフラッと来て、柳生利厳《としよし》に道で会っても、全然話もせずに、試合も申し込まずにすぐ退散したっていう話を。

津本 尾張にしばらく道場を持ってたという話はありましたね。ちょっと、どのくらい強かったか実態は分からんですね。

井伊 なんか江戸城の大きな石が門の前と橋の前にあって、それを通るのに皆、難儀してて、その大きな石をポイッと飛び越えたという話があるんですね。あれは確か関ヶ原のときの上田城攻めのときの一人ですね。確か御子上典膳《みこがみてんぜん》（小野次郎右衛門忠明）ですね。もう、ああいう人は異常ですね。いわゆる剣鬼《けんき》。

新陰流兵法

津本 剣では名古屋の柳生延春先生は、あの人は新陰流の二一世なんですよ。それで実際の代では二六代ですけどね、八十八歳で亡くなったんです。あの方が偶然に一人だけ残ったんですね。お兄さんは戦死してね。お父さんですわ、

吉川英治（1892 ～ 1962）
小説家。本名は英次《ひでつぐ》。元小田原藩士だった吉川直広の次男として神奈川県に生まれる。小学校を中退するなど不遇な少年時代を過ごし、船具工や象眼職人などの職を経た後、東京毎夕新聞社に入社。「親鸞記」などを執筆して認められるようになるが関東大震災で同社は解散。講談社に作品を連載するようになって本格的な作家活動に入る。主な作品は『神州天馬侠』『鳴門秘帖』『宮本武蔵』『三国志』『新書太閤記』など。『新・水滸伝』が絶筆となる。
（吉川英治記念館 写真提供）

戦後のものすごいインフレの時期にね、何にも生き残る方法をしなかった。だから名古屋の駅前の柳町というところで千坪くらいの道場を持ってたけれど、それも売り物にしてね、なくしちゃったんですよ。それで二一世の槍の先生がね、お父さん亡くなったでしょ。お兄さんも亡くなって一人なんです。少年野球でピッチャーでならしたんですね。「僕はプロ野球の選手になりたかったんですよ。でも背が低かったから、駄目だったかもしれないけど」いうてね。それで早稲田の英文科出て先生。

そしたら最高裁判所の判事、なんちゅう人やったかな？　石田和外氏という方もいました。そういう人たちがね、新陰流の生き残った連中を何人か呼び集めて、それでその先生やめさせて新陰流の二一世にしたわけですね。ただね、だいたい人間の脳というのは、もう七つくらいのときにちゃんと出来上がって、一六五〇～六〇グラム、それが数えの七つくらいのときに一五〇〇くらいできてるんですね。だから、そのときから習い始めておかなかったら身に付かんのですよ。

それで刀法、要するに後の先ですね。相手がある程度、動作が出て、もとに戻れないというときに合わせてポーンと抜いたら、もう向こうは防げないですから。そういう組太刀がたくさんあるんですけれど。それを続けざまに使って間《ひ》斬り稽古。ひというのは間《あいだ》ですよ。間を切るんですよ。だから結局、試合と一緒なんですわ。その間斬り稽古を柳生さんは五歳、六歳から始めて手の皮みんな剥《む》けてしもうて、それを塩水に浸けて痛みをこらえて。で、また朝、叩き

御子上典膳吉明（1569 ～ 1628）
小野次郎右衛門忠明。安土桃山、江戸時代初期の剣豪。小野派一刀流の創始者。幼名は次郎右衛門。姓は神子上、御子神とも。里見義康に仕えたが、やがて伊東一刀斎の弟子となる。一刀斎の推挙で徳川家康に仕え徳川秀忠付となる。柳生新陰流とともに将軍家剣術指南役となり名を母方の小野忠明と改名。関ヶ原の戦いや大坂の役でも活躍したが、高慢な性格から秀忠に閉門を命じられた。

荒木又右衛門（1599 ～ 1638）
伊賀服部郷荒木村に生まれる。父の服部平左衛門は藤堂高虎に仕えた後、岡山藩の池田忠雄《ただかつ》に仕える。父の同僚に渡辺内蔵助《くらのすけ》数馬がいて、その娘みのが又右衛門に嫁いでいる。数馬には数馬（2 代目）と源太夫という息子がいたが、源太夫が河合又五郎に殺されたために又右衛門は仇討ちの助太刀に入り、鍵屋の辻の決闘で大和郡山藩の上席剣術師範、河合甚左衛門や尼崎藩の槍術師範、桜井半兵衛を切り伏せ本懐を遂げる。

起こされてやったと。で、お兄さんは非常にかばってくれたというようなことを、おっしゃったですけどね。

で、剣道やったら中学一年からやる者、小学ぐらいからやる者、あるいは高校からやる者。これ、中学一年からやる者と高校一年からやる者と、もうパッと足の送り足を見たら、あ、これ高校からやなとすぐ分かりましたよ。

それで、柳生さんは満六歳からやってますよ。だから、お弟子は東京にいたときに僕より歳一つ下で、警視庁機動隊の主任師範で八段範士。その人が、まあ一応の最高弟になっとったですよ。ところが四十から毎週、二回習ってるんですよ。それで、もう僕が会ったときは六十歳過ぎてましたかね。あるとき柳生さんが僕に「僕はまだ目録やれんのですわ」言うてたんですよ。それで機動隊来るときはね、だいたい七段、まあ八段。七段以下、ズーッと並んで一番下で雑巾がけしとった人が五段で、去年の全日本の優勝者ですわ。そんな、柳生さんにボコボコにやられてるんですよ。

それで門人たちは、柳生の後の先の技を一つだけ完全にマスターしたら、どんな試合でも勝てるんですよ。それで警察からもきてましたよ。なかなか、それが体得できないわけですね。そういう間斬り稽古というのは一回見ましたけどね、とてもついてゆかれへんですわなあ。それ右足前、左足前、両方できるんですよ。僕なんか左足前なんてね、うっかりしたら体こっち、バーンと転んでしまうんですよ。右半身《はんみ》だったらパンパンといけるけど、左半身だったらバーンと、こんなに傾いてしまいますからね。

警視庁機動隊

警視庁において集団警備力をもって治安警備、災害警備にあたる部署。戦前の昭和8年(1936)に特別警備隊が創設されたのが濫觴《らんしょう》で、昭和19年(1944)警備隊が発足して発展解消。この警備隊も昭和21年(1946)にＧＨＱによって解散させられたが、同年警視庁に防護隊が設置され、警視庁予備隊を経て、昭和32年(1957)に警視庁機動隊に改称された。60年安保闘争、70年安保闘争、東大安田講堂事件、東峰十字路事件、あさま山荘事件、成田現地闘争、大阪西成暴動、オウム真理教上九一色村に出動した。当初は5個隊体制であったが、出動の多発から10個隊体制が確立され、現在に到っている。

井伊　柳生新陰流というのが、相手に先をさせて勝ついうのが珍しいですね。まず相手に仕事をさせてからやれ、後の先を取るちゅうか。ふつうは、そんなことないんやけどね。

津本　月影ちゅうてね、一足一刀で、もうひと足踏み出したらパーンと当たるというところまで入ってるんです、足の先が。で、体こうして反っているんです。相手はまだ、間合いの外でいけると思ったら……。

井伊　そう書いてますね、確か。

津本　それが間斬り稽古でね、パッパッとやるでしょ。すると相手ついていけないですわ。それはもう消えた。柳生さん亡くなって。

井伊　伝書で何ぼ書いてあっても鍛錬をせんとね。結局、理屈よりも体で覚えさすんでしょうね。で、剣を自分の手のようにしてしまわなあかんわけですな。持ってるもんじゃなくて。だから、それが自然にこう動くようにならないと。持って、刀を使っているではいかんのですな。

津本　いかんですな。

井伊　自分の手を使っていると、そういう境地というか、そういう状況になるのは、ふつうの人では、できないでしょうね。

津本　できないでしょうねえ。

井伊　特に泰平の時代の人間では。

津本　柳生先生の何ていうのかな。生活のほうはね、そんなんで、あんまり楽じゃなかったですよ。だから主なものは名古屋の徳川美術館に寄託してるんだ

柳生連也斎（1625 ～ 94）
江戸時代初期の剣術家。諱は厳包《よしかね》。利厳（兵庫助）の三男。宗厳（石舟斎）の孫。尾張柳生家を継承し、大成させた。著書に『御秘書』『連翁七箇條』がある。

伯耆守信高（柳生連也斎愛刀・号篠之露・京都井伊美術館 寄託）

けど、二階の階段上がるときに階段の上にこのぐらいの、ちょっとこう棚ではないけど壁がこのように出っ張ってるとこあるでしょ。そんなとこに古い桐箱置いてるんですよ。それで、それを開いて見せてくれたら石舟斎の直筆の三代の兵庫助利厳に与えた伝書。で、斬り合ってる絵なんか、ものすごい上手いですよ。袴なんかバッとひらめいて、足袋《たび》の裏が見えてね。これは月影であるとか、浮舟とか何かいろいろ名前があるんですよ。ハアーッ、こんなところにこんなものがあるんだなと。それは僕、金庫に入れなければいけないのにと思いましたね。

井伊 金庫はあったんですか?

津本 ないんですよ。ないと思いますよ。公団住宅みたいなところやったからね。

井伊 私のほうの鎧の中に、今日はたまたま（柳生）連也斎《れんやさい》の刀持ってきとるんですけども連也斎の鎧もあるんですよ。大和柳生と尾張柳生の紋が違うんですね。大和柳生は傘（紋様）が重なるんですよ。尾張柳生は並行になっている。それで、その鎧の方はドイツのコレクターのところに行ってたんですよ。ドイツに、明治か大正か昭和か忘れましたけど。それで里帰りしたもんでね。尾張柳生がどのくらいの禄高だったか知りませんけども千石くらいのもんでしょ?

津本 いや、五〇〇石です。

井伊 あ、そんな低いんですか。しかし贅沢なもんですわ。

津本 一〇〇石、実際は一〇〇〇石はくれたんですよ。

柳生連也斎 遺偈《ゆいげ》＊
尾張筆頭家老成瀬家に伝わった連也の遺偈における文字はさすがに少し乱れがある。しかし心に滞りなく無碍《むげ》の心境が伝わってくる。そのいわんとしているところは兵法の極意であって、まず第一におのれの「形骸を抛捨《ほうしゅ》する」「敵刃《てきじん》を以て我骨を削らしめる」。そして父利厳の秘伝「ただ一太刀に截《き》るよりはなし」となり、つまりはすべてを超えると、何の習いもいらぬという境地になる。独往独来である。（写真＝口絵参照）

柳生連也斎（成瀬正親宛）**書状＊**
この自筆書状には、文中「一伝今日首尾能《よく》相済」ということばがあることから、誰か正親に近い人物に流儀の一伝を允可《いんか》したことを示している。成瀬は尾州筆頭の老臣家であるから、連也の文章は至極丁重である。連也は徳川義直に殉死した寺尾土佐守を介錯し、その作法が見事であったことが知られている。（写真＝目次参照）

井伊　とくに連也斎なんかはすごく禁欲生活してますものね。上杉謙信みたいなもんですな。謙信も戦に勝ちたいがために結婚をせず、連也斎も遅れをとらないようにと。やっぱりこの、どういうことなんでしょうかね？　女性が居るとわれわれが単純に考えますと体力を使うとかあるいは未練が残るとか。

津本　それはあるでしょうねぇ。

井伊　後者のほうが多いでしょうね。立ち合うときにパッと夢想無念に動かないとそれで負けですものね。

達人の系譜

津本　卜伝だって四十五、六歳で結婚したでしょ？　で、宮本武蔵はしなかったですよ。そういう具合にね、女との縁はものすごく薄いんですわ。

井伊　ただ武蔵なんか、もちろんみんなそうでしょうけど遊女は相手にしてますものね。なんか森鴎外の小説に出てきますものね、あの『阿部一族』か何かに。討っ手の中にちょっと弱い侍がでたときに背中ポンとたたかれたとか、そうか島原のときに遊女が手縫いした陣羽織着て出たとか、武蔵が。お遊びの範囲ならいいというか、本気になるのはいかんというか。

津本　そうでしょうね。やっぱり思い切りがうまくいかないようになってしまうんでしょうね。

森鴎外(1862 ～ 1922)
明治、大正の小説家。夏目漱石と並ぶ文豪と称されており、『興津《おきつ》弥五右衛門の遺書』『阿部一族』『高瀬舟』『渋江抽斎』といった歴史小説・史伝は評価が高い。歴史小説『都甲太兵衛』では以下のように描写される。「忠利は話の序に武蔵に問うた。当家の侍の中で、武道の上で御身の見聞に触れたものは無いかと問うた。武蔵が「只今一人見受けました」と答えた。(中略)間もなく諸士の控所にゐた都甲太兵衛を拉して来た。」
(国立国会図書館 写真提供)

井伊　つまりは明治の頃の壮士、国士みたいなもんですな。ああいう人も女房子供がいると大事が行えない。やっぱりそうか、そういうことでしょうな。

津本　そうだと思いますね、斬り合いなんかなったら、ほんとに瞬《まばた》きする間に全部おわりますからね。合気にもあるんだけども体のある一点にね、筋肉動かして、そこに触れてる相手側の手なり足なり膝なりをとおして力全部奪ってしまうというんですよ。そういう技をね、一人だけ九十五歳で亡くなった先生が実際にそれをやったんですよ。四方投げで飛ばされるでしょ、投げられるほうは手を握ってるんですよ。なんで離さないのかと聞くと離れないというんです。離す手をこうする気になれないって、それだけで力を抜かれてしまってるんですね。

　それで後継いだという人ですが、あの弟子ね、筑波大学の数学の大学院の教授が立っててね、その先生の手をぱっとつかむでしょ。その瞬間にね、こうパッとつかまれたらね、こうしてあげるんですよ、ちょっとこう捻ってあげる。そしたらね、もうその瞬間に体が弓なりになって足がつま先立ちでね、よく見たら爪で立ってるんですよ。完全に浮かされてしまって、全身の力が抜かされてるんですよ。そんな技を九十五歳のときにかけるんですよ。それでね、柔道の六段とか空手の七段八段ちゅうのは、そんなもん飛ぶんですわ。

井伊　あれは、ほんとに不思議な技ですね。私ら信じられないぐらいですもんね。

津本　見てたらね、まるで分からん。ところがね、それよりもやっぱり剣術は

『阿部一族』
森鴎外の短編小説。鴎外最初の歴史小説で、乃木希典殉死に刺激されて書かれ、大正2年(1912)『中央公論』誌上に発表された。許されなかった殉死に端を発する阿部一族滅亡の悲劇を描く。写真は新潮文庫。

もっと恐ろしいですよ。そんな手をつかむどころじゃないですよ。バッと斬ってくるでしょ。もう避けるも下がるも、できへんですからね。やっぱり未練とかあったら、もうとてもやれないですね。

井伊　今言われたように、チャンバラの時代には、現在でもそうですが、おったんでしょうね。だから半世紀、江戸時代……。

津本　何がおったか分からんですね。

井伊　井伊直弼の側役をした人、名を八木原というんですけどね。その子孫の八木原太郎作さんというおじいさんが、私の彦根時代の恩人の一人でね。陸軍中将までいった人なんですけどね。関東軍の参謀中佐か大佐の頃に関東軍にいた人ですわ。彦根出身の軍人は将官にまではなかなかなれなかった。彦根人で将官になれるのはなかなかおらんのよね。なぜか言うと、井伊直弼の安政の大獄のあおりをくって、軍人は出世できないのよ。薩摩・長州の軍閥やから。そのお母さんが宇津木左近という井伊直弼の側役の娘で、太郎作さんは左近の孫に当たるんですけどね。その人が宇津木左近から聞いた話をされたんですけれども、維新の後にですね、老人が小船に乗って魚を釣っているときに、三~四人の漁師がけしからんとか何か言って舟で邪魔をしにいったんですね。舟で釣ってる場所が、魚影の濃い、いい場所であったか何か知らないけれどね。昔の彦根藩の侍で武道の達人だったらしいですけど、歳でいったら私より上ですわ。そしたらね、その三~四人を一瞬にして湖に落としたという話を聞きましたね。老人で。だから、そういう化け物みたいな人がやっぱりいたなと思うん

八木原太郎作（1881 ～ 1974）＊
昭和 49 年（1974）没。93 歳まで生きた彦根の古老。関東軍参謀から将官にまで出世した彦根には珍しい軍人。頭脳の働きが老年になっても柔軟で、晩年は荘子に傾倒していた。井伊直弼の側役宇津木泰翼《やすすけ》は母方の祖父。

宇津木左近（1821 ～ 98）＊
実名泰翼。左近は初称。転じて幹之進。大老直弼の側役として活躍。維新後は単に翼と称した。井伊家家老宇津木下総泰交《やすとも》の四男。大塩平八郎の事件で、平八郎の不義を諫めて殺された宇津木静区や、井伊直弼の死後、藩政改革を主導した岡本黄石（宣迪《のぶみち》）は叔父に当たる。明治 31 年没。78 歳。

です。

津本　そうですね。

井伊　それと、まあ同時に、人と人の斬り合いというものは簡単にいくようでいかんという話も聞いてるんですけどね。というのは、藩政時代は足軽は侍に土下座しなければならなかったんですね。それが明治維新後になると、もちろんなくなったでしょ。足軽が士分の者に会ってもですね、軽く目礼する程度でええようになってしもうた。どういう理由か分からないですけれど、それで喧嘩になりましてね。侍の者と足軽の者とが、彦根に組屋敷というのが、芹橋という組屋敷がありまして、確か一四丁目か一五丁目まであったんですよ。その何丁目かちょっと忘れたんですけど、そこの一丁目がだいたい、ズーッと上り坂になって天井川の芹川という川が流れてるんですよ。天井川なんですよ。で、坂になってるんですね。で、芹川入り口から土手際まで、どれくらいありますかな。二〇〇メートル、もっとありますかね、二五〇メートルぐらいありますかね。そこで、喧嘩になってね。十一時ぐらいから斬り合いしてね、夕方の五時頃までやって二人とも死んだちゅう話を聞いたんですよ。だから特別な使い手でない限りね、やったらもう、そんなことになるんですね。だから傷だらけになって二人とも相打ちで。

津本　へえーっ。あ、そうですか。もう、こわばってしもうてるんですか。

井伊　だから、簡単に殺せないちゅうかね。星亭《ほしとおる》を暗殺した伊庭想太郎《いばそうたろう》、確か伊庭のね、心形刀流の正統の家でしょ。一発で殺せなかったですね。何か捕まっ

心形刀流
妻方貞明から本心刀流の印可を受けた伊庭秀明が天和２年(1682)に開いた流派。２代目伊庭秀康の弟子、水谷忠辰からは心形刀流甲州派が生まれた。８代目伊庭秀業が開いた「練武館」は江戸で人気の道場となり、弟子の山崎雪柳軒は伊勢亀山藩に心形刀流を伝え、亀山市の無形文化財に指定されている。９代目伊庭秀俊は幕府の講武所で剣術師範役を務めるなど隆盛を誇ったが、10代目伊庭想太郎の星亨刺殺事件により正統の流派は途絶えた。

てからいっている、伊庭の剣の家の者がね、丸腰の者を一刀のもとに殺せなかったことが、ものすごい恥ずかしいことやて言うてますもんね。だから簡単に死ぬ、殺す、殺せない。面白いところですね、これ。なかなか、さっき言われたように、昔はそんな達人が一人も二人もいたんですな。

津本　いたと思いますね。そういうものは日本人の身体の中に隠れてるちゅうんですよ。隠れてるけど、それを表へ引き出せる人というのは稀《まれ》やと。いくら弟子がおっても師の技を引き出せるのは、めったにいない。だけど、そういう常識を超えて努力するうちに秘伝が外からくるっていうんですよ。コツーンとね。何か当たったような気がする。そしたらね、頭の中にバーッと閃《ひらめ》いて。

井伊　悟りみたいなものですな。

津本　それでやったら、できるっていうんですよ。それで、いったんそうなったら、何ぼでも次から次へと技が考え出されるというか。朝、目が覚めたときとか、アッこれもある、と五つぐらい。それで弟子に試したら、ポンポンポンといくわけなんですわ。だから、そういうような常識を絶したような能力というものは、やっぱり何百年か前だったら結構使う人がいたかもしれないね。剣術は特に命のやり取りね、今の合気技よりもっと速いですよ。合気技だったら相手がどこかに触れた瞬間にやるわけですけど、剣術やったら瞬間ですからね。

井伊　よっぽどね、お互い命が惜しいんだと思います。朝やって、斬り合いしながら五時間も六時間もかかってようやく死ぬ。

津本　そうでしょうね。

星亨（1850 ～ 1901）
明治時代の官僚、政治家。明治政府で横浜税関長となるが、イギリス公使パークスと争って免職。大蔵省官吏としてイギリスに渡り日本人初の弁護士資格を取得し、帰国後は弁護士に当たる司法省付属代言人第 1 号となる。1881 年に自由党代議士となるが、1887 年の三大事件建白運動に参加するなどして投獄される。1892 年には衆議院議員に当選し、衆議院議長を務めたが収賄疑惑などで衆議院を除名された。しかし次の選挙で復帰し、第 4 次伊藤内閣では逓信《ていしん》大臣を務めるなどしたが、汚職疑惑で辞職。東京市議会議長を務めていたときに市庁参事会室で伊庭想太郎に暗殺される。
（国立国会図書館 写真提供）

井伊 やはり命を捨ててかかるちゅうことは、ふつうの人はなかなかできませんもんね。たぶん、その喧嘩した連中は、当然兄弟もいただろうし、親もいたでしょうし、あるいは結婚してたかもしれない。そんなことやってるうちに……。

津本 アホなことやったな……。

井伊 もう取り返しつかないし、さりとて見物人は面白半分やから、仲介してくれる人もいないし。

津本 そうねえ。示現流なんか、お互いの型稽古ちゅうんですか。それはねえ、ほとんどやらないですよ。もう立木打ばっかり。立木打ったら、この蜻蛉《とんぼ》の構えでしょ。こう、こういうみぞおち付けて、それでこれが、こう刀がこっち向いてるでしょ。で、これが立木ですよ。で、刀身が蜻蛉の胴体。それで、こう持って、それで半分ひねってバーンと打つでしょ。でまた、こう持って、それから半分ひねってバン。

井伊 それの繰り返しですか。

津本 それの繰り返し。だから実戦のときも必ずそれやるわけですよ。だから、まあ、あれでしょうねえ。ほかの技って別にいらない。

井伊 いやーっ、私思いますよ。実際、この鎧やら着けてやったりしてた経験で考えますとね。籠手ったら、こうしてこうするとか、そんなもん、ほんまの小手技ですわ。

津本 そうですね。

伊庭想太郎(1851 ～ 1901)
江戸・明治の剣豪。父は伊庭軍兵衛。伊庭家は幕府剣術師範役を務めていたが、兄の八郎が幕府の遊撃隊を率いて箱館五稜郭で戦死。そのため想太郎が伊庭家を継ぎ、東京農学校校長、日本貯蓄銀行頭取を務めたほか、私塾「文友館」を開設するなど地域教育にも熱心だった。そのころ東京市会議長だった星亨は、逓信大臣を務めていたときから汚職の噂が絶えず、関係者が次々と検挙されていた。そうした中で想太郎は明治34年6月21日午後3時頃、東京市役所参事会議室で星を奸賊《かんぞく》と呼び刺殺。「斬奸状」を読み上げげた。無期懲役となる。

井伊　だから、それが一番早いんじゃないですかね。もちろん自分を投げ出してるわけですよね。だから殺されてもいいわけですよ。相手も倒したらええんやから。

津本　だから一の太刀を疑わない。二の太刀は負けってね。こんな額を私にくれましたよ。それで一の太刀を疑わず、二の太刀は負けと。それで要するにね、刀を抜いたとたんに自分の魂は、はたと道端へ捨てるんだと。

井伊　そうそう。どの流儀でも、自分は生き残ろうと思うなということですね。

津本　そうそう。

井伊　そやから無住心剣流ちゅうのあるでしょ。針ヶ谷夕雲のね。あれなんかも相打ちになったら上等であると。

津本　なるほどね。

井伊　まして自分が生き残るなんて考えたらいかん。ただ相打ちにだけなればいいんやと。それで刀を抜かんならん（抜かなければならない）ようになったこと自体が、もうすでに不幸なんやから。そうなったときは、もう覚悟を決めて、普段の日常の修練とか、そんなものは関係ないような……。その瞬間に命を放棄する。これができるか、できんかが勝負の別れどころであるちゅうようなこと言うてます。だから、それができんのですね、なかなか。命が惜しいから。だからね、その例のさっき言うてました彦根の芹橋の組丁で半日以上斬り合いして死んだ話したでしょ。外部から見てると、ずいぶん離れてやってるわけですね。

無住心剣流＊
一言にいえば勝負を度外においた禅哲学的剣流。奥平急嘉（奥山流）の高弟針ヶ谷夕雲が創始者。生涯主取りをしなかったが紀州家から扶持が内証分として出ていたという。40歳を過ぎ、江戸駒込竜光寺の虚白禅師に参禅してから、師伝の新陰流や奥山流もすべて虚伝にすぎぬと従来のおのが守って来た剣術を全否定し、無為自然受用の兵法を説いた。「無住心剣」というのは禅の師虚白和尚の名付けるところ。心とどまらず、融通無碍《むげ》の境地に剣位を置くことを理想とした。この流儀は勝負や創技の巧拙を競う在来一般の流儀を畜生剣、畜生兵法といって嫌蔑する。やむを得ず両刃交鋒になれば避くるを須《もち》いないが、その場合相打ちになればよいのであって、その上の相抜け（引分け、無勝負）は至極の勝ちであるとする。数多《あまた》の日本剣術流派中、最も境涯の高い流儀であるといってよく、本対談者の井伊はこの流儀を提唱している。夕雲針ヶ谷五郎右衛門空鈍小田切一雲真理谷円四郎義旭。

津本　はっはーっ。

井伊　それでは、お互いに殺せない。近づいてるつもりが、本人は離れてるわけですよ。だから黒田長政なんかが言うてるのは、相手の股《また》ぐらへ自分の足を突っ込めと。そのくらいでないと人は殺せんぞよというようなことを子孫に言うとんのです。ですから、そのぐらいのつもりでやって、ええ加減なんでしょうね。現実にそこまで行けへんですもんね。もう、後ろに退いてしもうてね、相手の肩に自分の肩を比べるぐらいに行けちゅうのあるでしょ。いわゆる丈比べ。

津本　そう。

井伊　そんなもん、恐ろしゅうてできへんもんね。身を出してしもうて、身を相手に与えて、で、手は控えておくちゅうか。ねえ。身を、つまり懸待ちゅうかねえ、身を掛かりにして刀を待つ。待たしておくちゅう。相手がはやって、こっちがそれを待つ。待たしといて、先にそれを出さして、それで体で相手を倒すちゅうか、体で突き倒すぐらいの勢いでいってということは、まあ、とてもできへん。

津本　できへんですねえ。永倉新八いたでしょ。あれの流儀が、下段に刀を持ってるんですよ。それで下段にしてたら相手が胴か袈裟に切り込んでくるでしょ。それをこう見てて、こう相手が切り込んできたと思ったときにバーンとはじくんですって。で、はじいた刀を回して、相手の首へこう切り込む。もう果たし合いだから、それはね、もう慣れてるんですね。

芹橋組屋敷町（昭和30年代）
（京都井伊美術館 写真提供）

井伊　そうそうそう。そんなん誰がやっても、それできるわけじゃないしね。そこが、相手に先を掛けさせて後の勝ちを取るというやつですね。それは、よほど腕がないと。
津本　恐ろしい。
井伊　できへんですわ。やっぱり自分が先を取ろうとするから。相手に仕掛けさせてから画すということは、これはすでに達人ですもんね。

新刀と古刀

井伊　鍵屋の辻の決闘なんかでも、結構時間かかってるんでしょ、あれ。
津本　あ、そうですか。そうでしょうね。三人ほど斬った……。
井伊　ほんとは、そんなもんですね、あれ。確か荒木又右衛門の刀が伊賀守金《きん》道《みち》か何かで折れたんですね。
津本　中村先生がよく言ってましたよ。新刀鍛冶の金道というのは、絶対駄目だと。鋳物が鋼にまいてるんですよ。
井伊　新刀の派手な波紋。金道もそうですけどね、大坂新刀の井上真改《しんかい》。あれは大坂正宗なんていわれて今でも人気高いんですよ。それから津田越前守助廣《すけひろ》（二代）の濤乱《とうらん》刃、波みたいな派手な波紋の刀があるんです。焼の幅の広い。あれ、折れるんですよ。だから又右衛門が不覚をとったのは、その刀を差してたから。

刀装の名所

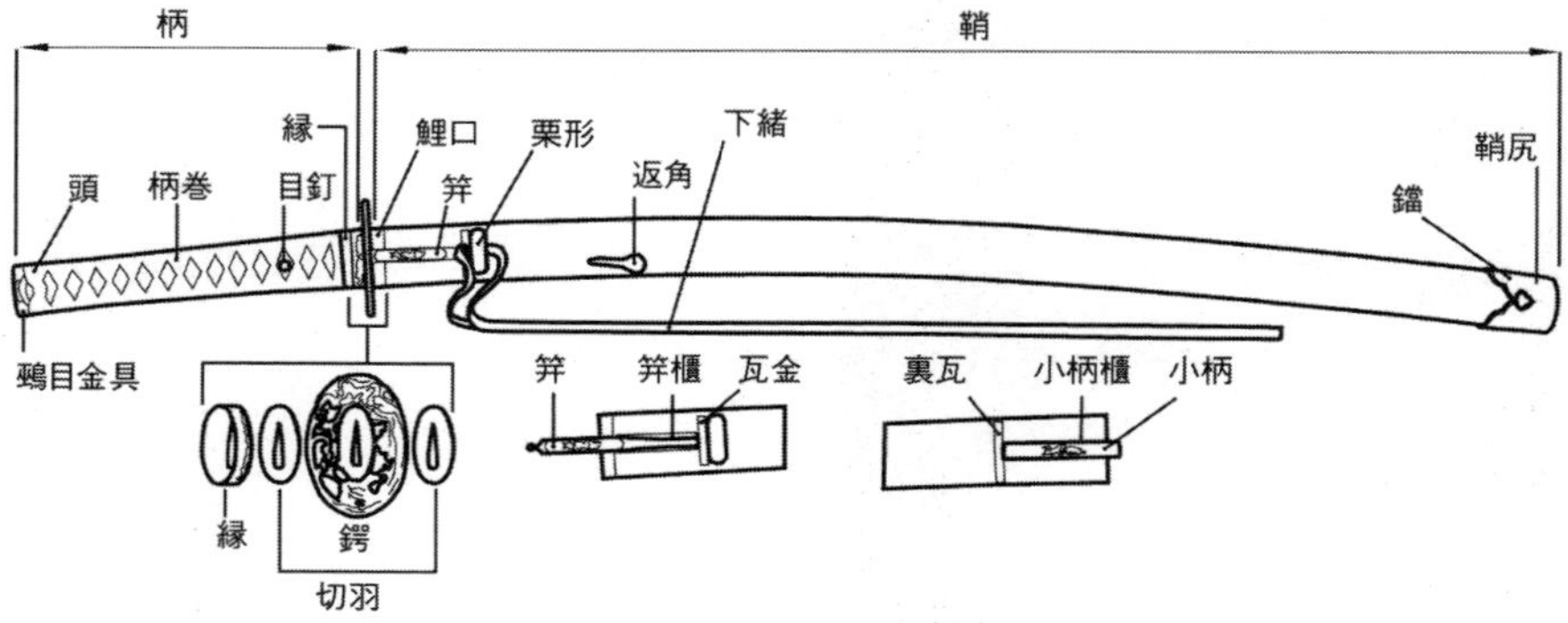

そういう新刀の焼の幅の広いね、それは折れるんですよね。
だから、よく斬れる刀というのは、どっちかいうと波紋、直刃《すぐは》で睡《ねむ》いような、ちょっと一見、睡たい感じがするんですね。刃紋がはっきりしない。しかし、それが実際はよく斬れる。
で、観賞するのには濤乱刃とか、図案化された刃紋が観賞には向いてるんですけど、沸《に》え匂《にお》いの盛んな乱れ刃がね。だけど実用の面ではね、やっぱり弱いんですよ。それと大坂新刀とは、まあ新刀の時代というのは刀鍛冶が鉄の段階から作らないんですよね。もう鉄は出来上がってるんですよ、南蛮鉄とかね。だから卸さんから、もう鉄を買うてるんです。だから前提に砂鉄から作ってやってる人はいないから、鉄も弱いわね。カネ（鋼）も弱い。
古刀の鍛えは違いますし、素材そのものが違うんです。古刀の鍛冶は、いちいちヤマへいって鉄を研究して、それを卸して、それで刀をこしらえてるんですよ。それぞれ、その地方によって個性がある刀ができてるんですけども。特に斬り合いで不覚をとるのは大坂新刀ですわ。大坂の刀は、大坂と京の金道とか。ああいう刀は、いざというときは折れるんです。

津本　大和鍛冶は駄目だよってね。

井伊　それ山城でしょ。いずれにせよ新刀は山城も大坂も、斬る分にはちょっと弱い。古刀の山城はいいですけどね。とにかく新刀の華奢《きゃしゃ》で波紋の派手な焼幅の大きいものは、折れやすくて駄目ですね。

津本　ああ、そうですか。その中村先生が刀身を自分の刀で試斬したとき、こ

刀の名所

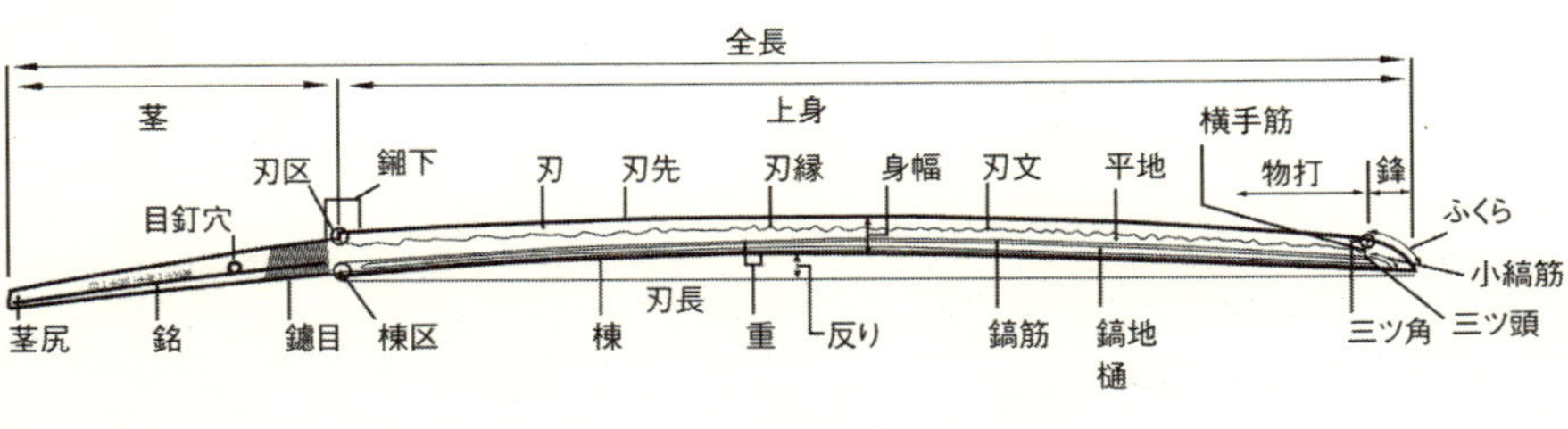

うバーッと斬るでしょ。そしたら、もう簡単に折れたのは水心子《すいしんし》ていうんですかね。あれはよく折れたといいます。

井伊 折れたんですか。水心子、駄目なんですね。

津本 やっぱり新刀ですか?

井伊 水心子は新々刀なんですね。とにかく新刀以降は、やっぱり。

津本 月山《がっさん》ちゅうのは。

井伊 古刀の月山はいいですよ。もちろん新々刀、今もその流れがありますけどね、月山というのは。今の新々刀、元来は新々刀というのは古刀に帰るというルネッサンス運動なんですよ。ほんまはね。古刀に帰ろうという水心子正秀は、いろいろ研究や試行なんかやったんですけど結局、理論ばっかりでまったく古刀に戻れなかったというのが結論ですわ。

　だから古刀の刃紋というのは、こうしてやろうとしてできた刃紋と違いますんで。あれは極端にいえば巧みやないです。極端にいえばね。だけど新刀、新々刀は波紋を見せようという匠なんです。

津本 刀身にこう、彫り物がしてある場合がありますね。あれが完全に見せ物ですね。

井伊 やっぱり個人の信仰もあるんじゃないですかね、梵字《ぼんじ》を打ったり。梵字があるでしょ、まあ新刀もありますけど。それと樋《ひ》をビョーッと、こう。あれは、重量の軽減と同時に折れ曲がらなくなるようにやってるんですね。それと、まあ斬ったときに刀身と肉の間に間《あい》があくように、スッと抜け斬る。血が通り

井上真改＊
津田助広（２代）と共に江戸時代初期から中期に活躍。大坂新刀の双璧《そうへき》。初代井上国貞の次男。刀剣の位列は「最上作」。作品反り浅く地鉄よく約《つ》まり、極めて錵《にえ》深い五《ぐ》ノ目を焼く。巷間《こうかん》に存する真改は、虎徹と共にほとんど偽物とみてよい。

彫り物の例 独鈷付剣と「南無阿弥陀佛」（銘 備前国住清光作 天文十年・宮下玄覇氏 蔵）

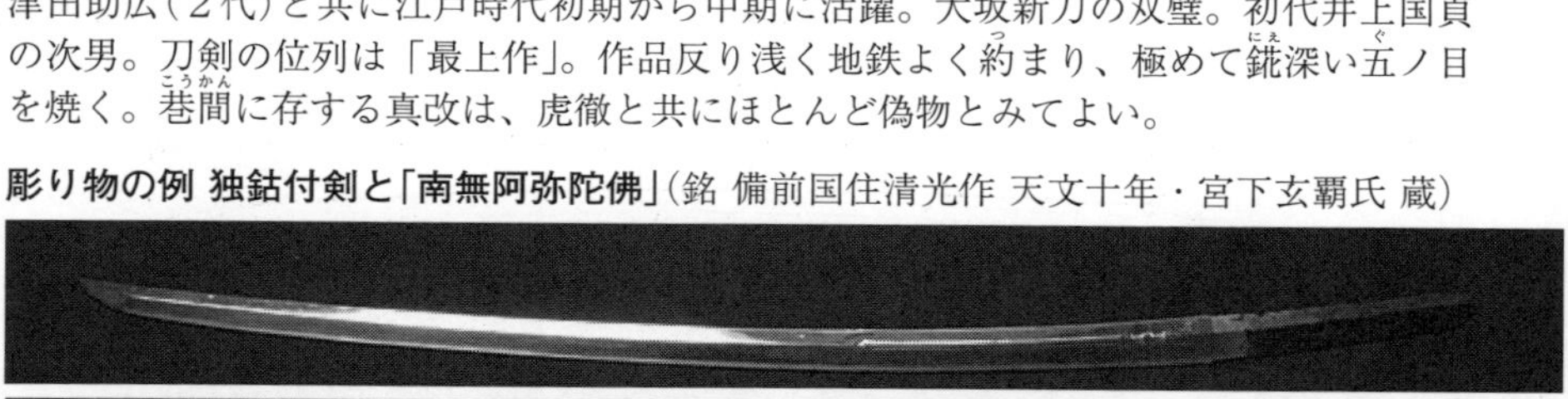

やすいようになどといいますわね。

あの樋の形とか、樋先が上がる。刀身の鎬地《しのぎじ》の部分に樋が彫られて、その先の方の状態を、樋先が上がるとか樋先が下がるとか言いましてね。この刀身と樋の形によって、樋が生《う》ぶであるか後彫であるかによってもいろいろ鑑定が変わってくるんですよ。意外に後彫が多いですね。それと、生ぶの樋の場合は樋先が鋒《きっさき》のほうまで上がってるんですよ、古いところは。兼光ぐらい、まあ鎌倉の末期ぐらい。南北朝ぐらいになると樋先がちょっと下がってきます。

津本　あ、そう。とにかく日本刀の斬れ味というのは、ちょっと、やってみないと分からないぐらい、ものすごいですね。

井伊　それで思い出すのは、よう映画で峰打ちっちゅうのがありますよね。峰で打つと刀は折れるんよ。映画で「これは峰打ちやから、安心せい」なんて、ああいうことはまずできない。刀は刃の方に強くて、峰の方が弱いから。峰打ちとか平《ひら》でやると曲がってしまうわけやね。だから峰打ちでも絶対大丈夫やなんていう観念が一般の現代人にはあるわけ。それは違うので。峰でやると一発で、当たり所によっては頭とかやられる。刀は刃を使わないかんわけであって。刃筋を立てないかんわけ。刃筋を立てるということが、ものすごく難しいわけで。手の内の力の配分というか。野球のボールでも、がちがちに握ってたら球生きひんからね。瞬間にスナップをきかして力を入れるわけや。剣の場合でもそうであって、握ってるのも両手の三本の指でこう押さえてるだけやからね。それで刃筋を立てて、手先では斬らない。二の腕っちゅうかね、体全体で腰を

樋＊
刀身に施す直線的な単純彫刻。重量軽減と刀身の強度、特に曲歪《きょくわい》を防ぐため、専《もっぱ》ら実用的見地から施されたもの。外見は梵字や佛神の彫刻とくらべて単純だが、それだけ技術の功拙が目立つものである。古称は「溝」（こうまたはみぞ）といい、俗に「血流し」「血槽《けっそう》」ともいう。その種類は例えば「棒樋」「二筋樋」「腰樋」「喰違《くいちがい》樋」「菖蒲樋」等多様である。

兼光＊
古刀最上作にランクされる南北朝期備前刀工の第一人者。相伝備前の魁首《かいしゅ》とされ、その作風は身巾広い豪刀から優美な太刀、短刀と多岐にわたる。刃紋は直刃から湾《のた》れ、乱れ刀等多様だが、鋸刃《のこぎりば》が知られ、晩年は五ノ目丁子《ちょうじ》が比較的多い。業物《わざもの》でもあり「兜割」「鉄砲切」あるいは「石切」などその斬れ味をもって異名をもつ名物も少なくない。

入れる。そうしないと斬れない。

三島由紀夫と刀

井伊 その日本刀といえば、有名人で一番最近まで使って事件を起こした例の三島事件がありますわね。あれは、どう思われますか？

津本 あれはね、中村先生は三島の刀のことはよく知ってるんですよ。ある出版関係者から虎徹だとだまされ、高値でつかまされたといっていました。

井伊 なんか孫六とか。現代刀の偽物。

津本 孫六なんて、実際はそんなことない。

井伊 ……でしょ。だから、あれは、まあこう言うちゃなんですけど、いみじくも三島由紀夫文学をも表しているところもあると思うんですよね。あの開高《かいこう》健《たけし》さんなんかは、三島作品をドライフラワーと言ってました。確かに刀なんかを、あの人は剣道もやってるように言ってたけども、まあ剣のことも、あの人は、ああいうなん、コンプレックスの裏返しなんですかね。剣道は駄目。もちろん刀のことなんて、まるっきり分からなかった。

津本 そうでしょうねえ。

井伊 ボディービルをやったりしたのも。

津本 あれ使ってたらしいですね。あの筋肉増強剤。

三島由紀夫（1925 ～ 70）

作家。代表作に『仮面の告白』『潮騒』『金閣寺』『鹿鳴館』『薔薇と海賊』『憂国』『午後の曳航』『絹と明察』『豊饒《ほうじょう》の海』など。次第に右傾化し楯の会を結成した。昭和 45 年（1970）11 月 25 日、陸上自衛隊市ヶ谷駐屯地にて楯の会メンバー 3 人とともに益田兼利総監を人質にとり、自衛隊員の決起を促す演説を行ったが、隊員は誰一人として応じず、三島は演説を切り上げて総監室で切腹した。三島の切腹を介錯した森田必勝は 3 度仕損じ、古賀浩靖が三島の頸《くび》を打ち落とした。その直後に森田も割腹、同じく古賀が介錯した。

井伊　ああ、そうですか。

津本　だから、もしあと一〇年生きていたら、もうシワシワになってますわね。パーティーなんかに行ったら、薄い半袖シャツを着て行ってね、それで腕と肩を皆に見てもらうようにするのが癖だったそうですよ。で、「三島って胸囲が一メートルあるなんて本当かな」ってね、大きな声で言ったのがいたそうですよ。

井伊　体は小さいですね。

津本　小さいんですよ。顔だけ大きくてね。それがね、そう言ってからね、なんか薄いペッタリと張り付くようなシャツ着てね、それで人前に出ていたそうですけどね。

井伊　しかし、やっぱり自決したときの刀。あんなんでは武士道を、あの人は判断にしてはったから、やっぱりちょっと具合悪いですね。

津本　東郷重政先生が人斬り新兵衛の映画でね、示現流だから振り付けをしてくれっていって東京へきたそうですよ。三島さんに振り付けをしたんですよ。

井伊　あ、映画のときね。

津本　こう構えてるでしょ、刀。肩、こう触った。「あ、こりゃいけないと分かった」って僕に言っておられましたよ。あの触ったときにね、フニャーッとしてね、猫の体のように力を抜いたような感じ。柔らかい姿勢をとれば結局、斬れるんだ、ズバッといくんだ、体が硬いと何にも斬れない。そう思ったって言ってましたね。

開高健（1930 ～ 89）
『裸の王様』にて芥川賞を受賞したほか、毎日出版文化賞、川端康成文学賞、菊池寛賞、日本文学大賞など多くの賞を受賞した。代表作に『パニック』『輝ける闇』『玉、砕ける』など。開高健を記念して「開高健賞」が創設され、神奈川県茅ヶ崎《ちがさき》市に開高健記念館（http://kaiko.jp/）がある。座談会「生き続けることと三島氏らの死」（『人間として』第4号、1970年）の中で、「真継の言った（三島文学の）アプリオリの美というのは、彼が言った根本的なコンプレックスの中の一つに数えられるわけよ。だから鬱蒼たるホンコンフラワーの森、それがここ十年ぐらいの彼の作品を占めていた本質じゃないかと思うんだ。ホンコンフラワーも美しいんですよ、ある場合は。」（496頁）と述べている。

井伊　だけど、ああいう自衛隊の決起なんかをね、促したというのを普通で見ると、おかしくなったとしか見えませんわね。いろいろ解釈をしている人もおりますけれども。ああいうことを一つの三島の世界ちゅうの、あれが美学やったんですかね。自分が最後にああいうケリをつけて血で終わるというのは、あの人の美学の完結なんですかな、あれ？

津本　そうかも、分かりませんねえ。要するに筋肉がクシャクシャになってくるのが嫌だったのかもしれませんね。

井伊　だから奇麗なうちにね、ああいう形で自分を始末して、首を打ち落とされて。これが美の完結なんでしょ。自衛隊が決起するわけないですもんねえ。どう考えてみたところで。

津本　もう特殊な天才としての……。

井伊　その形で終わらないかん。醜悪なところを残したらいかんのですよ。ね、全盛のままちゅうか、健体で健全な体を誇示できるうちに終わると。

津本　ああ、そうでしょうね。

井伊　気の毒な話ですね、やっぱり。あの下世な話をすれば独り相撲をしてしまったちゅうか。

津本　そんな感じですね。やっぱり、そのほかの理由もあったのでしょうが。

井伊　そりゃ、あるでしょ。体、これもまた問題あるかもしれんけど、ボディービルする人とか、そういうような人は、まず自己愛がきついですね。多少やっぱり、そういう気があるんじゃないですかね。自分の体を見せるちゅうのはね。

田中新兵衛（1832 ～ 63）
薩摩藩士。幕末四大人斬りの一人と評される。文久 2 年（1862）7 月 20 日に安政の大獄で尊皇攘夷派を一掃した島田左近を暗殺。8 月に土佐勤王党の武市瑞山（半平太）と親交を結び、岡田以蔵とともに同月 20 日には越後の勤皇の志士だった本間精一郎を暗殺。9 月 23 日には安政の大獄で志士を捕縛した京都町奉行所与力の上田助之丞、大河原重蔵、森孫六、渡辺金三郎を石部宿で長州、土佐浪士らとともに暗殺。その後、薩摩に帰国するが田中雄平と名乗って再び上洛。文久 3 年（1863）5 月 20 日に姉小路公知《きんとも》が暗殺された現場に新兵衛の刀、薩摩鍛冶奥和泉守忠重が残されていたために町奉行所へ連行され、尋問中に自らの脇指で自刃した。

津本　よくわからんですねえ。あんなもん、肉体を特に実用でなかったら鍛える必要ないんですよ。

井伊　ナルシストですから。その文学は、その自分の肉体とともにある文学というか、自分の姿が同時に文学であるというか、絢爛《けんらん》たるね。紀州の先ほど、頼宣の話をちょっとしてもらったんですけど。なんか、あっちには鯨組ちゅうのがあるんですね。

津本　昔にありましたね。

捕鯨と刃刺し

井伊　あれは、どういうものなんですか?

津本　あれはね、和《わ》田《だ》義盛《よしもり》っていうのが、鎌倉幕府の三浦一族の中の豪族やったんですね。それがいろいろ、源実朝《さねとも》ですか、殺されて、それで北条の勢いが強くなって和歌山へ逃げてたんですよ。和田っていうのは今でも太地《たいじ》にはいない。和歌山市に来てるけど、整形外科のお医者さんでね、おりますわ。

井伊　子孫が?

津本　子孫。その和田一族が太地で何百人かの家来と一緒に住んでて、鯨が時々、沖を通るんですね。そしたら黒潮の勢いが強いんでね、黒潮がこう行ったら太地湾へ魚が吸い込まれるように、フッと湾の中に入ってくるんですね。

源実朝(1192 ～ 1219)
鎌倉幕府第3代将軍。征夷大将軍源頼朝と北条政子の次男として鎌倉で生まれる。幼名は千幡。建久10年(1199)に兄の頼家が将軍職を継ぐが、建仁3年(1203)9月の比《ひ》企《き》能員《よしかず》の変で北条氏と対立し伊豆に追われ、12歳でその跡を継ぐ。元久2年(1205)に牧氏事件が、建保元年(1213)には和田合戦が起こる。建保7年(1219)1月27日、鶴岡八幡宮で甥の公暁《くぎょう》に暗殺される。

潮流がね、向こうへ行く力が強いんで、湾があったらそこへ潮が逆流してきて、それでまた出て行くんですけど。だから湾の中に魚がたくさんいる。それを食べに鯨が入ってくるんですよ。それを、まあ普通の漁師だったら何十メートルもあるようなものを、よう獲らんですわな。それで薙刀や槍やあらゆるものを持ち出して無理やり湾の入り口塞いで、まあ、それをいっぺんぐらい獲ったら、もうその儲けで半年ぐらい食えるわけですよね。だから、いろいろ網獲り漁法というのを考え出したんですよ。網の目というのは一間なんですよ。

井伊　網が?

津本　一坪あるんですよ。

井伊　大きいですね、さすがに(笑)。素材は何で作るんです?

津本　素材は苧《お》縄っていってね、麻の一番かすの麻ですか。それで一枚が一反、三〇〇坪ですよ。それを、網船っていうのに、一〇枚も一五枚も積んどくわけですわ。その網船は二艘ぐらいいて、それで沖のほうまで勢子船《せこぶね》っていうのがね、太地湾の沖のほうで待ってて、それで「あ、来たな」と思ったら、船端を「ポンポンポンポン」叩くんですよ。

井伊　「ポンポン」と叩く程度ですか。

津本　ものすごい「ガンガンガンガン」て、その音を聞いたら鯨が避けよるんですわね。それでワーッと寄ってきたら、もう入っていくわけですよ。そしたら網船が待っとるわけですよ。待っててね、そこのところへ追い込んでいくと、それで勢子船の勢子っていうのは、これはもう鯨方の中では、もう代々

和田義盛(1147 ～ 1213)
和田氏は平安時代中頃に土着武士となった坂東《ばんどう》八平氏《はちへいし》の三浦氏の支族。治承4年(1180)源頼朝の挙兵に呼応・参戦。頼朝軍が富士川の戦いで平家軍に勝利すると初代侍所別当に任じられる。建久10年(1199)に頼朝に代わり頼家が将軍となるが北条氏と対立し出家させられる。建暦3年(1213)に泉親衡《いずみちかひら》の乱で息子の義直、義重、甥の胤長《たねなが》の関与が発覚。胤長は配流となる。執権北条義時との確執が重なり、義盛は挙兵するが一族のほとんどが討ち死にして滅亡する。
(来福寺蔵・三浦市教育委員会 写真提供・非公開)

決まってるんですわ。それで刃刺しちゅうてね、刃を刺す。そういう役のもんは槍みたいな、こんなね、このぐらいの刃の塗りがいろいろあるんですけどね。初めは簡単な模様。そこへ二艘の網船が、その網をポッと着せるわけですよ、パーッと着せるんです。で、着せた上からパーッと銛《もり》を放って縫いつけるでしょ。で、だんだん、だんだん大きな船になってきてね。もう鉞《まさかり》みたいなものもありますわ。

井伊 で、あとになるほど大きいんですか？

津本 それでもう、ワーッと……続けられるわけですよ。五回ぐらい、それ着せられたらね。

井伊 網を？

津本 大きな鯨でも、なかなか動きが。それで側へ行ってドッドッドッド雨《あめ》霰《あられ》と銛を打つ。五〇〇人ぐらいいるんですよ。

井伊 その鯨船の大きさって、どのぐらいの大きさなんです？　勢子船とは違うんですな？

津本 勢子船はね、だいたい七～八人乗りますかね。網船は大きいです。網船は網載せないかんから。

井伊 鯨船というのは網船のことですか？

津本 いや、あのね。これ全部併せて鯨船なんですよ。ほんで、持双船《もっそう》っていうのがあるんですよ。それが結局、鯨を運んでくる船ですけど、それも大きいです。で、鯨がどっかへ、だんだん、だんだん逃げてくでしょ。ところが、や

刃刺し
刺子、羽指、刃刺とも記す。近世の捕鯨において、鯨に銛を刺したり、綱をくくりつける作業を行う者たちのこと。捕鯨における事実上の主役であり、太夫名を名乗らせ世襲する場合もあった。

古式捕鯨蒔絵（太地町立くじらの博物館 蔵）

られるもんやから勢いが悪くなってきます。で、沈んで上がる間が初め、まあ五〇回ぐらい息したら上がってくるというのがね、だんだん一〇回息したら上がってくるとかね、四回息したら上がる。そうなってくるんですよ。

そのときに、もうおしまいやなと思ったら、ハナキリちゅうのをやるんですわ。鯨の鼻でもないんだけど、鯨のこの一番先の鼻のような形のところであるでしょ。そこのところへ刺水主《さしがこ》という若い二十歳か十七、八のね、それは羽刺しちゅうて銛投げるでしょ。その銛投げる家の息子に限られているんですよ。それが鯨の体にかかってる綱に飛びついてね。そしたら、もう断末魔の鯨っていうものは、自分の長さだけ潜るんですわ。だから二〇メートルの鯨やったら二〇メートル潜って浮き上がってくるんですよ。三〇メートルの鯨やったら三〇メートル潜って。だいたい冬、一月から二月頃の海ですけどね、沖で。そのときに刺水主が行ってね、その一番先のところで、これぐらいの鼻切り包丁って包丁があるんですわ。僕、小説に書いてますけどね。それをグーッと刺すんですわ。それで、ここからここまでバーッと刺してしまうんですよ。刺すときにブリブリッと動くときに危なかったら、もうすぐ離れないかんわけですよ。それのタイミングを間違ごうたら、もうヒレでポンとはたかれて、即死なんですって。

井伊　まるで剣の極意と一緒ですね。

津本　そうそう、それで命捨ててかかるんですね。で、揚げるでしょ。揚げたら、またパーッと浮き上がってくるでしょ。そのときに持双船から慣れた連中が飛

はなきり

鼻切。近世の捕鯨において、鯨が沈まないよう綱をくくりつけた後、手形包丁で潮吹き孔（鼻孔）の間の障子を切ること。海に飛び込んで鯨の頭部や背中にとりつくという危険な作業であったが、見習いや若い羽指たちの一種の通過儀礼として行われ、鯨猟のクライマックスとなった。

びついてきて、縄を鼻へ通すわけですよ。それで縄を船に縛り付けてね、そこへこんな天秤棒みたいなもの通して、それで持ってくるんですよ。船でオーッ、漕いで。それを沖からオーッ、持ってくるんです。それを持双船ちゅうんです。

井伊　文字通り、この『深重《じんじゅう》の海《うみ》』ですな。

津本　そういうこと。それがもう戦争みたいな、どんな危険があるか分からん。その代わり、それが一つ来たら、もうそこの村中ちゅうか漁師中が、まあ最低、半年ぐらいは遊んで食えるわけですよ。

井伊　鯨はもっとたくさんいたんでしょうな。

津本　そりゃ、もう……。

井伊　だから全然問題になるような状況じゃなくて。単純な採取生活というか狩猟生活いうか。

津本　アメリカがね、やってきたでしょ。そしたら、アメリカはまあ三五〇トンぐらいの帆船でくるわけですよ。帆船って、日本の帆掛け船と違うて帆がもう何枚もありますからね。どんな風でも走るんです。それでやってきてね、鯨のボンブランス破裂銛って、火薬仕込んでるんですよ。それを鯨にボーンと撃つでしょ。そりゃ一発当たったら中でバーッと破裂する。それで捕まえてきてね、轆轤《ろくろ》でギリギリギリッと巻き上げてね、すると鯨の体をギューッと巻き上げて、巻き上げたら、もう皮をクルクルッと剥《む》いてね。それで油絞ってね、タンクにみな油入るようにして、で肉とほかのもん、みな捨ててしまうわけですよ。それで、だいたいアメリカの鯨船が一隻、三ヶ月ほど紀州の沖にいたら

『深重の海』
明治11年(1878)12月、セミクジラの親子を追った捕鯨船団が太地沖で遭難して100名以上の犠牲者を出した「大背美流《おおせみなが》れ」を取材した小説。第79回直木賞受賞。写真は新潮文庫。

一〇〇〇頭獲るんです。だから釜石ってあるでしょ。あそこなんか鯨ね、もうどれだけ撃ったか分からない。鯨はみんな菊の花びらみたいに頭を真ん中へ寄せて、円形を描いて眠ってるそうですよ。

井伊　可愛いもんですね。

津本　シューッ、シューッと潮吹いて寝てると、その間にボートで漕いで入る。で、そのときに鯨に当たったらいかんからオールを短く切ってね。それでアメリカ人が入っていって、その破裂銛でバーン、バーンって撃って獲るんですよ。だから今、鯨なんかグリーンピース、ああいうなんやってる。あの連中のやってることといったら、もう無茶苦茶やっとったわけですわ。

井伊　まあ、みなアメリカはそうなんです。そんで先やってしもうて……。

津本　で、こっちは迷惑こうむるばかりですよ。

井伊　都甲というのは都に甲。

津本　そうそう。

井伊　あれは黒田の関係じゃないですか？

津本　そう？　黒田ですかね？

井伊　都甲ちゅうのは、都甲太兵衛というのは森鴎外が書いてるでしょ。それで都甲ちゅうのは黒田でなしに、細川家ですわ。宮本武蔵が初めて細川家か、御殿かどっか行ったときに細川はだれですかね？　忠利か光尚か？「廊下渡って、ここまで来た間に、来た間に侍らしい侍を見たか」と武蔵に聞くわけですよ。聞いて、武蔵は一人いたというのです。それが都甲太兵衛。その子

グリーンピース

Greenpeace は 1971 年のアメリカの核実験に反対する組織として誕生。その後も核実験や捕鯨問題に対する国際的な環境保護団体(NGO)として拡大。1979 年にはグリーンピース・インターナショナルが設立され、オランダのアムステルダムに本部が置かれた。1985 年 7 月 10 日にフランスの核実験に抗議するためのグリーンピースの船「虹の戦士」号がニュージーランドの港でフランス情報機関により爆破された。日本では 1989 年にグリーンピース・ジャパンが設立。1993 年にロシア海軍による日本海への核廃棄物の投棄を摘発するなど、海洋生態系、オゾン層破壊、原子力、化学物質汚染、エネルギーなど幅広い活動を展開している一方で、過激な活動も目立っている。

月照(1813 ～ 58)

江戸時代末期の尊皇攘夷派の僧侶。清水寺成就院の住持。尊皇攘夷運動に関るが、安政の大獄で隆盛と薩摩に逃れたが、鹿児島錦江湾沖合いにて西郷と月照は抱き合って入水《じゅすい》、西郷だけが蘇生した。

孫とちがいますかね。珍しい姓ですね。

津本 母里《もりたへえ》太兵衛ではないですか？

井伊 いや、母里太兵衛は黒田ですわ。都甲太兵衛でね、森鴎外に小説があります。

津本 あ、そうですか。その勝海舟の先生に都甲斧太郎という蘭学者がいたのを知ってはります？ ひょっとしたら黒田家にいたかも分かりません。

井伊 幕末やとね。黒田家でなしに細川ですよ。

津本 馬医者で有名だったんですよ。で、どんな馬でも病気でも治せたんですよ。そりゃ、何で治したかいうとオランダの文献を読んでるから治し方知ってるんです。だから、もう無茶苦茶に評判になるわけですよ。それで結局、ねたまれて引退したそうです。

維新を駆け抜けた男たち

井伊 直弼のやった大獄ちゅうのは、ものすごい恐怖政治やったんですね。

津本 すさまじかったでしょうね。

井伊 しかし月照という人と、なんで相抱いて西郷と海へ入らなければならなかったのか。一回、誰かに聞いてみたいなと思うんですけどね。

津本 そうですね。

勝海舟(1823 ～ 99)
勝安芳。幕臣、明治時代の政治家。諱は義邦、安芳。号は海舟。旗本小普請組の勝小吉の長男。海軍伝習所に伝習生頭取として派遣され、オランダ軍人から海軍の技術を学ぶ。万延元年(1860)日米修好通商条約批准の使節派遣に軍艦咸臨《かんりん》の艦長として初の太平洋横断を行ってアメリカを見聞した。帰国後軍艦奉行に就任、神戸海軍操練所を設けた。戊辰戦争に際して、江戸の戦火を避けるため西郷隆盛と会見して江戸を開城した。維新後は海軍卿、元老院議官、枢密顧問官を歴任し、伯爵に叙された。著作に『開国起原』『海軍歴史』『吹塵録《すいじんろく》』があり、また口述した『氷川清話』は幕末、維新を回顧した史料として貴重。(国立国会図書館 写真提供)

井伊　心中みたいなもんでしょ。一人で入りゃいいんじゃないですか。
津本　最後は腹切ったらいいわけですからね。
井伊　おかしいなと思ってね。だから私初めは、全然何も分からない若いときに、月照という人は尼さんかなと思った。性分が。
津本　ハッハッハッハッ。
井伊　尼さんですかな、あれ性格が？　気分的には。
津本　いや、男です。
井伊　もちろん男ですがね。
津本　だから、やっぱり衆道の関係であったというような説もありますわね。
井伊　まあ別にあの時代、まあ今もそうかもしれんけども男色ちゅうのは、そんなに珍しいことやないから。桂小五郎も城崎の方へ絶望して逃げて、あっちで結婚してますよね。結婚ちゅうか子供をつくっとるでしょ。
津本　あ、そうですか。
井伊　あっちで、なんかそうですよ。また、それ捨てて戻ってくるんですわ。
津本　ハハーッ。で、また幾松と結婚するわけですか。
井伊　そうそう。もう、とにかく探索逃れで疲れて絶望したんですよ。で、城崎のほうで隠れて暮らして。
津本　そうですか。
井伊　あの人も深刻派やから。明治政府になってからも、あんまり活動できなかったですもんね。ほとんど口を利かなかったといいます、ムッツリです。

幾松（1843 ～ 86）
幕末の芸妓《げいこ》、木戸孝允夫人。小浜藩士木崎市兵衛の娘として生まれた。母は小浜藩医師、細川太仲の娘末子。幼名は計《かず》。公家の九条家ゆかりの難波恒次郎の養女に出される。恒次郎は三本木の芸妓幾松を妻として放蕩の生活をしていたため計に２代目幾松を名乗らせ芸妓にしてしまう。桂小五郎に落籍されてともに住むようになるが、禁門の変で長州藩士は京を追われる。その後幾松は出石に潜伏していた桂と馬関（下関）に入り、桂は木戸貫治と改名。さらに維新後は孝允と改名し、幾松も松子と改名して長州藩士岡部利済の養女として木戸と正式に夫婦となる。明治 10 年（1877）に木戸が京都で没すると尼になり翠香院と名乗って京に暮らした。墓は東山区の木戸孝允の傍ら。

津本　そうですね。もう結局、放り出されたような感じになってしもうてますわね。あの伊藤と大久保が組んでしもうたとき。

井伊　融通が利かなかったんじゃないですかね。

津本　そうですよ。要するに鹿児島を仇に思ったんですね。薩長連合のときに長州から戦わせようとしたでしょ。結局、薩長連合といったって話し合いだけで、何も書いてないですよね。そやから結局、六ヶ条かなんかいう木戸が協約書のようなものを書いて、坂本龍馬に裏書きしてくれ言うて、まあ一応の形を作ったけれども、鹿児島はそんなことどうでもいいと、結局、長州と幕府と戦争させてみようと。で、米もやると、武器もやると、ただやってみろと。で、負けたら、もう知らん顔をするつもりだったんでしょうね。

井伊　確かにあれですね。木戸は薩摩を信用してませんもんね。

津本　信用してない、全然。だから薩長連合というたって、薩摩は長州を動かさないといかんとは思うてるけども、自分が動こうとは絶対思うてないですからね。ただ長州にやらせるだけですから。

井伊　ちょうど、その前に例の禁門の変。

津本　やったでしょ。だからフランスとイギリスが動いてるということは、ものすごく警戒しとったんですね。で、幕府の後ろにフランスがついてるから、やられるかも分からんというところを勝が突いて西郷に教えたから、いっぺんに薩長連合の話が始まったけど、それも長州が手をついてお願いしますと言わせんと話が通らんというようなことで結局、双務契約じゃなしに完全な片務の

伊藤博文（1841 ～ 1909）
長州藩士、初代内閣総理大臣、枢密院議長、公爵。木戸孝允に従って尊攘運動に参加しイギリス公使館焼き打ちに加わる。井上馨《かおる》らとともに渡英したが、四国連合艦隊下関砲撃事件を知り帰国、開国論の立場から講和を工作した。維新後の明治４年（1871）には岩倉使節団の副使となり、征韓論では大久保利通、岩倉具視《ともみ》を支持。大日本帝国憲法の発布の中心的人物となり、初代内閣総理大臣。初代枢密院議長となり、憲法発布後には元勲とされた。日露戦争後、日韓協約の締結を推進して初代韓国統監となったため韓国人の恨みを買い、ハルビン駅にて安重根に暗殺された。（国立国会図書館 写真提供）

契約みたいなね。

井伊　一方通行ですね。

津本　一方通行ですよ。だから木戸は最後まで、それを恨みに思ってたらしいですね。

井伊　うん。そういう執念深いとこ、あの人はあるんですね。どっちかというと多少、躁鬱《そううつ》性があったちゅうか。なんか剣道は達人やったらしいけど。坂本龍馬や高杉晋作とかが明治以後、長生きしたらどうなったと思われます？

津本　うん。高杉晋作は生きてたら、やっぱり長州の代表者ちゅうんですかね。木戸は、伊藤なんか、まだちょっと下ですね。木戸と並んで僕は、やっぱり指導者になってたと思うんですけどね。

井伊　高杉のような人が維新後生きてたら伊藤のような人は表に出ることもできません。

津本　出られないでしょうね。蹴っ飛ばされますからね。坂本龍馬は維新になる前に、もうはずされてるわね。

井伊　ただ、あの人ほれ、商売人というか。

津本　商売人ですよ。

井伊　そうでしょ。

津本　だから政府のお偉方の痛いところ、政商で裏のみな握っているから非常に大活躍して。

井伊　いわゆる三菱どころじゃないね。

高杉晋作（1839 ～ 67）
長州藩士。長州藩における尊皇攘夷、討幕運動の指導者。松下村塾に学び、渡海して上海に赴き、太平天国の乱で混乱する中国の実態を実見した。帰国してからイギリス公使館を焼打し、奇兵隊を設立。四国連合艦隊下関砲撃事件に際して和議交渉を担当した。藩論の対立のなかで脱藩し、クーデターを起こして長州藩の指導権を掌握した。木戸孝允らとともに長州藩の改革を実行し、第２次幕長戦争にあたって下関口の参謀となって活躍した。維新前に病死した。（国立国会図書館 写真提供）

津本　そうそう、それはやったと思いますよね。

井伊　そういう人から見れば、ずいぶん小粒な井上馨《いのうえかおる》っておるでしょ。あの人がもう、だいぶん明治になってから悪いことしてますわね。私ら思うのは、例えば龍馬なんかも、そういうところがあってスケールが大きいから、もうしたい放題やって汚職もし、私腹をこやしたでしょうね。高杉晋作にしてもね。官費で飲んだりしてるでしょ、あれ。

津本　後藤象二郎《ごとうしょうじろう》なんて、めちゃくちゃしてますからねえ。

井伊　だから案外早く、志半ばで死んだのも美名を残す面ではね、よかったんじゃないかと思いますね。生きとったら相当ワルになってますよね。だから戦国時代のサムライというのは、さらにそれの数倍やから、もう公私の区別なんて観念がまったくないんですな。公と私のね。

津本　ない。

井伊　「私」がすべてなのね。もう上の方になると、お家のカネなんて平気で流用しますんでね。まあ、その公私の概念ちゅうのは、江戸に入ってからのことでしょ。詳しく、うるさく言い出したのはね。もちろん教養のある人は平安・鎌倉時代からちゃんと、そんなことは分かってるでしょうけども。その、「斬り取り強盗世の習い」のような連中は、全然わかってませんもんね。

津本　わかってないですよ。もう、つかみ取りみたいなものですね。

井伊　いや、家《うち》に出入りする刀屋さんが聞くんですわ。「そういう時代は、例えば他人の嫁さんでも美人と見りゃ誰でも手を出したんか？」と。まあ、そりゃ

井上馨(1836 ～ 1915)
長州藩士で明治・大正の政治家・元老。藩校の明倫館に学んだ後、江戸へ遊学。文久２年(1862)のイギリス公使館焼き討ちには高杉晋作、久坂玄瑞《くさかげんずい》らとともに参加。伊藤博文らとイギリスへ留学して開国論を唱えるようになる。第１次長州征伐では恭順を唱えたために襲撃に遭い重傷を負うが、薩摩藩と同盟を結び第２次長州征伐で幕府軍に勝利。明治維新後は伊藤内閣、黒田内閣の下で外務大臣、農商務大臣、内務大臣、大蔵大臣などを歴任。従一位大勲位侯爵、元老。また美術品コレクターとしても名高い。
(国立国会図書館 写真提供)

そうやとね（笑）。

津本　板垣退助は、それやってますわ。

井伊　板垣退助が？　絶対、興味あればやってますわな。

津本　板垣退助がね、まだ若いときに江戸に来てたでしょ。あれ、三〇〇石のね……。

井伊　「乾《いぬい》」というてた時代ですな。乾退助。

津本　あの隅田川へね、その亭主のほうを引っ張り出して、絞め殺して川へ放り込んでしまうんですよ。それで、その嫁さんを自分の彼女にして。それが自由民権運動みたいなことをやってるでしょ。

井伊　しかし、あの時代の自由民権ちゅうのと、今のわれわれが考える自由民権とはだいぶ違うでしょ。まあ、早い話が士族社会のことなんでしょ。

津本　そうですね。

井伊　まあ、われわれはもっと広い意味の皆が平等みたいに考えるけど、あの人のあの時代は違いますもんね、当然。

津本　そうですね。板垣というのは結構、悪いことやってるんですよ。

井伊　あの人は、しかし幕末の人にしては戦争は上手いほうじゃないですかね。

津本　うーん。そうですね、全部兵隊率いて行きましたわね。

井伊　あれは、もともと出世のきっかけは例の山内容堂さんに気に入られたんですね？

津本　そうですね。なんか顔は女のような、それで、することはものすごい荒っ

後藤象二郎（1838 ～ 97）
土佐藩士、明治の政治家。土佐藩上士の後藤助右衛門の長男に生まれる。吉田東洋は義理の叔父で、板垣退助とともに学んだ。最初は公武合体を唱え、元治元年（1864）年に大監察に任じられると土佐勤王党を弾圧し武市瑞山を切腹させた。しかし坂本龍馬との会談後は前藩主の山内容堂に大政奉還論を進言して、結果的に徳川慶喜に受け入れさせた。黒田内閣、松方内閣で逓信大臣、第２次伊藤内閣で農商務大臣を務めた。（国立国会図書館 写真提供）

ぽかったですね。

井伊　井上馨も男前ですよね。

津本　あーっ、そうです。あれ、いっぱい斬られたですけどね。

井伊　あ、そうそう。

津本　顔はあんまり斬られていないですね。

井伊　あの司馬さんの小説『美濃浪人』。あの龍馬やら襲われたとき、駆けつけた仲間がそのことを言ってますね。井上聞多《もんた》（馨）は体中ムチャクチャに何十箇所も斬られても死なかった。生きとったんやから大丈夫やてね。

津本　もう兄貴が介錯するっちゅうてね、脇指抜いたんですね。

井伊　で、止めたんでしょ、あれ。

津本　母親が止めたんです。

井伊　で、明治まで生き残って、したい放題……骨董品もよう集めてるんですよ。あの人は刀も好きでね。

津本　遺族ってまだいるんですか？

井伊　そりゃ、あるでしょうね。侯爵か伯爵でしょ。

津本　そうです、そんなもんです。

井伊　新華族でね。

津本　後藤象二郎の子孫ちゅうのは、僕の勤めた会社で秘書課にいたんですよ。

井伊　後藤家ちゅうのは藩の上士ですね。

津本　三〇〇石ぐらいですね。

板垣退助（1837 ～ 1919）
土佐藩上士、乾栄六の子として生まれる。藩の要職を歴任し、戊辰戦争では藩の大隊司令、軍指令・東山道先鋒総督府参謀として参加。明治政府では参与高知藩大参事、参議となるが征韓論を唱えて一時失脚。自由民権運動を推進して自由党を結成し、同総理となる。翌年に相原尚褧《なおぶみ》に襲われ「板垣死すとも自由は死せず」という言葉が生まれる。帝国議会が開設された後は立憲自由党を組織、翌年には自由党に改称するなどし、第２次伊藤内閣、第２次松方内閣で内務大臣を務めた。進歩党の大隈重信と憲政党を結成し、初の政党内閣となる大隈内閣に内務大臣として入閣するが４ヶ月で総辞職。明治33年に政界から退いた。（国立国会図書館 写真提供）

井伊　あ、福岡が高いのか？

津本　あれも三〇〇石ぐらいです。で、後藤は吉田東洋の甥なんですよ。吉田東洋というのは、だいたい藩の執政ちゅうて家老みたいなのやったでしょ。だから割と、まあ藩では福岡孝悌《ふくおかたかちか》、それから板垣退助、それから今の後藤象二郎。だいたい、おんなじぐらいの出自やけど、まあ一番顔を利かしてたのは後藤ですね。後藤、福岡、板垣……。

井伊　なんかを見ると福岡ちゅう家は重臣の家……確か今の福岡孝悌は、分家か何かなんでしょうね。

津本　一万石ですよ、本家は。

井伊　ああそうなんだ、家老ねえ。あの容堂さんなんかも、号なんか鯨海酔侯《げいかいすいこう》なんていう豪快な号だけど、残った写真を見ると、どっちかというと繊弱な感じで弱々しいですね。やっぱり酒飲みすぎて早く死んじゃいますけどね。

津本　そうですね。名前から……。

井伊　感じがね、そういう感じ。

津本　坂本龍馬は、ごっつかったみたいですね。ごっつかったけど、幕府の柔道の名人という人と試合をしました。まあ五尺二寸というから一五六センチですか。で、龍馬は五尺九寸やから一七七センチ。それね、柔道の試合するんですよ。龍馬は高知でやってますからね、小栗流っていうの。それでね、一回やって負けて、二回目もやって、で三回目に庭先でね、庭石の間へ挟《はさ》み込まれて、それで三回落とされて負けてますね。その柔道の名人というのもまた、坂本龍

山内容堂（1827 ～ 72）
土佐藩主。諱は豊信。弟で14代藩主豊惇《とよあつ》の急死により嘉永元年（1848）12月27日、土佐藩15代藩主となる。古い門閥による藩政を嫌い吉田東洋を起用。将軍継嗣問題では徳川斉昭らと一橋慶喜を推薦していたが、斉昭と対立する井伊直弼が大老となると安政の大獄が始まり紀州藩主の徳川慶福（家茂）が14代将軍となる。そのため安政6年（1859）には幕府に隠居願いを提出し容堂と号する。酒と詩を好み鯨海酔侯《げいかいすいこう》と称した。
（国立国会図書館 写真提供）

馬とあとで、なんかのときに知り合いになってね、勝海舟に、あれなんていう名人やったかなあ。好かれてね。それで、明治になってまで日本の柔道会の重鎮みたいになってますよ。龍馬という人は、まあ体はごっつかったんですけどね。

井伊　そんな感じですね。

津本　体はごっつかったけど、柔道も剣道もいまひとつみたいな感じですよね。

井伊　しかし、あれでしょ。千葉の分家の。

津本　そうそう、さな子の恋人になって。でね、やっぱり斬り合いやってるはずですわ。最後に土佐行くでしょ。あの、最後に京都に行く前に。あれは空蝉《うつせみ》か何かという藩船で。そのときにね、追放された身分やから高知まで最初行かずにね、外海からちょっと入ったところの親戚の家でいるんですよ。そのとき、十一歳かやった男の子と一緒に風呂に入ってるんですよ。そしたらね、その男の子が見た背中に二筋、左の胸に一筋、長い刀傷があるんです。それでね、龍馬は「おんちゃんは痛うても泣かんぜよ」って言うたってね。そんな記録残ってるんですよ。そりゃ、やっぱり実際に斬り合いもしたんじゃないかと思いますけどね。あんまり何も、そんな残ってないですけどね。

井伊　あんまり、そして表に言わんほうがいい斬り合いやったんですね。まあ、あの時代も一緒でしょうけども、背中に傷を受けるちゅうのは不名誉ですから。

津本　まあね。

井伊　向こう傷はいいけど。背中に受けるちゅうことは背中を敵に向けていた。

福岡孝悌(1835 〜 1919)
土佐藩士、明治の政治家。山内豊範の代では後藤象二郎とともに将軍徳川慶喜に大政奉還を勧めた。維新後「五箇条の御誓文」草案作成に関与。板垣退助とともに数少ない土佐閥として司法大輔、元老院議官、文部卿、参議、参事院議長、枢密顧問官、宮中顧問官などを歴任した。(国立国会図書館 写真提供)

千葉さな子(1838 〜 96)
北辰一刀流創始者である千葉周作の弟、千葉定吉の娘。北辰一刀流小太刀は免許皆伝の腕前で、桶町千葉道場で坂本龍馬と知り合う。龍馬とは婚約していたとか結婚していたという説もあるが、維新後は学習院女子部の舎監を務めた。

あんまり公にできない。新選組なんかの隊規《たいき》にも、そんなんあったんちゃいますか？　士道不覚悟とか。

津本　そうですね。ありましたね。

井伊　まあ特に新選組なんかは本当の侍集団違いますから。侍に憧れて侍になった連中が作ってるから、ものすごい厳しいですわな。

ものすごい純粋なんですな。あの時代の侍だったら普通はもっと、ものすごい、ええ加減ですもんね。嫁さんが姦通してても見て見ぬふりしてる。そんな時代、事なかれ主義。公にしない。だから本当に新選組みたいな人々が本来の侍に憧れたんですね。本物でないから、よけいに武士の精神にあこがれる。

その典型的なのが近藤勇の活動ちゅうか。そりゃそうですね、大久保大和なんて名乗らせられてね、海舟に忌避され甲陽鎮撫隊《こうようちんぶたい》なんかにされ、江戸から追っ払われてますわね。だから時代観がまったくずれてたんですね。

津本　確かにね。

武士の身分社会

井伊　いまだに、あれですもんね。私ら博物館関係、付き合いするでしょ。加賀の前田家がありますね。前田家の家老の家にある八家《はっか》。八軒代々家老の家がある。あれの上下がはっきりしてる。それで物事やるときでも、勝手にやった

吉田東洋(1816 ～ 62)
土佐藩士。藩主山内豊熈《とよてる》の代では船奉行、郡奉行を務めた。国学者の鹿持雅澄《かもちまさずみ》、漢学者の斉藤拙堂らに師事し、塩谷宕陰《しおのやとういん》、藤田東湖、安井息軒らと親交を深める。山内豊信の代で富国強兵を中心とした改革を行おうとするが尊皇攘夷派、土佐勤王党の大石団蔵、那須信吾、安岡嘉助に暗殺された。

小栗流
徳川家康の家臣であった小栗仁右衛門正信は柳生石舟斎新陰流を学んだが、同門の駿河鷲之助とともに組討を研究。剣術、柔術だけでなく居合、薙刀、棒、水泳なども取り入れた総合武術を創始。土佐藩士朝比奈可朝《よしとも》が弟子だったことから土佐藩に伝わり、藩校である致道館でも教えていた。龍馬は坂本家に近い小栗流日根野道場で学んだとされている。

りしたらいかんのですよ。順序を踏まんと。で、うちへ来る金沢の学芸員の人が、もともとはどっかの知行地内の神官だったわけですね。それが違う家老の鎧を飾ったりしてたらね、お前はいつからあの家来になったんや、といって怒るらしいですわ。今現在。

津本　はあー。

井伊　私、彦根の場合でも昔、市長（井伊直愛《なおよし》氏）やった人が田舎へ行くと土下座して喜んだんですよね。

津本　へえー、今ですか。

井伊　そう、まあ現代です。今から四〇年くらい前ですかね。ありがたいですわね。やっぱり、いてるとこにいてるんですよ、いまだに、そういう人たちが。

津本　金沢に「百万石まつり」ちゅうのがあるんですよ。で、僕は講演に行ったんですよ。そして家内が金沢の日赤によく診る先生がいて、診てもらいに一緒に行ったんです。それで「百万石まつり」があるんで、新聞社の人が「ええとこ案内しましょう」ってね。なんか大通りのね、ビルのテラスみたいなところへ連れて行ってくれたんですよ。もう人がいっぱいいましたよ。そしたらね、なんか椅子がズラッと並んで座ってるんです。それで、お一人立ち上がって「いやーっ、しばらくです」って言うんですよ。それで、ふっと見たら前田さんですよ。

井伊　今の当主さんが。

津本　ご当主ですよ。僕は、ある場所でご一緒だったことがあるんですよ。そ

金沢百万石まつり
毎年6月初旬に石川県金沢市にて行われる祭り。加賀藩祖前田利家が天正11年（1583）6月14日に金沢に入城したことを記念して、大正12年（1923）より昭和20年（1945）まで行われた奉祝行事が発祥。その後紆余曲折《うよきょくせつ》をへて金沢市の夏を代表する祭りへと発展した。とくにメインイベントである百万石行列は加賀百万石の栄華を髣髴《ほうふつ》とさせるものとなっている。
（金沢市産業局観光交流課 写真提供）

れでね、家老がズラーッと座ってるんですよ。あれ、まあ順番に座ってるんでしょうね。

井伊　そら席順うるさいから。

津本　そうでしょうね。その晩はね、近くに温泉があるんですって。その前田家の人たちが行く温泉ですわ。そこへ晩泊まるんですって。それは新聞社の人に聞いたんですよ。僕もね、ご挨拶したけど違う社会の方ですから堅苦しいですね。

井伊　今でも例えば、仙台とか島津とかいうとこにはあんのかもしれんけどね。そういうような関係で、家老と家老の席次の問題なんかでも、前田の家老同士の子孫がある神社で大喧嘩したりした。神社の宮司っていうのは、処置が悪かったかどうか分からんけど、二度と来ないっちゅうようなことになった人があるとかね。ちょっと想像できんようなことになって。まあ、「こないだの大火事」なんちゅうのが、京都の古い公家世界では応仁の乱の火事になりますからね。それは不思議でも何でもないのかもしれませんけれど、われわれとは時代の感覚が違うというかね。

　そういうことを生きがいに生きてる人がいっぱいおるんですよ。今も霞会館から出してる『華族名鑑』てのがあるんですよ。それに私の家も載ってるんですけど。二組持っているのですが、一部は古本屋で買ったんですけどね。それに、ものすごい書き込みがあるんですよ。それはなぜかいうと、それほど、ことほど左様にそればっかり眺めてね、その中の人事異動を細かく記してるんで

八家《はっか》＊

加賀前田家の藩臣団の中において最上位を占《し》める年寄(大年寄)、家老の八氏を八家と呼んだ。家名は本多、横山、奥村(本家)、奥村(分家)、長《ちょう》、前田(対馬守家)、前田(土佐守家)、村井の各家。前田家においてこの制が確定したのは元禄末、江戸中期と推定される。もとは藩の軍制に由来し、一定の上級士将(人持)を統率する七組の組頭の家に城代の家を加えたもの。加賀藩ではこの八家が戦時には軍事の主権や藩政を掌握した。現代でも金沢ではこの制度の精神的遺風が健在。本多氏は八家の筆頭だが、家康の命により、前田家に付けられたお付家老であって、利家子飼いの将ではない。

す。死亡通知やらね、新聞載るでしょ。そういうの皆貼ってあんねん。細かい系図やらね。ここから後の系図とか、これが誰に嫁入りしてるとかね。

津本　あ、そうですか。

井伊　だから、やっぱりね、朝から晩までそれ眺めてね、それを生きるよすがにしてる名家のなれの果てもあるんです。

津本　は、はーっ。

井伊　男爵の子や子爵の成れの果てとか。

津本　なるほどねえ。あ、そうですか。

井伊　彦根の、あの例の宇津木六之丞《うつきろくのじょう》の子孫、大老直弼の公用人を務めた。家禄はたかだか三〇〇石程度ですが、全然違うんですよ。こういう感じでしたからね、（胸を反らして）威張ってるちゅうか、気位が高いんか。二〇〇や三〇〇石がそうです。もう一〇〇〇石やったら、えらいことやね。

津本　そうですね。いや僕もね、紀州藩士の分限帳見たら、そんなもん、めくってもね、五石何やら一〇石、そればっかりですよ。たまに三〇石やったらえらい。そしたら、僕たちの小学校の同級生の名前があったんですよ。その子と同じ名前で一〇〇〇石なんですよ。で、そう言うたら空襲で焼ける前ね、お城の下に長屋門があって、古びてるけど大きなお屋敷だったですよ。そこに彼がいたんですよね。あれ、やっぱり、一〇〇〇石……なんか、わけあったんですね。それが東京へ出てきて、いろいろ苦労して浅草でチョコレートね、こんな、もう一個がメーカーの名前付いていてない、こうセロハンでカケラみたいな、あれ売っ

分限帳《ぶげんちょう》＊
侍の禄高、つまりわかりやすくいえばサラリーを記した簿冊《ぼさつ》。時代によって変遷があり、家臣たちの盛衰を知る上で貴重な参考となる。侍帳、藩臣禄とも考えられる。

てた時期があったようです。

井伊　文字通り士族の商法ですな。

津本　六十歳ぐらいまで貧乏してるんです。新宿でパチンコ屋の上に、ビジネスホテルあったんですよ。それを親戚中から金借り集めて六億ぐらいで買うて。それから、もう儲かるわ儲かるわ。

井伊　また、その六億ちゅうの、どっから出たんですか？

津本　親戚からみな、金をちょっとずつ集めて、それでまた何かを担保に入れて、それでビルを買って。やったら儲かって儲かってね。無茶苦茶儲かったんですよ。それでね、それから二年ほどして胃がんで死んでしもうた。もう不意に訃報が舞い込んできた。

井伊　身分に合わんことになったらあかんですな。分に過ぎたことになると。

津本　そうですね。

井伊　それと、もう一つは彦根の家老の三浦家の話が出てきてるんですね。家来というか、武家社会における本家と分家の話なんやけども、位の高い家ほど本家に対する分家の態度というものが、家来同然やったんですね。みんな本家分家というと、ちょっと親しいように思うけれども。三浦家という彦根藩の門閥家老の場合ですと三浦内膳という本家当主には、分家の中で一番上の家格に三浦半蔵という家があったんです。三〇〇石位の石高からみても、そんなに低い身分の藩士ではないんですが、明治になってからでも年頭などの挨拶に行くと、玄関から上には上げてもらえなかった。だから挨拶するときは本家の玄関

宇津木六之丞（1809 ～ 62）＊
実名景福《かげよし》。実は井伊家士古沢六右衛門の四男であったが才を見込まれ八代目宇津木三右衛門景盈《かげみつ》の養子となった。この宇津木家は藩老宇津木家の一門で、家中では家老の本家宇津木の「大《おお》宇津木」に対し「中《ちゅう》宇津木」と俗称した。直弼の兄直亮に見い出され、さらに直弼の信任を得、直弼が大老となると公用人となった。長野主膳義言《よしとき》と共に直弼の股肱《ここう》として幕政の背後に参画。主に在江戸で活躍したが、直弼桜田遭難後、禁錮《きんこ》され、文久２年(1862)10月、城下四十九町の獄舎で斬首された。54歳。（京都井伊美術館 写真提供）

先で口上を述べて、当主から返礼の言葉を受け、そのまま帰宅してくるということだったそうです。この話は、半蔵さんの子孫から直接聞いたんですが、相当厳しい身分上の差別が厳然と存在したことがわかります。

これで思い出すのは、時代劇なんかでも商人が縁側へ上がったりする。ああいうことはあり得ないんで。植木職人なんかでも絶対に上へ上がれないというか、庭で蹲踞《そんきょ》して主人から話を聞くことが当然の礼儀でしたから。とにかく今の一番感覚的に抜けてるのは、昔は身分社会というか、身分の感覚でみんなが序列で生きてた。それが今はもちろん平等っちゅうことになってて、無意識のレベルにまで定着してきている。だから江戸時代の身分制度や人間関係の窮屈さを生活感覚で捉えることは相当難しくなっています。歴史を研究する上では、その窮屈さというか歴史的な事実をもっと認識せなあかんなあと思います。

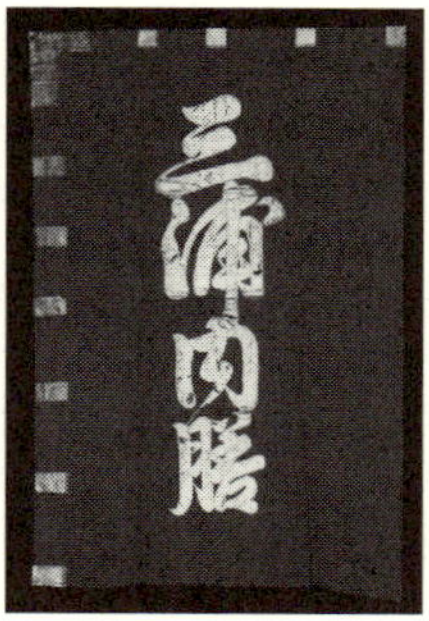

三浦家＊
彦根藩の家老職の家。家督相続後や家老職就任後に与右衛門、和泉、内膳などを称する例が多い。初代元成は元今川家臣でのちに徳川家康に仕官し、井伊直政付となって各地を転戦した。初代は820石であったが、3代目元親のときに3500石まで加増された。

三浦家軍旗
（京都井伊美術館 蔵）

コラム8 加賀藩老前田家と伝統世界

加賀藩の前田家には「八家」という八軒の家老の家があった。金沢市内の本多藩老蔵品館での甲冑展を縁に現在の当主本多政光氏（一五代目）が、京都の井伊美術館に私を訪ねてこられ、その際に非常に興味深い話を聞いた。

今より少し前の話だが（……といっても、昨今の話ではないが）、神社の祭礼があると、家老の子孫たちが揃うことになっていた。藩政時代には本多家は五万石で石高・家格が最高であったから当然、一番上座に座るという「しきたり」になっていた（例えば、長氏の場合は三万石で、五万石の本多家の方が、家格が上位ということになる）。ところが当時の古老たち、つまり家老の子孫なんかが、陰で「あの新参者が……」と、しきりに本多家の悪口を口にするというのである。「あの新参者が……」というと現代のわれわれの感覚では、せいぜい数年前の話のような感じがするが、彼らにとっては、ざっと四〇〇年前の話なのである。まだ徳川家康が存命で天下を動かしていた時代に家老として付けられた、つまり加賀一〇〇万石の前田家にやって来たということを意味するのである。こうした過去の歴史的事実が、少し前まで「新参者」という言葉の裏側に存在し、現実に生きていた。金沢の特質というか、はたまた武家社会のなごりというのか、つい先年までそういう社会認識や時代感覚が生き続けていたことは、われわれにはちょっと想像できない。その頃、本多当主もまだ年が若かったこともあり、嫌みというか意地悪に近い陰口を言われたということらしい。当主が「そういうことを、よく言われていました」と述懐されているのを聞くと、今ではそうしたことも和《やわ》らいだようだが、このようなことは伊達（仙台）とか島津（鹿児島）とか、古い伝統が残るところには今でもまだあるのかもしれない。座《ざ》次《なみ》（席次）ひとつとっても、つい最近までは非常にうるさかった。われわれにとっては、四〇〇年前の歴史の一齣にすぎない過去の出来事であっても、当事者たちにとっては自らの社会的な立場に関わる一大事で、まさに現実的な感覚なのだ。われわれとは、まったく時代の認識・感覚が違う、古い伝統世界が今も存在するということは紛れもない事実なのである。

四散した徳川家旧蔵品

井伊　今、紀州の殿様の子孫はどうしてはるんですか？

津本　ご主人が亡くなられてね、それで夫人がご苦労されたとか聞いたことがあります。

井伊　もとから、あれでしょ。紀州家は例の何代目、明治か大正かどうか知りませんけども、ライオン狩りとか、あんなんばっかり。虎狩りかなんかして財産、蕩尽にし尽くしたてなことを。

津本　まあ、そういうこともあったんでしょうか。

井伊　売立にね、紀州徳川家はだいぶん前にやってますもんね。

『徳川将軍家・御三家・御三卿旧蔵品総覧』
宮下玄覇編 宮帯出版社発行。
徳川家（尾張・紀伊・水戸・田安・一橋）の売立目録13冊（大正7年〜昭和13年）と伊予西条松平家（紀伊家分家）の戦災等で失われたものを含む古写真4000点余を収録編集し、またその落札値を載せ、現在の貨幣価値に換算している。

津本　やってますか。

井伊　だから、その頃に物も出てます。

津本　もうないと思う。

井伊　紀州家はまったくないと。

津本　名古屋はね、あんな徳川美術館あるから。

井伊　水戸も関東大震災か何かであれでしたね。水戸も、まあ多少はあるらしいけども、昔から比べれば。清正の兜も名古屋にありますね、紀州の。今、尾張にあるでしょ。徳川美術館にあります。

津本　あ、そうなんですか。

井伊　もともとは紀州家の宝物です。加藤清正の娘が嫁入りしてますからね。だから、片鎌の槍とか長烏帽子《ながえぼし》の兜やら、みなあそこにあった。尾張の徳川さんが買い戻してるんです。

津本　まあ、なんていうのかなあ。うまいこといってるとこと、松平忠晃《ただあき》氏など、武州の十万石の藩主の家系。あの方ね、僕は小説の関係ですよ。それから、ずっと親しくお付き合いしていただいたんですけどね。

井伊　幕末ですね。直弼の時代のね。

津本　この方のお父さんが百二歳か。で、お母さんもご長命だったんですが、八九で脳溢血《のういっけつ》で亡くなったですね。三〇〇家ありますよ、松平ってね。

井伊　松平さんといえば、例の松江の松平不昧《ふまい》さんの子孫ね。あの方が、うちの顧問してくれてるんですけどね。この間、連絡がきまして、今しゃんとして

紀州徳川家の売立

紀州徳川家は、徳川御三家の一家で、高い家柄を誇り、駿府御分物をはじめとした多くの家宝に恵まれ、戦前の紀州家は日本でも屈指の富豪であったが、16代当主頼貞《よりさだ》は音楽文献・古楽器類の収集を行うなど散財したため財政難に陥った。そこで昭和2年(1927)、昭和8年(1933)、昭和9年(1934)に、売立が行われた。売立目録はいずれも豪華な装丁を誇り、3度にわたって計1,745点が出品され、いずれも高値で取引された。売立の結果、財団化して散逸を防いだ他の御三家に比して、最も累代の品に乏しい家となってしまった。目録はすべて『徳川将軍家・御三家・御三卿旧蔵品総覧』に収録されている。

いるうちに、もう老人ホームに入りますよ。なんか脳に腫瘍《しゅよう》かなんかあるんですって。それは確実に除去できなくて、確実にぼけていくんですって。だから今のうちに、もう入りますよって。

津本 今、おいくつぐらいですか。

井伊 もういくつぐらいでしたかね、八十……。

津本 あ、そうですか。

井伊 その奥さんは、例の幕末の大久保《おおくぼ》一翁《いちおう》の関係の方です。

津本 奥さんはお元気ですか。

井伊 奥さんはお元気です。いかにも元そういう感じの品格のある方です。彦根の家老の子孫の中には、まるで品のない人もいますが……。

津本 なるほどね。

井伊 今の松平さんのお父さんが、不昧公の名品類をだいたい全部売ってしまった。

津本 松平不昧公の。

井伊 あれは、松平不昧公のなんとか蔵帳《くらちょう》というんですな。茶道具類の名物ばっかり、そう『雲州蔵帳《うんしゅうくらちょう》』。すごい物があったんですよね。

津本 売るときって割と安う買われますわね。

井伊 しかし名物茶道具はやっぱり、それなりに売れたんじゃないですか。

津本 あ、そうですか。

井伊 あの時代は、みなあれですよ。銀行なんかを創立しているときに役員に

大久保一翁（1818 〜 88）
幕末の幕臣、明治の政治家。諱は忠寛。旗本大久保忠尚の子として生まれる。将軍徳川家斉《いえなり》の小姓を勤め、老中の阿部正弘に起用されて目付海防掛《かかり》になると勝海舟を登用。その後軍制改正用掛、外国貿易取調掛、駿河奉行、京都町奉行などを歴任するが、安政の大獄で井伊直弼に対立したために罷免される。直弼の死後は幕政に復帰して要職を歴任。大政奉還と公武合体を推進。勝海舟や山岡鉄舟らと江戸城無血開城に努めた。明治維新後は東京府の第５代知事を務めている。（国立国会図書館 写真提供）

なってるでしょ。だから恐慌などのときに、みな責任を取ったりして。あの時代の大名売り立てのほとんどがそれですわ。

津本　昭和二年の……。

井伊　そうそう、みな責任を取って伝来の所蔵名品を売却して弁済に当てている。現代人とはモラルの上でも大きな違いです。

津本　大変な時代だったんですねえ。

井伊　ちょうどあの時代の新興成金が、どんどん買い集めて。江戸中頃の不昧さんなんか、ほんとに買うてますもんね。藩財政が傾いてますもん。お茶で、私らに言わせれば、お茶で国を傾けるなどもってのほか。そんな名品を、ドンドン成金が集めて。

津本　石州流ですか。

井伊　あれはね、松平不昧の何でしたかな？　石州流か。武家の茶道では石州流の人が多かったのですね。だいたいでいいんやけども、お殿様としてはね、もうひとつやっぱり、そんな凝りすぎて。井伊直孝なんかは茶道具なんて問題外の人ですもんね。伝説ですが小堀遠州の茶道具を投げつけて砕いたといわれる人でした。

松平不昧(1751 ～ 1818)
江戸時代中期の松江藩主、茶人。諱は治郷《はるさと》。破綻していた藩の財政を家老の朝日茂保とともに再建するが、名物といわれる茶器や茶道具を蒐集《しゅうしゅう》し、藩の財政を再び悪化させる。茶は石州流怡渓《いけい》派を学び、独自の茶風を生み出して不昧流が伝わることになる。『古今名物類従』など茶器に関する著書も残し、茶室「菅田菴《かんでんあん》」は国の重要文化財に指定されている。（島根県立美術館 蔵）

『雲州蔵帳』
松平不昧が蒐集した茶道具の目録で、自身が記した『道具帖』や蔵番が記録した『蔵方蔵帳』などがある。

甲冑と武装

津本　僕はね、広島の上田流のご先祖も小説にしましてね。『風流武辺』という小説にしたんですけど。

井伊　上田宗箇《うえだそうこ》ね。

津本　そうです。宗箇の武具も拝見しました。

井伊　私はね、その見られたものと同一のものかどうか分からないけれども、鎧をなんか図録で見た覚えがありますわ。なんか雑賀《さいが》兜みたいな。

津本　うん、そうだと思いますね。

井伊　ねえ。そう、小さいんですよ。

津本　五尺ぐらいですかね。

井伊　特に小男やったらしいですな。

津本　そうでしょうね。紀州藩に一万石で雇われてね、それでお城の中でね。

井伊　浅野家が紀州の頃でしょ。

津本　そうそう。一万石でねたまれて、それで大男の侍に抱き上げられてね、そしたら「俺を下ろしてみろ」と言われたんで見たら、胸に短刀を突きつけられててね。塙団右衛門《ばんだんえもん》に槍をつけたのも宗箇でしょ。だからものすごく、戦場での働きちゅうのはやったみたいですね。

井伊　まず戦場の働きが第一前提でしょ。すばしっこかったんですな。そうで

上田宗箇（1563 ～ 1650）
諱は重安《しげやす》。丹羽《にわ》氏・豊臣氏の家臣となる。しかし関ヶ原の戦いで領地を没収され、蜂須賀家政の客将となり徳島と伏見を往来する。後に浅野家から領地を与えられた。茶は千利休・古田織部に学び、徳島城・和歌山城・名古屋城などの庭園も作庭、茶人としてだけでなく造園家としても活躍した。（所用甲冑写真＝口絵参照）

上田宗箇手造 御庭焼茶碗（銘 さても・上田流和風堂 蔵）

上田宗箇流
広島藩浅野家の家老であった上田宗箇を初代とする武家茶道で上田流ともいう。

なかったら。

津本　そうでしょうね。一番槍とか。頭あげてもらえんですわね。

井伊　だから上田宗箇なんて、かなり名前があの当時すでに知られてますでしょ。だから塙団右衛門なんかは、講談で書いて有名になったけれども、あの当時から見れば、やっぱり上田宗箇のほうが上なんでしょ。

津本　そうかもしれません。

井伊　ネームバリューちゅうと。たまたま塙団右衛門なんか大坂へ入って、ああいうことになったから名前残ってますわね。だけど本来なら、やっぱり無名に近いんじゃないですかね。

津本　体の大きさとか、あんまり武士として……。小柄のほうが。

井伊　かえって武辺ちゅうか、甲冑付けての戦場の武辺は、小柄のほうが多いですね。彦根の岡本半介も小さいですね。大きい人というのは、やっぱり、ゆっくりする。総身にまわりかねるんですかね。そんなに知能、知勇の将に大男は聞かんですもんねえ。島左近は大きかったらしいですよ。島左近は大男で、女みたいに化粧してたらしいですわ。

津本　ああ、そうですか。

井伊　石田三成がお歯黒を付けてたんですね。島左近も同じ格好をしてたというんです。だから、ああいう風儀があったんですかね。間違えられんようにとの配慮もあったのですが、もちろん首になったときに雑兵首と紛れないように。

津本　今でもね、男の歌手でもみんな化粧して出てくるでしょ。アナウンサー

『風流武辺』
津本 陽著、1999年、朝日新聞社。上田宗箇をえがいた小説。

塙団右衛門（1567 ～ 1615）
安土桃山時代から江戸初期の武将。諱は直之《なおゆき》。織田信長、羽柴秀吉に仕えた後、加藤嘉明の鉄炮大将として活躍し、朝鮮出兵にも従軍。関ヶ原の戦いで嘉明と対立し、小早川秀秋や松平忠吉らに仕えた。しかし、嘉明が他家への再仕官を差し止めてしまう奉公構《ほうこうかまえ》をしたために長く仕えることはなかった。大坂冬の陣から豊臣方に加わったが、夏の陣で浅野長晟《あさのながあきら》の軍に討ち取られた。

なんかも。
井伊　今、普段の男が化粧してるのが多いでしょ。
津本　あ、そうですか。
井伊　いや、デパートにそういう男の化粧品専門の売り場などがあって、うん。
津本　つけたら目立つでしょうね。
井伊　まあ、気持ち悪い。いや、もうだから、われわれは気持ち悪いと思うのは時代遅れなんです。だから、こう男も身だしなみして、そのうち頬紅を付けて、口紅付けて、ハハハッ。今川義元がそうなんでしょ。お公家さんの格好してね。あれは、あの時代の人としては結局、神様みたいにされるためにやってたんですね。ああいう駿河のほうで。もう、めったに拝めないちゅうか、ねえ。
津本　特殊な人間だと思わせようとしたんですかね。信長みたいな、ほんとに桁違いの人間も、まあいることはいる。野卑《やっぴ》な男やともいわれていますがねえ。
井伊　あの時代の古い観念から見たらそうでしょうねえ。しかし、まあ信長は、やっぱり新しい人ですな。これ、向こう（南蛮）から送ってきた信長の兜なんです。信長が使ったという確証はないですけども、元はこれ安土のほうにあったのです。
津本　へえーっ、珍しいな。ほおーっ、これは完全なものですか。
井伊　完全な西洋鎧の兜です。
津本　そうですね。これは信長が着けたこともあるんですか。
井伊　だから、そういう確実な記録もないからね。つまり、こういうなんに箱

島左近(1540 ～ 1600)
安土桃山時代の武将で、石田三成の家臣。諱は清興、勝猛《かつたけ》。石田三成から、自身の禄高の半分の２万石の俸禄で召し抱えられ、「治部少(三成)に過ぎたるものが二つあり島の左近と佐和山の城」と謳われた。関ヶ原の合戦で戦死したが、その奮戦ぶりは敵方の黒田隊の将卒の夢に出てくるなどトラウマを引き起こした。
石田三成(1560 ～ 1600)
安土桃山時代の武将、豊臣政権の奉行人。近江国(滋賀県)の人。豊臣秀吉に見い出され、とくに政務に卓越した才能をあらわした。豊臣政権内では五奉行の一人となり政権をささえたが、武断派と対立して関ヶ原の合戦を惹起《じゃっき》した。関ヶ原の合戦では西軍の実質的な総帥であった。敗戦後、捕縛され斬首。
お歯黒
歯を黒く染める化粧法。一般的には既婚の女性がするものであったが、男性でも戦国時代では首をうたれても見苦しくないよう、また雑兵首に紛れないためにお歯黒をする者がいた。

書があっても、そんな信用できないでしょ。

津本 まあ、そうですね。

井伊 だから、あっちのほうのお寺にあったもので、着けたかもしれないし、着けなかったかもしれないけれども。一六世紀のスペイン製ですわ、これ。

津本 へえーっ。じゃあ真物ですか。

井伊 これは本物ですよ。最近は日本の歴史やったかな。日本の歴史かなんかでタレントの草彅剛の司会で、みんな大反響やったですよ。

津本 へえーっ。まあ、これぐらいのものを、もうここから上は安全ですからね。

井伊 そうです。だから本来はこれ、みなあったと思います。今ね、日本にもこういう西洋の甲冑はありますけど、ほとんどがイミテーションです。贋物《にせもの》でなくてもパレード用の甲冑があるんですよ。中世までいかないね、一七〇〇年ぐらいから一八〇〇年ぐらいの実戦に使わないパレード用甲冑というのもあるんですけどね。まあ、それは贋物にはならないけれども、こういう真物とはまた違う。

津本 あ、そうですか。

井伊 もちろん十字軍の時代なんかもっと古いから、兜はもっと単純でね。鎖、つまりメイル（鎖）が主体、プレート（板）が少ないんですよ。十字軍の時代でも、あんまり暑いんで焼け死んだ人がおるんですね。これ、すぐに脱げへんですもんねえ。このチョイチョイと、まず簡単に脱げないですよ。

津本 ああーっ。焼けて。

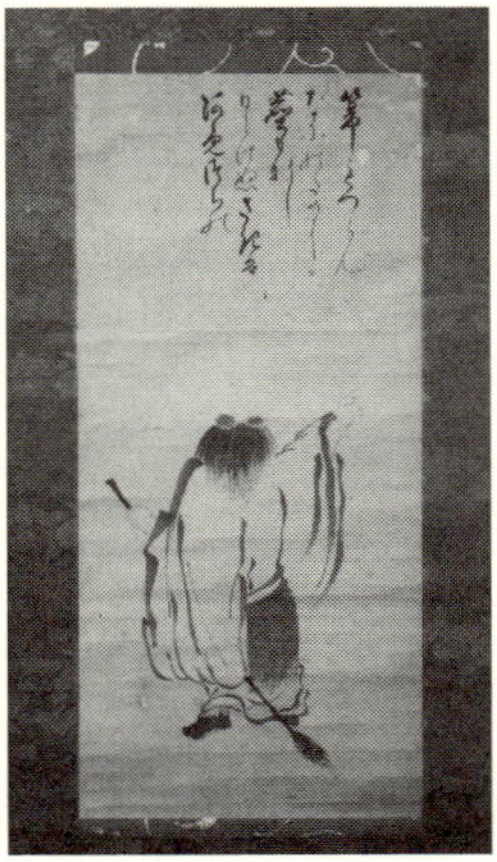

岡本半介＊

初名熊井戸半介。諱は宣就。父の熊井戸美作守実業は上州小幡氏に属した有力武将。上州岡本村に住んで岡本を称した。天正18年18歳で井伊直政に臣仕、軍学や刀術に優れていたので井伊直孝の代に軍師として重用される。半介宣就の教導した軍学は上泉流が主体で、直孝以降、上泉流は御家流《おいえりゅう》の軍法となり、代々半介の子孫が師範に任じた。明暦3年（1657）没。年齢はこれまで84歳を通説としてきたが、新史料の発見により81歳が正しいことが明らかになっている。『赤備え—武田と井伊と真田と—』（井伊達夫著・宮帯出版社発行）付録「希代の軍師 岡本半介」に詳しい。

岡本半介（宣就） **拾得画賛**（宮下玄覇氏 蔵）

井伊　結局、まあ焼け死にちゅうよりも水は取れないし、こういうもん、ずっと着けてなきゃならないし。こんなもん、長く着けられませんもんね。日本の兜でもね、戦争体験でご存知だと思いますけども、兜大変ですもんね。鉄兜も長時間だと重いでしょ。まあ、はじめは軽く感じても。

津本　なるほどね。

井伊　西洋冑は、みなこう叩き出して。

津本　ははーっ。これは鋼ですか。

井伊　そうです。鍛鉄《たんてつ》です。だから鉄総仕上げです。西洋では鉄の剣使いますけどね、長い長い剣で殴り殺すわけ。そうすると上はへこんであっても中でぐちゃぐちゃになるから。ここで切断されなくてもそやから一刀両断ということは無いけれども、中の身そのものがいかれるからね。

津本　まあ銅だったら、もうあんまり防御用にならない。

井伊　銅は、全然駄目です。古代には青銅製の甲冑もありますが。

津本　そうですね。

井伊　これは戦闘用のヘルメットですけれども、トーナメント用のまた用具があるんですよ。トーナメント用の鎧というのは、もっとごつくなるんです。それからさらに、その槍で刺突《しとつ》を受けても大丈夫なように、もうひとつプロテクターを着けるんですよ。それで槍をこう持ってバーンとぶつかっていく。あれ乗せるときクレーンで乗せるんですよ。ひっくり返ったら、起き上がるのが大変ですわ。一人では立ち上がれない。

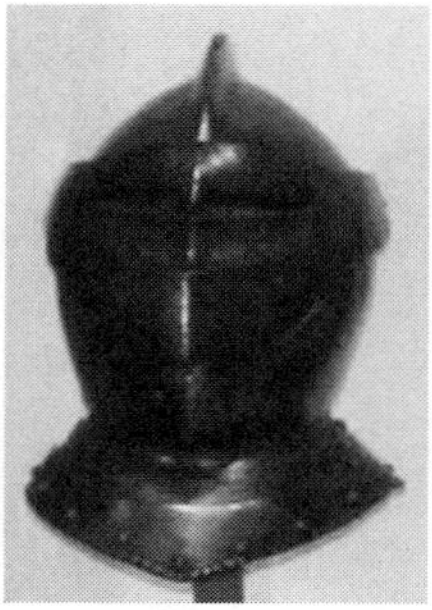

伝 織田信長所用スペイン製兜（16 世紀）
（伝総見寺伝来・京都井伊美術館 蔵）

津本　はっはっー（笑）。

井伊　まあ向こうの人が、それほど厳重にしてやるんですよ。こういうところ（股間を指して）も、ボコーンと、ちゃんとボックスがあるんです。やられんように。だから今、そういうもんだけでも高い値段で売れるんですよ。珍しいから。もちろん贋物もあります。

津本　へえーっ。すごいもんですね。

井伊　甲冑の産地は奈良の、つまり春田の甲冑師とか、あるいは常陸の下妻がスタートや言う早乙女。それにメジャーな明珍とか。ああいうなんが、それぞれ広島とか岡山とか城下町に広がっていって、姫路明珍とかなったんやろうけども。もともとは、例えば春田なんか奈良やし、岩井もそうやし。そこで一括で受けてイージーオーダーとかレディーメードとか、いろいろに分けて。奈良や堺などの具足屋がトータルで仕上げるわけやから、甲冑師がやってるわけやなくて分業です。それぞれの部品を「ばんこ」ちゅう下地、鍛えをやって、それを鎧師が具足屋のところに置いとくわけです。昔は武士がこういう好みやと、それぞれ注文したからオーダーメイド。それをセットアップするわけ。だから何型何型って地方別でいう人がいるが、いうのはおかしいんやね。今はもちろん九州から北海道まで一日か二日あったらええ時代やけど、昔でも時間的なスピードっちゅうのは、例えばそれが一ヶ月かかったって、あまり変わりはないんでね。一ヶ月かかったら十分伝わるんです。これは関東だけで使われた、これは関西なんてナンセンスです。それこそ歴史を知らん人、一部の甲冑の好き

トーナメント＊

西洋中世に行われた騎士たちの馬上槍試合。通常の甲冑の上に、さらにプロテクターをつけるので、大変重くなり、時に騎甲の士はクレーンで馬に乗せられた。長い模擬槍を掻い込んで双方から突進し、対手を突き落す。落馬すると簡単にはおきあがれない。槍の穂先は折れやすいように作られていた。また必ずしも馬上槍試合であったわけではなく、剣をもったり徒歩で行われたりもした。

イギリス製 中世甲冑（京都井伊美術館 寄託）

春田家《はるた》

奈良に古くから住した甲冑師の一派。阿古陀形《あこだなり》兜の作例が多く、室町時代後期以降の兜が残存。地方に分布した。

な人にそういう話を言うてる人がおるけど、昔の文化速度の油断ならぬところがわからない考え方ですね。

日本の鎧を着て、よく模擬戦をやったんです。鎧なんか竹刀でグチャグチャになるんですわ、本物がそうです。籠手の冠の板なんか竹刀が当たるとグニャーッと曲がるんです。ですから甲冑というものは、特に戦国時代の甲冑なんかは比較的軽いでしょ。槍やら長太刀にやられたら、ひとたまりもない。鎧が竹刀で駄目になるんですよ。だれだれ所用と、有名な武将の鎧がたくさん残ってますわね。あんなのほとんど実際では用いていなかったんじゃないか。まあ上の人は戦いませんけども。馬に乗って乗り降りするだけで鞍《くら》も傷むしね、鎧も傷むんですよ。そんな健全な状態で残るわけがないんで。ですから着用伝来など、一種のロマンにすぎないと考えた方が安全です。

津本　あ、そうですか。

井伊　それでもう一ついえるのが、変わり兜。変わり兜の効用というのは、もちろん人を脅かすとか、びっくりさせるとか、あるように言うけれども、戦場ではみんな気持ちが違うんで、少々の物を見たってびっくりはしません。なぜそういう変わり兜を着けるかというのは、やはり自己顕示で。その変わり兜もね、今一般に展覧会なんかに戦国時代やとか桃山とかで出てるものは、そこまで時代のある物はほとんどない。江戸中期、江戸時代に入って島原の乱が終わってから太平の人が考え出して作ったものが多くて、それとても数は少ないんです。むしろ現在の作品がたくさんあるんで、変わり兜をあまり信用できんとお

岩井派
奈良に住した甲冑師の一派。幕府の筆頭御用甲冑師として名声を得、とくに仕立てを得意とした。

下妻
茨城県下妻市。早乙女派の兜は発祥の地の名を冠して「下妻形の兜」とも称される。

早乙女派
甲冑師の一派で、室町時代後期に出現。徳川家が愛用したことでも知られる。

明珍系
甲冑師の一派で、かつ現在最も著名である。古くから地方に分布した。江戸時代に古甲冑の極書《きわめがき》を行い、諸藩に召し抱えられた。

もいます。だから今でも美術館なんか学芸員に専門家やベテランがほとんどいなくて、机上の知識、活字の知識しかないから、まるで分からない。ですから間違いだらけ。一般的に展覧されているのは、検証すれば随分怪しいものがたくさんあります。これは以前、テレビの取材に持って行かせた蟹《かに》の兜。

津本 へえーっ。

井伊 あの黒田家の二十四将だった一人の桐山丹波が使っていた。兜の両脇から、蟹の立物《たてもの》が。蟹のハサミが出てるんですよ。それを貸してくれと。なんか女たちの戦国かなんかの話でね。

津本 あ、そうですか。

井伊 政宗の具足やら兜やら、瑞鳳殿の廟から発掘された直後のものを、見せてもらったことがあるですよ。というのも三〇年以上昔に、私が『余暇』の論文で入選して、ペアでハワイ旅行が当たったんですよ。それがハワイ旅行なんか行きたくないんで、国内旅行に変えてくれと言うたら、鹿児島、熱海、仙台東北と三つにしてくれた。

で、その仙台へ行った時に、たまたま出た直後に見せてもらいました。今はもう瑞鳳殿だけやなしに感仙殿、忠宗のあれも、みな出してるんです。だから、発掘調査報告書持っとるけども、全部遺体が出てきて身長から何からみなわかる。血液とか、全部。伊達政宗はB型でした。愛姫《めごひめ》はA型。ですから大徳寺三玄院とか浅野幸長とか、いろんな武将が眠ってる。多分火葬です。

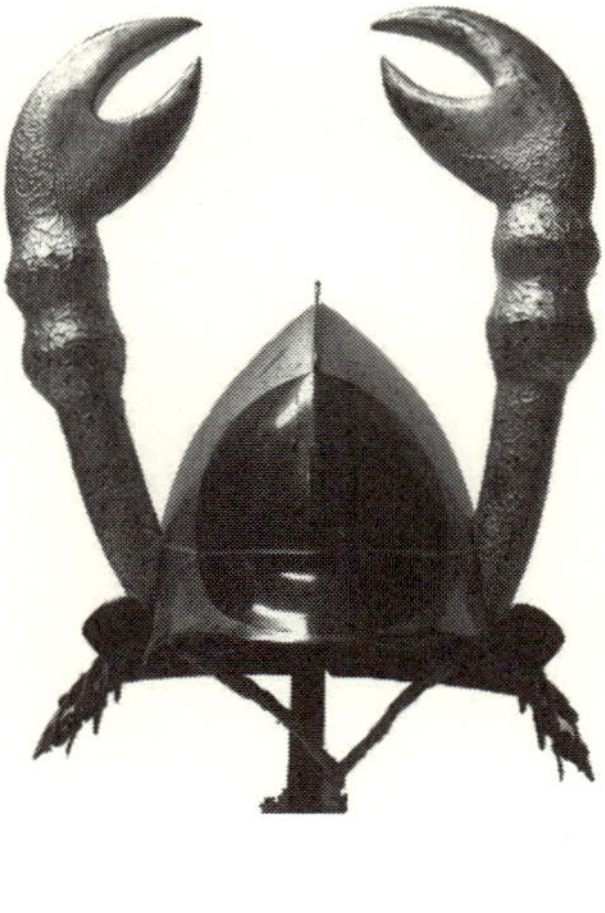

桐山丹波＊
実名信行。黒田二十四将の一人。黒田職高《もとたか》、孝高《よしたか》、長政、忠之《ただゆき》四代に歴任。6000石を知行した黒田家創業の功臣。

伝 桐山丹波所用 蟹形兜（京都井伊美術館 蔵）

冠の板＊
通常、鎧の袖の最上部の鉄または韋《かわ》で作った金具《かなぐ》廻《まわ》りをさす。別名首板とも鬼板ともいう。多くは板物で、装飾性をもたせたものが多い。立冠と折冠の二種があり、前者は下に垂れる袖板と平行し、後者は袖板に対し直角に仕付けられる。また鎧の籠手の上端の金具もそう称する場合がある。

コラム9　甲冑武具に係る学芸員の誤りの一例

近頃の日本の博物館には甲冑武具の分かる人が少ないということの具体例を挙げてみたい。日本の中世を終焉させ、近世の黎明を開いた天才武将を生んだ中部地方の某市歴史博物館が『南蛮』と銘打った特別展の図録を平成一五年に刊行した。ただし私がこの図録を認知したのは平成一九年夏である。図録中の甲冑武具に係る解説に無知の典型が示されてあるので、その例を掲げ同学同好の注意を喚起すると共に解説者の真摯な勉励と反省を促したい。まず図録中「Ⅲ―36」に「南蛮兜―桃山時代」とあるが、これは南蛮兜ではなく桃形《ももなり》兜に属する。時代は完全に江戸以降で時代認定に大きな錯誤を犯している。真向から背後にわたる桃形兜特有の矧《は》ぎ合わせのつなぎ目に、装飾用の切鉄を打ち兜鉢の補強をしているが、これは一般的な仕法であるにもかかわらず、西洋中世冑のクレスタを模倣したものと珍解釈をする。なおクレスタは冑鉢の強化が第一、装飾が第二目的である。ところが説明では面部との重量とのバランスをとるためのものだったというのは何の根拠によるものか。また兜の吹返を「小吹返」とするが、これは格別高級な兜ではなく江戸の俗型が顕現された並製の品である。「南蛮」という言葉を用いたいなら「南蛮風切鉄細工の施された…」と説明文に加えるのが精一杯である。さらに兜鉢の形状を「烏帽子に近い」といっているが、もう救いようがない。館蔵品とはいえ説明共に一頁を割き、本来格の違う他の名兜を小さく扱っているあたり、甲冑認識の甘さを自ら露呈している。また「このタイプの南蛮兜であれば（信長も）着用していたかもしれない」などおよそ言うことが恥しいようなロマンを呟いている。「Ⅲ―37」に「南蛮帽子形兜」を約三分の一頁で小さく紹介しているが、この時代を「桃山～江戸時代初期」と時代確定する根拠はどこにあるのか。この兜の方が先に述べた「Ⅲ―36」より時代が下るというのだから最早用いる言葉もない。さらに頂辺の筒金具の穴の説明で「当初は獣毛が植えられていた可能性も指摘されている」としているが、この金具の先端には間違いなく飾り物がつけられていた。しかし白熊や赤熊といった獣毛ばかりとは限らない。鉢裏の朱塗による髹漆《きゅうしつ》法について「他に例をみない加飾である」とあるが、この表現は正しくない。また、この兜の形を南蛮帽子といっているが学術的にいえば不精確である。帽子のように周囲に鉄縁があるからの連想で元来の形は南蛮というより韃靼《だったん》系、それも中国や蒙古、チベット方面の鍪《かぶと》形に強い影響を受けた雑賀兜の一変種とみるべきである。解説者の能力では物事を確定してはいけないのに箱書の信長伝承は信用できないと断言して切り捨てる。由来何処の何物にも伝承があって、その伝承は概して真実に乏しいものが一般であるが、それらを否定し去るのは学の虚仮《こけ》を藉《か》りた思い上がった人間の傲慢である。伝承というものも歴史文化の大切な証人であり遺産である。

コラム10 甲冑の防御的実用性と心理的精神性

甲冑・鎧の耐久性について、私は実際に鎧を着て竹刀で模擬戦をやってきたが、鎧はボコボコに凹んでしまう。つまり、甲冑というものがいったいどれほど役に立つものかという実用的な側面では、実に不安なことが多い。

例えば「小札の鎧」などは毛立《けだて》（威毛《おどしげ》）があるため、槍や刀の切っ先などに引っかかりやすい。実際の戦場では、それが不利になる。また、戦場で立ち会ったら、鎧は相手の刃の一撃で簡単に貫通してしまう。一刀両断に斬るというわけにはいかなくても、打撃を受けてしまえば鎧の下の身体そのものが、その衝撃でやられてしまう。

そうした面では西洋の甲冑も、同じである。西洋では鉄の長い剣を使うが、その剣で殴り殺すというのが一般的な戦法だ。表面上は凹んだだけであっても、中が相当ダメージを受ける。斬りつけたところで切断されなくても、その一撃を受けた身そのものがいかれてしまうのである。また、甲冑・鎧の装甲面が鉄板でできていて、相当厚いものであれば、鉄炮の弾もはじくが、実際の戦場では、長期間にわたって使用することはできない。兜も同様で長い間の着用に耐えないのである。

したがって鎧というものは一般的に、いかにも防御上で役に立つように思われがちだが、実際にはそれとは異なり、意外にも着用者にとってかなりの割合で、心理的な効用を持つ側面が強い。甲冑を身に着けるということによって、「いざ戦場に」という実感をもつこと、勇み立つこと、それ自体が重要なのである。

その点でいえば、幕末の戦いにおいて甲冑が全然役に立たなかったという逸話は、これを証明しているのであって、幕末にはだんだんと唯物的・即物的になってきていることを物語っているようである。他方、戦国時代から江戸時代前期までは、甲冑・鎧が精神的な拠り所であるという側面が残っていて、これを着用することにより戦いに臨むという「気分」を盛り上げ、「気概」を持つことが重視された。すなわち、「気分」や「気概」をもとにして戦うのである。今次大戦で零戦で出撃するパイロットが家伝の軍刀を持っていくようなものである。

つまるところ甲冑・鎧は、もちろん実用的な側面もあるが、実際の防御上ではあまり頼りになる代物ではないと考えた方がよく、相当メンタルな道具だということになる。おおよそ精神的な「気分」の問題、心理的な問題の方が重要なのである。

コラム11 変わり兜について 上 〜その効用と実態〜

変わり兜の効用というものは人を脅かすとか、びっくりさせるとか、そういう意味があると、しばしば指摘されている。

しかし戦場では、それぞれ置かれた状況や立場により、感じ方や思い入れなどがまったく異なる。そんなものを少々見たところで、あまりびっくりはしない。要は、なぜそうした変わり兜を着けるのかということだが、やはり兜をかぶる側の自己顕示によるところが大きい。

もっとも変わり兜でも、長烏帽子など頭を保護する鉢の部分が上へ長くなったものは、『甲子夜話《かっしやわ》』等の書物に記載があるが、鉄炮や矢の狙撃から免れやすい効果があった。頭や体の寸法を狂わせるわけで、そうした目的では、変わり兜が役に立つのである。すなわち変わり兜とはいっても、長烏帽子形や鯰《なまず》尾形《おなり》などの兜は、単に見た目の脅しや自己顕示のみではなく、実戦での現実的な危険を回避する対策として緻密に計算され考案されたもので、当時でいえば極めて合理的な兜といえる。

そうした長烏帽子などは別として、一般に変わり兜はたとえ展覧会等で戦国時代だとか桃山時代だとかいって出品されているものでも、それほど古いものはほとんどない。江戸時代に入ってから、特に島原の乱が終わってから、太平の世の人が考案して作ったものが多い。なかには近代以降に作られたものまでが多く混じっているので、変わり兜というものをあまり信用してはいけない。だから今でも博物館・美術館などの所蔵品を厳密に検証していけば、怪しいものの方が多い。

変わり兜には江戸中期以降の製作だから戦場で使われなかったものが多いが、なかには黒田長政の一の谷とか水牛の兜のように実際に使われたものもあった。しかし、そういう兜は決して鬼面《きめん》人を脅かすような類のものではない。すごく変わったところで一の谷くらいで、「水牛」などは元型は桃形兜である。せいぜい立物に変わったものを使う程度である。もちろん実戦に変わり兜を使う場合もあるが、戦場では目立ち過ぎて標的になる恐れがあるので通常は使わず、使うとしても立物は外しておく。

例外的な場合として、前田家のものすごい長さの鯰尾形の兜がある。当時の記録等には、前田利家が立物を五つか六つ付けた兜を被っているという話が記載されている。細々した小さいものも入れているのだろうが、そういうもので自らを印象付けているのであろう。ただし、この兜は変わり兜とはいっても、基本的には正統派の流れに属するものである。要するに長烏帽子であるので、俗にいう変わり兜とはかなり異なっている。兜の基本は派手な意匠や装飾にあるのではなく、やはり地味であっても防御性や実用性にあるからである（同じようなことは、蜂須賀正勝の鯰尾形の兜などにもいえる）。この兜は、有名な末森城合戦の時に前田利家自身が着用した実物である（この合戦は、天正一二年（一五八四）八月、秀吉と家康との天下取りをめぐる攻防の一環で、加賀・越中両国の国境付近にある末森城において、秀吉方の前田利家が奇襲攻撃で家康方の佐々成政を打ち破った戦いである）。前述のような記録が残っているからこそ、利家の兜は貴重なのである。ただ、そういう事例は本当に少なく滅多にないというのが実情である。

ところで甲冑や具足を着けた場合、背中に指物《さしもの》等をさすことにも、注意を払う必要がある。江戸時代に入ると、変わり兜よりも、むしろ変わった指物などで自己アピールをするようになる。また、甲冑の上にさらに陣羽織などをはおる場合もある。そうした戦装束の全体でバランスをとって、天衝《てんつき》や指物を立てたりするわけである。

例えば、後藤又兵衛は、頭形《ずなり》の兜に五尺ほどの銀の大天衝をさしている。それも金属製だったらしく、大坂夏の陣で負傷した時は、その天衝が邪魔になって動けなかったという。当然といえば当然の話で、いったん負傷して馬から落ちたら、もう身動きができなかった。付き添いの者がそれを外さなければならなかった。大きい指物や馬印などは馬印持ちが持ったり、介添えがいたりするが、合戦の中で侍が大指物をするには、ものすごい力がいるし、馬もよくないといけないから、それが一つの自慢でもあったのである。

戦国末期や安土・桃山時代には、大将級の武者でも合当理《がったり》を装着、旗指物をさすこともある。また相馬藩の馬揃図巻《うまぞろえずかん》（井伊美術館蔵）を見ると、総大将が母衣姿であったりする。さらに、たとえ兜は頭形であっても後藤又兵衛のように天衝等の立物をさしたりする。そうしたことを念頭に入れず個別に兜だけを考えるから年代推定を間違えたりするのである。甲冑は、指物や装束等とのバランスを考えた上で考察しなければならない。

コラム12　変わり兜について下～後作りについて～

兜で立物に非常に変わったものを使うとか、何だかおかしいと思うもの、あるいは滑稽に見えるものは、まず真物ではないと見てよい。変わり兜はあったにはあったが奇想天外なもの、例えば熊の顔（熊頭）といったものは、まったく後世のもので、よく確認してみたら土台は古いが、装飾は江戸時代にまで遡るかどうかも疑わしいものが多い。

例えば「三宝荒神《さんぽうこうじん》」などは私は知っているが、あれで馬に乗れば荒神が飛んで抜けてしまう。それを謙信が着用したなどというのは、おかしな話なのである。だから博物館で初めてあの兜を見たとき、あまりに滑稽なので思わず笑ってしまった。それに「三宝荒神」は伊達家に昔から伝わったものではない。われわれ専門家からすると、やはり後世の作り物で、胴の本体などはいいが兜も胴も、後に細工が施してある。つまり後で手が入っている一種の「いたずら物」と見た方がよい。近代以降に作られた偽作ではないとしても、馬に乗って飛んで抜けてしまうような代物は、やはり駄目なのである。

また典型的な事例でいえば、太閤秀吉の馬藺《ばりん》の兜もその例である。以前、先輩で甲冑研究家の芳賀実成《じつじょう》氏と話をした。以前からこの兜を見ていた芳賀氏は、「親しく手にとって眺めたが、あれは秀吉の時代まで遡らない、秀吉が没した後のものだ」と話していた。「滅後の一休」の喩《たと》えと同じで、秀吉の伝説が付いてまわるわけである。そして、それが秀吉の着用ということになって、ついには秀吉の代表的なものとなったのである。しかし芳賀氏の説によれば、これは秀吉着用の兜そのものではないということになる。ことほど左様に、「正真正銘、伝来のものはない」ということなのである。だから実際に今、世上にある変わり兜は、ほとんど後作りのものであると考えられる。

昔のことはさて置き、京都に楠さんという武具屋さんがあった。その楠氏が、変わり兜を実際に作っている人を何人か知っていると言っていた。現代版の「変わり兜」も京都的な物とか、九州的な物とかいろいろあって、古い土台に後から立物を拵えたり、さまざまな装飾を施したりする。その中にはもう堂々と図録に載っているものすらあるようで、「これは誰々が作ったものだから……」などと言って、よく笑っていたものである。本当に変わり兜は偽物が多い。変わり兜といわれるもので当時のものとして現在認められているものの中でもおそらく半分以上は捏造《ねつぞう》されたもの、後作りと見た方がよい。もっともらしい五輪塔のようなものも、見た目に騙されている。また海老もあり得ない。あんなものは飾り物なのだから江戸時代ぐらいはあるかもしれないが、普通はしない。そういうことに対する知識が一般にないから、善意・悪意を取り混ぜて後作りをする。また、後で装飾を施すことをそんなに悪いことだと思っていない人も多いから、これからますます増えていくだろうと思われる。どんな世界にでも偽物・贋作はあるのだから、これはしかたがないことなのかもしれない。そうした装飾を鑑賞する限りにおいては、それはそれで面白いのである。したがって、変わり兜を当時そのままの姿であるとは見ない方がよく、年代についても多分に疑ってかかった方がよい。先日、ある古物市場で現代作の雑貨兜――われわれの眼から見れば十数万円くらいのもの――が百数十万円で売れていた。外国人のバイヤーか素人向けに買っているのだが、ひどいことだ。

コラム13　戦国武将の甲冑について

信長という人物は、風変わりで新しいもの好きの人だったから、あらゆる数寄《すき》を凝らした甲冑を着用したといわれる。刀は長船光忠を好み、コレクションをしたほどである。光忠は丁子乱れの華やかなものが多いので、この嗜好から考えると甲冑も華やかなものであったことが予想される。伝信長の甲冑と称するものは京都の某神社にあるが、それはその時代まで遡れない。信長は甲冑をいくつも家臣に下賜しているだろうが、なにぶん戦乱多忙の時代であったため、その記録類があまり残されていない。しかし信長として時代的にも首肯《しゅこう》できる遺品は何点かある。

なお秀吉のものは、奥州の伊達政宗に下賜した軍配前立の銀伊予札白糸威胴丸（仙台市博物館蔵）があり、正真のものである。

徳川四天王の一人である本多忠勝の大鹿角脇立の兜（重文）は立物が若く、兜そのものも、その息子忠政ぐらいの時代のものであろう。有名な忠勝が甲冑を着用した画像があるが、描かれた兜と先の兜とはまったく別物である。また、榊原康政の甲冑も、そこまでの時代がないことは識者の常識である。

酒井忠次の胴丸（重要文化財）は古式であり間違いなさそうで、井伊直政の朱具足もまたしかりである。家康の腹心、本多正信の所用の色々威腹巻《いろいろおどしはらまき》（藩老本多蔵品館蔵）も間違いない。戦国時代といえども派手な異形の甲冑ばかりではなく、意外に前代の旧式のものを着用している場合が多く、彼ら戦国の武将は案外、それを大事にしていた。直政の兜は、裏の浮張《うけばり》の中を見ると光っているところがあり、それは四〇〇年経ったものとは思えないほど保存がいいことを示している。それはなぜかというと、出陣する時と凱旋する時の着用品が違うからである。敵に大将の格好を知られるのは非常に危険なことで当然、みな着替えていたのだが、「上の者が着替えるのは当然」という認識は一般化していない。ちなみに大将の具足には夏用と冬用があり、熊毛を植えた奇怪なものは冬用のものであった。細川忠興は、越中頭形の標準形の兜に山鳥の尾を頭立《ずだて》に挿入した地味な格好であったが、「指物」と「陣羽織」で他の部将と差をつけた。乱戦になると目立つ物はすぐに捨てられるようにしておいたのである。

コラム14　甲冑は本場で製作される

地方の大名はみな、奈良（南都）や堺、京の都のブランドで甲冑を調えていた。それは江戸前期まで続き、常陸の佐竹氏は秋田に転封されてからも奈良に注文している。それで注文を受けた甲冑師が、甲冑を積んで秋田まで納めている。その後、奈良の春田や岩井の甲冑師や、あるいは常陸の下妻が発祥といわれる早乙女、それに明珍など、それぞれ有力な藩に仕え全国に拡がっていった。

今の一部には、兜の形を関東型とか関西型とか分けたがる向きがあるが、それは昔からの流通とか文明文化の伝播の速さというものを知らない人の単純思考である。関東型とか関西とか、どこではっきり分けるのか知らないが、それは妄説に近い。平安・鎌倉時代から、盛んに西と東は交流していたから地方によって違うということはあまりないに等しい。ただ、作品が違うということは事実で、中世の甲冑はみな奈良の、つまり南都のブランドである。山城の京都もそうだが地方は、みんな都でととのえていた。これは江戸前期まで続く。

コラム15　甲冑の修復

関ヶ原の戦いで一番槍をした松平薩摩守忠吉（家康四男）は井伊直政の女婿で、惜しいことに早世したが、その時の所用甲冑が名古屋の徳川美術館にある。当初、脛当《すねあて》あたりに血が付いていたが、修理の時にとってしまったという。甲冑師でも歴史のわかる職人がいないと、それを修理をするだけになってしまい、肝心の歴史的な証拠を隠滅する結果となってしまう。だから今の甲冑師に求められることは、そういう歴史知識、歴史の認識である。甲冑研究とか甲冑修理に携わる人間は、少なくとも近世文書ぐらいはすらすらと読めなければいけない。

また、伊達政宗の甲冑の修理でも、忍《しのび》の緒《お》がずいぶん水臭くなってしまっているし、井伊家の九代直定の甲冑の忍の緒は、さらにひどいものである。彦根の分は費用を聞いてびっくりした記憶がある。

そして依頼者側の市とか博物館側などは、たくさんの予算を組んで高い修理代を支払っているが、時代に合わないような雰囲気のものが目に付く。縅しとか塗りはできても歴史の知識が欠けていると、こういう傾向はさらにひどくなっていく。

コラム16　黒備え

「赤備え」に対し「黒備え」といわれるものがあり、阿波の蜂須賀氏など指物などを黒で統一した軍団を指す。指物などの色が黒いと、遠くから見て真っ黒に見える。鎧の作り方、いわゆる組成を見ると、どこの家中か判別できる。例えば仙台具足が良い例で、また少し時代が下がるが加賀具足が顕著である。それと薩摩鎧は独特、特殊な例である。いわゆる備えとして、軍団の単位として単独の色を持っているのは、彦根の井伊家の「赤備え」が唯一であろう。また天衝の兜が主体でよく目立つものである。

矢と鉄炮

井伊　弓の場合でもね、練習矢ってあるでしょ。鏃《やじり》が付いてない、先にちょっと金属が付いて四角い方形になっています、あれも私、弓やったことがあって、庭で巻き藁を。手元が狂いまして、隣の家の物置へ当たってしもうたんですわ。それは練習用の矢ですよ。ヨドコウの物置ですわ。それを貫通したんです、一発ですわ。だから本当の鏃が付いたら恐ろしいものだと分かりました。戦争の場合でも、実戦の場合でも鉄炮は怖くないんですってね。

津本　矢が怖い。

井伊　なぜかというと、矢は飛んでくるのが見えるんですって。飛んでくるのが見えるけど避けられない。鉄炮は分からないから怖くない。だから、鉄炮は音やとかそういうので脅かすところがあるけども、突撃する分にはあんまり怖くないんでね。矢の方が効き目がある。確かに映画で柳生十兵衛とかが矢を取るシーンがあるでしょ。五味康祐の『柳生武芸帳』かなんかでね。あんなもの絶対不可能です、ふつうの人はね。

この間、テレビで外国の人か誰かが、飛んでくる矢を横で手でつかむか、口でくわえるとかあったんですけどね。あれは、慣れれば向こうから出すタイミングがわかりますでしょ。タイミングさえつかんでれば、そりゃ危険だけどできますわね。タイミングが分からないと全然止められない。だから、今の矢の件なんかも松浦静山の『甲子夜話』にでてくるんですけど、鉄炮は怖くないが矢が怖い。

津本　ああ、そうですか。

井伊　矢についてよく質問を受けるんですけど、例えば映画ですとか、矢を空

『柳生武芸帳』
五味康祐の小説。『週刊新潮』に 1956 ～ 1958 年まで連載された。「柳生武芸帳」と呼ばれる 3 つの秘巻をめぐる柳生一族の陰謀を描く。傑作の呼び声が高かったが、未完のまま作者は没した。
写真は文春文庫。

に向けてびゅーんと弓を引いて放射線状に落ちていくと。ああいうのってどうなんですか……とかね。遠矢を射る場合は経験で敵の距離、自分との距離を考えて、ベテランになると角度までやって、どこへ落ちるかわかるわけです。アフリカの猟の人なんかも、水鳥なんか弧を描く矢で射るんです。まっすぐじゃない。こんなんでちゃんと行く、ということは経験なんです。

ローマなんか、映画なんかによく出てくるけれども、ある程度着地点をはかって、何千という兵が一斉に弓を引いたらもう、すごい破壊力になりますね。日本の場合でも遠矢を射る場合は、それでやって。近いときはそうじゃないけどね。遠いところへやるのは、日本ではあんまり少ない。徒矢《あだや》になる。つまり無駄矢になってしまうんで。だいたい、弓矢いうものは、足軽……近世になってから、つまり武田やとか上杉とか、ああいう時代になってから集団戦法になるけど、それ以前の源平時代なんかは一騎打ちやから、そういうことは少ない。一騎でいかに敵の馬の、つまり敵の弓手側に行かんようにするかということが大事で。内側に回ったらあかんわけですよ。こっち側へ回らないと。鎮西の八郎みたいな弓の名人が対手の場合、こっちへ回ったら確実にやられるからね。いかに上手くやりにくい方へ回るか。それが一つの技術でね。

松浦静山（1760 ～ 1841）
平戸藩主。諱は清。幼名は英三郎、静山は号。肥前国平戸藩第９代藩主として藩の財政再建に取り組み、『財政法鑑』『国用法典』などを著したり、人材育成のために藩校、維新館を建設。隠居後は随筆集『甲子夜話』、剣術書『剣談』などを著した。

『甲子夜話』
松浦静山が約 20 年をかけて書き続けた正編、続編を合わせて 200 巻以上に及ぶ随筆集。文政４年（1821）11 月 17 日甲子の日から執筆されたという。当時の政治、経済、社会を知る上で貴重な史料となっている。正編は平凡社東洋文庫に翻刻されている。

コラム17　接戦・組み討ち・乱戦の実際

甲冑は鉄札《てつざね》や練革《ねりかわ》でできているので、その上から斬ったとしても容易に凹むが、なかなか致命傷には至らない。強い太刀などで斬ろうとしても衝撃は大きいが、やはり斬れない。甲冑の上から狙うとすれば、喉元とか脇の下、あるいは草摺《くさずり》の下とかの死角を狙うのである。しかし、それはよほど余裕がないとできない。何よりもまず、相手より先にこちらが刀を抜いて、滅多やたらと斬りつけて相手をひっくり返し、突いたり叩いたりする。そして隙をみて草摺の下から腹を突き刺して戦闘力をなくし、兎にも角にも首をとってしまう。

つまり、実際の戦場では、こうしてああしてなどと考えられるのは、よほどの経験者・熟練者でないとできないから、とにかく敵と出会ったら、まず先に手を出して少しでも手数を多く出さないと駄目なのである。その点はボクシングなどの格闘技と一緒である。となれば体力がないといけない。だから豪傑ともなれば、最低でも相手を振り回せるだけの腕力が必要なのである。相手を倒したら、もうどこでもいいから、とにかく足でもなんでも、なりふり構わず斬って倒す、そういう戦いを実際はしていたのである。

間合いをとって、チャンチャンと刀を合わせている分には、互いに腰を引いているからまだ大丈夫だが、接戦になったときには鍔元で体を直接ぶつけ合うことになるから、おのずと組み討ちに発展する。実際、接戦でないと相手は倒せないから、しかたがない。鍔迫り合いをしている時でも、指が切れてしまったりするから、ましてや接戦になると凄惨だった。例えば桜田門外の変の直後には、切り落とされた指があちこちに落ちていた。それはある意味、当然のことであった。

また、接戦ともなれば相打ちになることも多かった。気が付いたら自分の手に指がなかったとか、相手は殺したけれども、自分も片腕がなくなっていたとか、夢中で斬り合っている時にはまったく気付かないのである。一生懸命やっている最中は分からないが、我に返ったら自らも重傷を受けており、同僚に何とか味方の陣所まで連れ帰ってもらったものの、気付いた時には死んでいたとか、そんなことは多々あったという。

やはり、実際の戦闘において必要なのは手数なのである。だから戦乱が続く時代の武士は剣術を軽んじ、むしろ馬鹿にする傾向があった。剣術みたいなものは、実戦ではほとんど役に立たないと考えられていたようである。戦場で肝心なのは勇気を出して、いかに速く相手を倒すかであり、その積み重ねが味方の勝利に結びつくのである。いくら防がれようとも、何度でも打って叩いて、そして斬りまくる。そんな具合だから、相手が鎧・甲冑を身にまとっていたら、ふつうの刀ではほとんど役に立たない。したがって戦場専用の刀が使われた。そうした戦場用の刀には、例えば指を当てたらスパーッと切れるような鋭い刃があるものは使われず、むしろ叩くことを目的にしたような刀を用いたのである。すなわち日常的に持ち歩く刀とは、まったく異なる。あの時代の肖像画を見ると、座っている時にも二本の刀をさしている。差し添えの脇指、すなわち小刀と別に太刀を持つわけで、普段はこの二本である。これが定着し、江戸時代に二本差しの習慣になっていく。脇指は個人の好みによるが二尺二寸程度で、短いものでは一尺ほどである。太刀は三尺五寸ほどで、これで斬り合うのである。江戸時代に剣術で使うのは、今の古刀の摺上《すりあ》げではないが、長くて二尺二、三寸である。これを用いた剣術だから、実際に鎧を着て戦場で使う場合とは、まったく異なっていた。
また、馬に乗って槍を使う場合なら、よほど修練しないと間違って味方を突いたり、自分の馬や自分自身を傷つけたりしかねない。だから福島正則などは、「槍は馬に突かせればよい」と言っている。無理に自分で突こうとすれば、ひっくり返ったりする恐れがある。騎馬戦と同じく、馬の力を利用して相手を突けばよい。ということは、相手も慣れていたら同じことをするということである。どうしてもやり合わねばならない場合は、馬の力を利用する。自分の力のみに頼っては、落馬する危険性があるのだ。

コラム18　戦陣と大将　大坂の陣

大坂の陣の際、伊達家の軍勢が味方の神保隊をほとんど全滅させたことがあった。当時は、合戦中に自らの戦陣の前を塞いだら、たとえ味方であっても容赦しなかった。そのことで自分の陣地が崩れたら即、味方の軍勢の共崩れにつながる危険性があるからである。戦場で一つの陣地が浮き足立ってしまうと、それまで整然とまとまっていた隣接する陣地も、その影響を受けて浮き足立つ。それが周囲に拡がると共崩れをよび、ひいては味方の大敗北につながってしまう。だから、自分たちの陣地の前を侵す者は、たとえ誰を討ったとしてもかまわないのである。現在のわれわれの感覚でいうと、「酷いことをする」「残酷だ」「無慈悲だ」ということになるが、それは間違いで、そんなところへ崩れかかってくる方が悪いのである。自分たちの隊形を崩したら自らの陣地が崩れるのだから、そういう時は遠慮なく討ったらいいのである。

味方でも、崩れてきたら射散らして除けさせる。たとえば大坂の陣の際、井伊家の弓の大将だった三浦与右衛門などは、崩れてきた味方を撃てと命じ矢を射かけさせた。すると、その崩れてきた軍勢はそれを避けようとして陣前を空ける。それでいいのである。いったん浮き足立ちはじめたらもう終わりである。みんなが恐怖感に襲われて、立て直すことができない。そうすると、いかなる豪傑でもそれを収めることができない。そういう時にベテランの人は、みんな逃げるのである。戦況のいい時に稼ぐ、悪い時にはさっさと逃げる。そうしないと命がいくつあっても足りない。単に勇猛なだけでは駄目なのである。その場その場の状況をよく見て判断し、そして逃げるべき時には逃げる。そうしないと敵の餌食になるだけである。

大坂夏の陣や冬の陣を見ていても、どっちみち、豊臣方が勝てるわけがなかった。どうも、豊臣方の大将たちは、みんな部将としては粒が小さかったから、しかたがない。木村重成などにしても逸話ではいろいろと有名になったが、合戦自体にはそんなに長けていなかった。慶長二〇年（一六一五）五月の夏の陣では、豊臣方軍勢の主力として、長曽我部盛親《ちょうそかべもりちか》とともに河内国八尾・若江方面に出陣して、藤堂軍の右翼を破る功名を上げているが、兵の疲労を心配する家臣らの諫《いさ》めも聞かず、井伊直孝の軍に突撃し、激戦の末に戦死している。豊臣方の軍勢は友軍との連携もないまま各々が単独で、いわば独軍として動いていた。それでは戦がうまく運ぶはずがなかった。濃い霧が発生し、それぞれの軍勢が随分離れてしまい、お互いの位置が分からなくなってしまったらしい。本来なら重成の軍勢と後続する長曽我部の軍勢が連携して行動せねばならなかったのに……である。井伊方の場慣れした斥候《せっこう》が、なぜ単独でそのように動いているのか、前軍と後軍ではないのかと、はじめは疑ったらしい。まったくそれぞれが別の行動をとっていたらしい。それに、もともと戦略眼がないから玉串川の堤を取るか取らないかという問題で、木村方は井伊方の思惑通りに先を越されて、堤を占領されてしまっている。斥候の埴谷《はんや》宮内が「あの堤を先に陣取った方が勝つ」と言っているのに、それに対して木村方は物見の兵すら出していない。ただ、どんどん軍兵を出してくるだけで、相手方が備えていることも分かってない。つまり伝令や物見を出して情報収集をしていないから、井伊方に対して木村方が勝てるはずがなかった。

豊臣方でいえば、有名な真田信繁（幸村）などは、権謀術策の戦術家で、真田丸を築造したりする戦略家であった。しかし、あとの者は後藤又兵衛（基次）などにしろ、三〇〇人や五〇〇人の将にはなれても、何千人という軍勢を引き回して動かせるだけ器が大きい人物は豊臣方にはいなかった。やはり、部将にはそれぞれ将器《しょうき》（器量）というものがある。一万石なら一万石の、それに見合う器しかないものなのである（後藤は黒田家家臣の時は一万六〇〇〇石だった）。そういう意味では、その人の器以上に軍を動かせるだけの力量はないのである。

作家の職業病

津本　勝海舟が、いっつも寝転んで本読んでました。普通は正座してるでしょ、どこの藩主でも。あの方みたいなの、めったになかったらしいですけど。

井伊　表向きね。

津本　家帰ったらそうです。

井伊　坂下門で襲われた安藤、誰でしたかな、老中した。そう安藤対馬守。直

坂下門外の変
文久2年(1862)1月15日、尊攘派の水戸浪士6名が幕府老中安藤信正の暗殺をはかって、江戸城坂下門にて安藤信正の行列を襲撃した事件。安藤信正は負傷したものの、襲撃した6名はいずれも殺害されて、暗殺は未遂に終わった。

弼の後に老中した坂下門で襲われたあの人、帰ったら、あぐらかいて、べらんめえ口調でもの言うたそうですな。

津本　あ、そうですか。

井伊　そりゃもちろん記録されてるちゅうことは、ふつうは少なかったちゅうことですな。やっぱり、くつろいだ姿ちゅうのは。

津本　私は腰と肩と左の背筋が痛い。

井伊　そりゃね、そりゃ当たり前……ハッハッハッ。健体で、八〇歳まで健体でいてられるのがおかしい。

津本　そうですか。

井伊　それは、後でこれもあるんですよ。長い時間の執筆ね。あの、有吉佐和子いう人も腰のためにおかしくなられたんですな。

津本　あの朝、五時半ぐらいに電話がかかってきて……。

井伊　やっぱり首の骨が大事ですわ。

津本　それで新聞社では、はじめ自殺と思っていたようで、感想を聞かれましたね。

井伊　自殺じゃないかもしれない。

津本　それでいろいろ聞かれたけど、僕は有吉さんとまったく何もお付き合いないからね、何も知りませんて言うたんです。

安藤対馬守信正（1820 ～ 71）
幕末の老中。磐城平《いわきたいら》藩の藩主で、老中に就任した。井伊直弼の暗殺後、幕府の実権を掌握し、公武合体を推し進めたが、坂下門外の変にて負傷。背に傷を受けたとされて非難され、老中を罷免された。

試し斬りと秘薬

井伊　先ほどの鯨舟の話なんかは、紀州の頼宣が鯨舟を利用して軍事演習して、あれが幕府に聞こえて、えらいことになったちゅうことで、家老連中はもうすぐに鯨舟のそういうあれは止められた方がいいちゅうようなことをいう人があったらしい。しかし頼宣は、それを止めると、やってたことになるから、ただ鯨遊びしてるだけやということにしておけという。そのままにしといたらい。やめると、そうやったことを認めることになる。

津本　なるほどね。

井伊　あの人の刀の脇指がね、あるところが常に錆びるんですよ。

津本　へえーっ。

井伊　確か頼宣さんのことやったと思うんですけどね。次の光貞かもしれない。何なんでしょうね、あれ？　何かね、脇指の一部が触りもしないのに必ず錆びるんですよ。身が。『紀君言行録』か何かに出てたんですが。

津本　ふーん。まあ、抜き打ちの稽古したらね、鞘に納めるときに必ずこうして入れるとき、指でこう触りますわね。あれはいくら拭いても、やっぱり先が曇ってくるんですよ。

井伊　人間の脂《あぶら》はね。

津本　そうですよ。うちのやつね、手入れしても先が曇ってるんですわ。あれ

有吉佐和子（1931 ～ 84）
作家、演出家。代表作は『紀ノ川』『華岡青洲の妻』『香華』『出雲の阿国《おくに》』『和宮様御留』など。死去する直前には奇妙な振る舞いをとることが多かった。昭和59年（1984）8月29日夜、野球のナイター中継をラジオで聞くため自室に戻った。夜中に2度母親が様子を見に行ったところ、異常はみられなかったが、翌30日朝有吉佐和子がベッド上でうつぶせの姿勢で死んでいたのが発見された。死因は当初「心不全」とされたが、自殺の疑いから司法解剖された。結局自殺、病死の判断は不明で「死因不詳」と記録された。

は、バーンとこうやるとき、こう持つ、それ脂。

井伊　いや、脇指で。

津本　脇指？

井伊　差し添えの脇指でね、必ず刃の一部分が錆びる。

津本　あ、そうですか。どのような部分なんでしょうかね。

井伊　それが昔の記録でしょ。だから明確じゃないけど、とにかく柄《つか》、鯉口《こいくち》からちょっと下のあたりの中に。中身が必ず、触れていないのに。一種の霊気のようなものがあったから。

津本　何ですかね。なんか、その辺にできものがあった(笑)。南龍公(徳川頼宣)というのは、ものすごく乱暴だったと。

井伊　そうそう。だから、あの時代の人ちゅうのは別に……。

津本　みなね。

井伊　粗暴というか、荒っぽいことを怖がるような男ではいかんのですわね。だから鍋島の若殿、確か勝茂ですか。直茂に命じられて罪人を二〇人ほど並べて、首を斬らせてますもん。血と刀に慣れさすんですわ。

津本　なるほどねえ。

井伊　鍋島の若殿、勝茂は十何人やって、もうやめたって刀を放り出した記録があります。

津本　あ、そう。

井伊　度胸つけさせるんですね。謙信もそうです。伝説かどうかしらんけど、

鍋島勝茂(1580 ～ 1657)
江戸時代前期の佐賀肥前藩主。鍋島直茂の長男。関ヶ原の戦いでは西軍として行動したが、西軍敗戦後に徳川家康に謝罪し、本領安堵《ほんりょうあんど》された。主家竜造寺衰退にともなって幕府公認のもと名実ともに藩主となった。その後島原の乱の鎮圧にも参加した。竜造寺家《りゅうぞうじけ》乗っ取りにより「鍋島騒動」「化猫伝説」の悪役にされるとともに、山本常朝『葉隠』では理想的な主君として描かれた。

謙信がまだ小さいときに獄門の首を取りに行かせてますね。
津本　あ、そうですか。
井伊　引きずって持って帰ってきました。
津本　重いですわね。
井伊　そりゃ、史実かどうか知りませんけども上杉謙信の話。まあ、そういう度胸試しで。
津本　慣れさすんですかね。
井伊　しかし、あの時代になんか血は常に流れてるから、それと死体は見るの慣れてますもんね。あの『おあん物語』なんかにも関ヶ原の前哨戦《ぜんしょうせん》、大垣城でのことを書いてますけども、首化粧で、首なんか慣れたらちょっとも怖くないて書いてますもんね。
津本　まあ、そういう訓練をせなんだら。
井伊　まあ生きていくためにはですねえ。これは作家の海音寺潮五郎という人の話なんですけども、薩摩なんかは刑場で首を斬られた罪人がいたら、若い侍たちは飛んで行って切り口から手を突っ込んで肝臓を取り出すんですね。そして、それを日干しにして薬にする。
津本　ヒエモン？
井伊　そうそう、ヒエモン取り。土佐なんかにもあったでしょうね。ああいう南国の方の。
津本　あったでしょうね。海音寺さんが子供の頃のね、囲炉裏の上に紐で吊る

獄門
江戸時代の刑罰の一つ。斬首の後、首を台に載せて晒《さら》しものにする刑罰。梟首《きょうしゅ》・晒し首ともいう。付加刑として闕所《けっしょ》にされ、死体の埋葬も許可されなかった。

してたと書いてましたよ。ヒエモンじゃてね、人間の肝臓を日干しにして。それを、どこか腹痛とか風邪ひいたとか何のときでも、ちょっと削って飲んだら元気になる。

井伊　なんか山田浅右衛門の家もあったらしいですな。アサエムガン（浅右衛門丸）。それ、黒焼にして内々に売ってたという。

津本　あ、そうですか。

井伊　彦根の家老に三浦ちゅう家があるんですけどね、そこにも三浦の五香《ごこう》ちゅうて五つの香りと書くんですけど、三浦の五香ちゅうのが侍の配置薬で、腹痛とか万病に効くんです。この薬の製造秘法というのが、大坂の陣のときに討ち取った敵から教えられてるんです。

津本　ふーん。

井伊　首斬るときに兜の中にそれが書いてあるから、お前の家でやれちゅうて。そこからなったんです。全然、こういうことは公になってませんけどね。

津本　あ、そうですか。そんな話聞いたことないですね。

井伊　だから意外に死ぬとき、殺される土壇場《どたんば》でもコミュニケーションがあったちゅう。代わりにそれを教えてね。それで三浦家は、家老で家禄は二五〇〇石なんですね。家老になったら三五〇〇石になったりする。だから生活は心配ないですけどね。その三浦五香ちゅうのは明治大正まであった。私が最後にその看板を買いましたけどね。こういう屋根の付いた看板ね。

津本　はあー。それ、まさか人体のなにが。

『おあん物語』＊
通常「おあむ物語」と表記される。むはんと同音同義である。「おあん」は「お庵」で、老嫗《ろうおう》の敬称である。山田去暦という石田家三百石取りの家臣の娘で、若年時の佐和山城（現彦根）下での暮らしぶりや大垣籠城の様子を経験に基づいて児孫に語ったものを書き留めたもの。筆者は詳らかでないが、縁者の筆と思われる。往時の生活の質素や精神状況が活写されている。山田去暦は近江浅井の旧臣でのち石田に仕えた山田上野（江州小谷山田村の出身。通称嘉十郎）の一族である可能性がある。岩波文庫や『女流文学全集』1 に翻刻されている。

海音寺潮五郎（1901 ～ 77）
作家。本名は末富東作《すえとみとうさく》。鹿児島県伊佐郡大口村（大口市）生まれ。代表作は『風雲』『天正女合戦』『武道伝来記』『天と地と』『加藤清正』『覇者の條件』『風と雲と虹と』『武将列伝』など。

井伊 いや、ではない。その処方を書いたものがうちにあります。
津本 あ、そうですか。
井伊 はあ。敵の侍から教えられた。
津本 あ、そうですか。へえーっ。

海音寺潮五郎

井伊 われわれが思ってるよりも大坂の陣の頃には、もう経済というか流通というか、そういうものが大変発達しとるんですね。縦横にね。
津本 そうでしょうね。
井伊 もう、あの時代すでに為替《かわせ》というか、小切手ちゅうか、なんかそんなもん、ね。
津本 ありましたね。海音寺さんも、あれ大口っていいましてね。
井伊 薩摩のね。
津本 ちょうど熊本との県境なんですよ。そこが故郷でしてね。
井伊 あ、そうですか。
津本 海音寺さん、大口に金山持っていたんですよ。何にも出んと思ってたんですよ。で、海音寺さん、作家でしょ。鹿児島はもう帰るものないし、売ったんですわ。それで安値で売ったんですよ。それを今持ってるのは、住友金属鉱

山田浅右衛門
江戸時代、公儀《こうぎ》御《お》様《ためし》御用《ごよう》を務めた山田家の当主が代々名乗った名。刀剣の試し斬りを行ったが、後には死刑執行人を務めた。刀の鑑定と試し斬りのために、首切り役人に代金を払って斬首という死刑執行役を請けていたという。また副業として、罪人の肝臓を人胆丸《じんたんがん》という漢方薬として売ることを許されていた。新宿区須賀町の勝興寺に墓が、豊島区池袋の祥雲寺には碑が残っている。

山でその菱刈という山が同社の一番のドル箱になっています。
井伊　ということは技術が。
津本　そうです。あの、バーッと一〇トン車が入るような斜め坑つくってね。それがね、あそこで一トンの花崗岩の中に三七〇〇グラムの金が出てきたんですよ。四万十層というんですって。四国の四万十川から金脈が繋がってるんですって。僕がなんで知ってるかっていうと是川銀蔵《これかわぎんぞう》に、八十五歳のときだったですか、お会いして体験を聞かせてもらったのです。あの人、朝鮮で金山やってましたからね。だから、こりゃ当たるいうて買いまくってね。あのとき、あの当時で、ものすごい三五〇億円かな、儲けて。やってるときに僕は日経に小説書いてくれっていわれ、是川さんと会うて四時間ノート取ったんですよ。それで菱刈まで行ったんですわ。所長さんが、「株が上がるんで含有率のことは公にしたくないんです」と。どのぐらいかっていうたらね、まあ平均八〇グラムですよ。日本では一〇グラムで採算に乗るんですよ。八〇グラムいうても実際ね、もっとたくさん出てたんです。それでいまだに、もう二〇年ぐらい経ってね、まだ含有率が八〇グラム言うてますよ。それ、タダみたいな値で海音寺さん売ったんですわ(笑)。もったいないことですよ、もう仕方ないですけどね。
井伊　もちろん、海音寺さんが生きてはるうちにわかったんですか、そのことは。
津本　亡くなったあとですが、ご家族が残念やったなあって（笑）。
井伊　あの人なんかは、もうとにかく直弼が大嫌いでね。

海音寺潮五郎と金山

対談中において、海音寺潮五郎が金山を手放したように表現されているが、実際には若干の齟齬《そご》がある。潮五郎の父は金山の一部の借区権を有していた。借区権は更新制のものであったが、父は金山から金が出ることを見込んでいたため、子の潮五郎に借区権を更新するよう遺言していた。しかし潮五郎は昭和16年（1941）に陸軍報道班員として徴用されてしまったため、借区権更新の手続きを行うことができず、やがて帰国することができたが、戦中戦後の混乱期のため、借区権を更新することができずに失われてしまった。戦後しばらくたって金山からは潮五郎の父の予想通り、金が採掘された。

津本 あ、そうですか。
井伊 薩摩の人でしょ。
津本 やられた方ですね。

井伊直弼

井伊 私は縁あって井伊になってから分かったんですけどね、いまだに井伊は許せんちゅう人が、いっぱいおるんですよ。長州ね、長州系の人でしょ。それから水戸。それから越前（笑）。
津本 今でもおる？
井伊 今でも。今は親しくなっとるんですけどね、福井の博物館の学芸員の方が山口の出身なんですよ。そして越前の福井の博物館へ行って、いまだにやっぱり井伊の名前聞いただけで気分が悪くなる。だから直弼さんは、よっぽどひどいことしてんだなあと思って。まあ、確かに大弾圧をしてますもんねえ。そこまでしなくていいのにと思うような弾圧をしてるちゅうのは、やっぱりあの人の完璧主義ちゅうか、中途半端は許せない。だいたい一日三時間ぐらいしか寝なかったらしいですからね。長野主膳もそうですし。三時間でいいんですわ。
津本 あ、そうですか。ふーん。
井伊 異常体質ですわ。で、直弼は夏に足袋《たび》履かんとあかんらしいですわ。冷

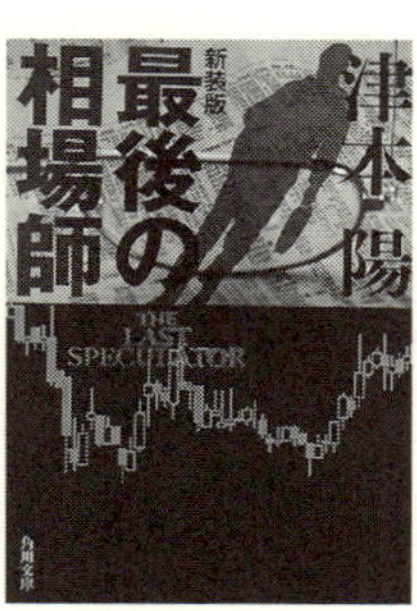

是川銀蔵（1897 ～ 1992）
投資家、相場師。貧しい漁師の子として生まれ、関東大震災の際に巨利を得た。「昭和経済研究所」（のちの是川経済研究所）を設立。幾度も破産を経験しながらも不死鳥のごとく蘇り、1983年の高額納税者番付では申告額28億9090万円で全国1位となった。津本陽『最後の相場師』（角川文庫）に描かれる。

えるんですわ。あのー、夏足袋なんか履くのを許してほしいというんですね、登城のときなんか。許可の願書を公儀に出してます。

津本　はっはっー。そうですか。

井伊　それと、ひどい頭痛もちで。だから桜田門外の事件がなかったとしても、あんまり長生きできへん人だったろうな、と僕は思うんですね。

津本　血圧高かったんですか。

井伊　なんか知らんけど、とにかく夏は冷えるし、寒いのはあかんし。夏、冷えるって、クーラーがない時代にあの人は冷える。だから、そういう。

津本　そういう夏足袋を履いた。

井伊　夏足袋を殿中で履かしてほしい。たぶん、そういうことでしょ。公儀の許可得るちゅうことは公のことやから。井伊家の記録をずっと調べてますとね、大変な苦痛で何もできないちゅうのが頭痛であるんですよ。まあ、頭良かったんでしょうね。私ら頭痛もちやないから、分からないですけども。もう何も手がつかんみたいだったらしい。

津本　あ、そう。神経質なんやな。

井伊　そりゃもう、とにかくその神経質さと完璧主義ちゅうのは、お茶の、石州流なんですけどね。石州流というのは直弼が選んだ流儀じゃないんです。お家流なんです。井伊家の場合、片桐石州流は、好むと好まざるとにかかわらずやらんならん。で、まあ部屋住みの時代ちゅうのは、誰にも相手にされないし、自分の存在というものを自分で確かめるには、そういうものを極めるしかない

井伊直弼（1815 ～ 60）
彦根藩第 15 代藩主、江戸幕府大老。掃部頭《かもんのかみ》。第 13 代藩主直中の 14 子。少年期から壮年期まで埋木舎で部屋住として過ごし、辛酸を嘗《な》めた。藩主となってから、ペリー来航によって開国派の直弼は攘夷派の水戸藩主徳川斉昭《なりあき》らと対立。幕府大老となり日米修好通商条約締結を強行した。また将軍継嗣問題で南紀派の首領となって、一橋派の斉昭らと対立。条約締結・戊午《ぼご》密勅事件の対応もからんで安政の大獄を引き起こした。水戸浪士らに襲撃され、暗殺された。（写真＝口絵参照）

井伊直弼の墓（豪徳寺・京都井伊美術館 写真提供）

です。

津本　はっはーっ。

井伊　お茶ならお茶と、居合なら居合。もう偏執狂的にやってます。かなりモノマニアックなところがあるんですわ。中途半端があかん。やりかけてることを途中で止めることは禁物やという、自分でも言ってますが、それがあの大獄へ繋がる。

津本　なるほどねえ。

井伊　吉田松陰なんかも、コレ（首に手を当てて）になると思ってませんもんね。

津本　全然思ってないですね。

井伊　それがコレになって、弾圧なんかちょっとね。あの時代の常識では、考えられんような大弾圧ですね。京都のお公家さんね。高級ちゅうか上級公家、まして越前とか水戸などを蟄居《ちっきょ》とか。

津本　まあ、そうでしょうね。確かに吉田松陰ね、まったく殺されると思ってなかったですね。

井伊　そりゃ、あの当時、つまり幕府なりの罪刑法定主義ということで考えるならば、殺すまでもないですね。遠島ぐらいなら。

津本　それで十分です。

井伊　それを一ランクも二ランクもあげて断罪やったちゅうところに直弼の性格の特異性があるでしょうね。やっぱり独裁者ちゅうかね、そこに一種悪意を持っていえば直政、直孝以来の血狂いの気があると見られても仕方ない（笑）。

片桐石州（1605 ～ 73）
大和小泉藩主、茶道石州流祖。諱は貞昌《さだまさ》。大和小泉藩初代藩主片桐貞隆の子、片桐且元《かつもと》の甥。母方の祖父は今井宗久。知恩院再建の普請奉行、関東の郡奉行などを務め、茶を桑山宗仙に学んだといわれる。大和郡山藩主の松平忠明や近江小室藩主の小堀遠州らと親交があり、第4代将軍の徳川家綱に『茶道軌範』を作り、茶道指南役となったことで石州流を確立。寛文3（1663）年に父の菩提寺として大和郡山に慈光院を建立。門弟には徳川光圀《みつくに》・保科正之《ほしなまさゆき》・松浦鎮信らがいる。
片桐石州木像（慈光院 蔵）

津本　はあ、やっぱり血筋が。

井伊　直弼さんの憧れは、やはり直政、直孝ですからね。五代目の直興を手本にしたというが、直興ではない。つまりは幕府の権力を家康・秀忠の時代まで戻してしまうというかね。

津本　なんか、あれでしょ。彦根藩では幕末に遊芸が非常に盛んだったんですよね。三味線とかね。

井伊　ああ、遊芸ね。

津本　踊りとか。それがもう、ばあーっと強硬派に変わってしまう。

井伊　直弼が禁止したんです。あの佐野領の牛の屠殺《とさつ》まで停止。佐野は井伊家の飛び地なんですよね。ほんで屠殺業者を廃業させてしまう。廓《くるわ》も禁止してる。それで無理やり百姓にしてしまう。自分がいいと思ったことは、人がどう思おうとも関係なくやらすんですよ。社会のシステムとか、そんなことは関係ないんですよ。迷惑でも、正義は正義なんです。藩主になって田舎回り、国回りしますわね。で、あるどっかの金持ちの庄屋かなんかの家のとこに鴨居《かもい》の上にお公家さんの、親王さんの書いた扁額があったらしいです。それ、下ろせって。それ、こんなところに掛けるもんちゃう。分不相応であるというわけ。だからもう、そういう余裕がないですな。野暮な気持ち、悪く言えば野暮ったい。けしからん、百姓の分際で雲上人の額をかけるなど、もってのほかというわけです。ま、正義の頑強な「押し付け者」というか。

津本　彦根はチャカポンですよ。

吉田松陰（1830 ～ 59）
長州藩士。藩校明倫館の兵学教授として出仕し、私塾松下村塾を主催し、わずか３年ほどであったが、多くの門弟を育成した。尊皇攘夷思想をかかげながらも、外国留学の意志をもっていた。日米修好通商条約に反対して老中暗殺計画を企て、長州藩に捕縛され、安政の大獄によって斬首された。
（国立国会図書館 写真提供）

井伊　それは直弼さんのことをね、半分悪口の意味で言うんですよ。地元彦根の歴史好きの人の中には「井伊直弼さんはネ、チャカポンなんですよ」とアタマから自慢気に、さもそれが直弼に与えられた美辞冠句のようにいう人がいるんですが、実を知らないんですよ。お茶と歌と能の。直弼は能も自分で作ってますから。自分で作って自分で演じてるんです。

津本　はっはっー。

井伊　そやから直弼の能なんかは孫に当たる直忠さんに引き継がれてるんですよね。あの方は確か梅若か誰かを師匠にしてね、自分の屋敷に能舞台を設《しつら》えて、誰にも見せずに自分だけが能をやって、観客なしで能衣装も面も古いものは嫌や、全部こしらえさせて極端に言えば全部新しいものにして。

津本　……見せない。

井伊　だから、直弼が国賊扱いになったでしょ。曲がってしもうてるんですわな。そりゃあね、祖父君は尊敬してますもん。世間はどうでもいいと、俺は俺の道を行く、直弼さんが国賊扱いされようと、どういわれようと。そのために、ようけ（たくさん）金使って、自分が着る能衣装は新しいので……。ちょっと面白いでしょ。誰にも見せず孤独な能（笑）。

津本　そうですねえ。ようやるなあと思うよ。やっぱり見てもらってね、ちょっといろいろ言ってもらったら、そういう気になるやろうけど。

井伊　あの、要するにお前らに見せへんちゅう気があったんちゃうかな。やっぱり維新後、井伊家は直弼さんのおかげで、ひどい扱い受けてますからね。と

井伊直興（1656 ～ 1717）
江戸時代中期の彦根藩主、江戸幕府大老。別名直治、直該《なおもり》。直縄《なおつな》の長男で、直孝の孫。老中、大老と幕閣を累進したが、職を辞して隠居した。しかし後継の藩主が相次いで没したため名を直該と改めて再度藩主となり、大老に復帰した。

梅若
能楽シテ方観世流梅若家。もとは京の豪族の梅津氏で、文明 13 年（1481）に宮中で「芦刈」を演じた際に「若」の文字を賜り梅若を名乗る。織田信長、徳川家康、宮家の庇護を受け、座の家元にはなっていないが家元並みの扱いを受けている。明治維新後も三井、三菱などの財閥の庇護を受け、昭和 30 年（1955）に梅若能楽学院を開校している。

いうのは当時の政権ちゅうか、国の要路、権力の中枢にある人はみな全部、直弼の敵側ですから。

津本　なるほどね。そうでしょうね。

井伊　本来は彦根城も、だからなくなるはずだったんですよ。それが明治天皇の行幸のときに大隈重信か陸奥かが取り壊し中止を嘆願して、途中でストップになったんですよ。

津本　あ、そうなんですか。

チャカポン＊
茶華鼓。井伊直弼の渾名《あだな》で、一種侮蔑の意をこめた嘲笑の言葉。直弼が茶道・歌道・能楽に傾倒したことからいう。チャカポンの「チャ」は茶道、「カ」は「歌」、「ポン」は能の鼓を意味し、それぞれの音をまとめ揶揄《やゆ》したもので、直弼の趣味嗜好を代名詞的にからかって全人格を戯画化しているのである。

コラム19　井伊直弼

井伊直弼の人物像に関する解釈については、従来は彼がまるで全人格的に秀でた人物であるかのように考えられているふしがあり、それを前提として研究するから、問題点が見逃されるのだと思う。

直弼を芸術家の面から捉えると、直弼は若年の部屋住み時代から和漢の教養を積み、特に茶道は片桐宗猿に師事、宗観《そうかん》と号して石州流に通じた。『閑夜茶話』『茶湯一会集』等を著し、茶の湯の理念として「一期一会」「独座観念」に到達したという。彼は茶人として超一流で、芸術家として確かに優れていたが、その見識をそのまま全人格に、特に政治姿勢につなげる発想はあまりにも短絡的だと思う。

直弼は確かに傑物だが、お茶の思想と政治は截然《せつぜん》と区別して考える必要がある。芸術家という私的な面を考えることと、政治家としての公的な立場、思想や行動とは、それぞれ独自に追究しきれていないように思う。

そこで政治家として考えた場合、日米修好通商条約の調印や開国に関する彦根藩の記録で明らかになったことがある。わが家にある本来の『公用方秘録《こうようかたひろく》』には、次のような話が載っている（この書は彦根藩筆頭家老の木俣家に伝来した史料で、修正・改竄《かいざん》前の原本から写したものである）。

直弼は条約に直面して動揺し慌てたためか、本来なら諸大名や朝廷に意見を聞いてから行うべきところ、これを失念、条約調印にゴーサインを出したという。後になって宇津木六之丞（景福）らに「諸侯から同意を得ていない」と指摘され、これはまずいということになった。直弼はそこまで気が回らなかったようで、このとき大変、狼狽《ろうばい》したらしい。「この上は、責任をとって大老を辞職する」と言うのを、六之丞らが「こうなった以上、今さら事実を言って引き下がっては面目が立たないので、これで押し通しましょう」と進言し、辞意を押し止めた。その結果として強権政治につながっていくわけである。

今から三〇年くらい前に直弼を研究していた末松修氏と、この本のことを話したことがあった。「確かに大変なことが書いてあるな」とびっくりしたが、しかし「今これを公表すると、大変なことになる」という。つまり、彦根では直弼はいわば神様のようなもので、その実情を公にすれば、一挙に偶像が地に堕ちるという。「とりあえず、差し控えた方がいい」ということで意見が一致し、公にしなかった。

最近、新しい歴史研究も進んできたので、ようやくこの件を公開することにした。彦根城博物館の方でも拙蔵本の重要性を認識し資料貸与の結果、公表したので、やっと真実が世に出た。ただし、研究上は真相が世に出たとしても一般的にはまだ知られない方がいいという雰囲気もある。これは、やはり彦根の歴史的風土というものであろうか。

直弼に関する従来の説では、『公用方秘録』をもとにしてはいるが、条約の勅許を得ていない責任はすべて自らがとる、と大変潔い態度だったということになっている。彼はこれが及ぼす影響を知った上で、相応の覚悟と定見を持ってやった、というのである。そもそも『公用方秘録』とは大老直弼の政務要録だが、定説の根拠となった従来のものは明治政府の国史編纂の際に提出されたもので、実は条約調印に関する一番重要な部分が改竄されていた。定説となった学説の流布は東京大学の史料編纂員だった吉田常吉氏が『井伊直弼』（吉川弘文館 人物叢書）を著されたことで一般化するが、そこでは改竄部分に基づき、条約調印・開国に直弼が歴史的な英断を行ったとしている。これが広く彼の伝記に援用され定説化していった。『公用方秘録』の改竄は、それほど大きな意味を持ったのである。

しかし前述のように事実は異なり、そこまでの覚悟があったわけではなく、うろたえていたことがはっきり記録されている。その後は保守反動といわれる、権力を昔日へ戻すという強権的な幕府政治に突っ走ったのである。重要なことは、条約の調印に際し、本当は「手抜かり」があったということである。それをあえて無視、強行したというのが実情で、決して彼が一己の政治家として歴史的責任を自覚して実行したというようなものではなかった。したがって直弼の伝記は、根本的に書き直す必要がある。

直弼を政治家としてみる場合、芸術家としてみるほど優秀ではなかったと考えざるを得ない。開国・条約調印問題でいえば、それほど覚悟が決まっていたわけではなかった。やはり、うろたえるところはうろたえており、直弼の人間的な捉え方が現実に近づきつつあるというか、覚悟の上で実行したなどということは、やはり小説的すぎるのである。

奇しくも井伊の家名を継ぎ、五代前の祖先を直弼にいただく近親の子孫として、やはり真実を公表せねばならないという責任感もある。真実を語っておくことは、後世のために大変大事なことで、井伊家の名で公表しておく必要があると思った。だからこそ、ここでもう一度、明言しておくのであるが、そのためにも課題であった「井伊直弼伝」の執筆にかかる必要があると思う。

コラム20　歴史に埋もれた宇津木家ゆかりの人々〜宇津木静区と八木原太郎作〜

大塩平八郎の槍の師匠に、宇津木矩之丞《のりのじょう》という人物がいた。号を静区といい、文字通り物静かな青年だったという。彼は彦根藩の門閥家老宇津木家の子息で、弟には直弼没後、藩政改革を実施した岡本黄石がいる。また、その一族には井伊直弼の側役で、宇津木左近（幹之進）という人もいた。宇津木家は、黄石が家名を嗣いだ岡本家と同様、もともとは上野国の出自で、上州玉村という所の産だ。

宇津木静区という人物は、ほとんど世に知られていないが、長崎に遊学するなど、なかなかの人物であった。その静区が長崎遊学から彦根へ帰る途中、大坂天満の与力であった大塩平八郎のところへ立ち寄った。ちょうど、大塩が反乱を起こす直前のことである。静区と大塩との関係は、宇津木が大塩に槍を教え、大塩が宇津木に学問、特に儒学を教える、という関係で、いわば「お互いが師匠」という間柄であった。

大塩は、「実はかくかくしかじかである」と静区にことの大事を打ち明け、「……だから、お前も味方してくれ」と頼んだ。もちろん静区は「それは反乱で、義に反することだから、味方はできない」と断ったが、大事を打ち明けても味方をしないということは、殺されることを覚悟しなければならない。単に反対して逃げると臆病者になる。静区はその覚悟をもって大塩に答え、その結果、彼は大塩に殺された。トイレから出てきたところを、堂々と槍を受けて死んだという。彼は義に殉じて死んだのである。当時としては、見事な侍だったといえよう。

ほどなくその真相、最期の状況は、国許へ伝えられることとなった。乱の後、大塩宅の焼け跡から、一際大きい体をした遺体が発見されたが、これが宇津木静区の亡骸《なきがら》だったという。ちなみに、宇津木家の人はとにかく体が大きい。弟の宇津木左近も大きく、堂々とした男で、明治の中頃ぐらいまで生きていた。

宇津木静区は、有名な学者であったが、現在では埋もれてしまって、まったくといっていいほど知られていない。この人物については、まだほとんど書かれたこともなく、後学の誰かが研究すればいいと思う。

コラム21　井伊直弼の妻妾と子供たち

井伊直弼の正室は丹波国亀山藩の松平紀伊守信豪の娘で、結婚した当時はまだ十二歳くらいだった。直弼は当時三十六歳だったから、まるで親子ほどの年の差があった。彼女は結局、子供を産んでいない。子供は側室に産ませている。

当時の大名の結婚は、大名同士の政略結婚ばかりである。もちろん祝言をあげるまでは、結婚相手の顔すら見られない。中には、あまり器量のよくない人もいるわけで、どうしても愛情を注げなかった場合も多々見られたわけである。そこで、やはり綺麗な女性を外から呼んできて、側室に据えて子供を産ませた。側室に産ませた子を藩の世子、すなわち嫡子にする場合は、正室を嫡母として、その養いのもとで養育する形をとる。つまり庶子から嫡子扱いにするためには、正室の養いにする必要があるわけである。したがって実母は側室だが、嫡母は正室として、それによって後継ぎとすることができるようになる。

直弼は側室に子供をどんどん産ませた。また直弼もあれだけ忙しいはずであるのに、たくさんの子供を作っているから、すごい精力家だったというべきだろう。一五人もつくっているから、歴代藩主の中でも三番目か四番目にあたるほど子沢山であった。彼は残念ながら、非業の最期を遂げたから途中で途絶えてしまったが、もう少し生きていたら、まだまだ子供が増えていたはずである。

余談だが、与板藩の井伊直安と彦根藩の直憲は母が同じであった。母親が一緒だと兄弟は仲がいいし、母親が違うと他人みたいなものなのである。

直弼の最初の娘である弥千代は、高松松平家に嫁入りしたが、彼女の母親は静江といい、最初の側室で千田又一郎という人物の養女になってから直弼のもとへ上がった。当時、身分を越えての結婚は難しかった。身分が違う場合は、まず相応の士分格の家の養女にして、それからから嫁がすのである。

その次が（実はその前にもう一人いたらしいが……）、直憲らを産んだ里和《さとわ》であり、直弼はずいぶん彼女を寵愛していた。彼女の腹から多くの子供が産まれているから、結果として直弼の子供たちは異母兄弟が比較的少なかったのである。直弼の寵愛を一身に受けた彼女の立場であれば、五人でも一〇人でも子供を自由に出産できたのであろう。

ところで直弼の長女弥千代は高松へ嫁入りした後、直弼が桜田門外の変で殺されたことによって離縁されて戻されてきた。結婚した時は、まだ十歳を過ぎたばかりの幼い時だったから、子供ができなかったのは当然であった。ほとぼりが冷めてから、さらにもう一度、高松に行った後にようやく松平頼寿《よりなが》という人が産まれた。それからは何人もの子宝に恵まれたが、弥千代は桜田門外の変に人生を翻弄された一人といってよい。

彦根城

井伊　彦根城表御殿なんかは、伏見城のどっか御殿を移したものだったんだそうで。

津本　あ、そう。僕は城の石垣から見ても、あれ感心と思いますが、構えが大きいですよね。

井伊　そうですね。本来はもっと大きいですね。ところが今、あの城の規模というのは俗説ですが、一八万石か一五万石くらいの格式なんですね。彦根築城のときにいろいろ、どこにするか。石田三成の城は、つまり仇敵のしかも山城でしょ。

津本　ええ。

井伊　そうすると、それが中世的な構えやから城地をどっか移そうということで、候補がいろいろ挙がったんですよ。佐和山の西の方に、ちょっと大きい荒神山ちゅう山があるんですよ。はじめ、そこにしようかということになったんやけど、それはちょっと大きすぎる。幕府に対して遠慮が必要ちゅうのでやめて。で、琵琶湖の近くに磯山ちゅうのがあるんですわ。例の浅井長政の部将で磯野丹波守の居城址。そこにしようかちゅうことになったけど、今度はそこは狭すぎるというので彦根山になった。で、三〇万石の規模としては、もうずっとスモールスケールで。

彦根城
滋賀県彦根市金亀町に位置する城郭。彦根藩井伊氏歴代の居城である。慶長8年(1603)に佐和山城にかわる城として建造が開始され、元和8年(1622)完成した。姫路城と並んで城郭遺構をよく遺す城として有名で、天守閣は国宝に指定されている。

彦根城廊下橋跡(昭和30年代・京都井伊美術館 写真提供)

佐和山城址遠景(京都井伊美術館 写真提供)

津本 あ、そうですか。しかし、何ていうんですかねえ。こう、あそこ行ったら気分がいいですね。
井伊 そうですか。
津本 ええ、なんか穏やかな感じがしますね。

和歌山城

井伊 なんとなく和気を感じますね。和歌山城はどうですか。私も和歌山も仕事のことで一回だけ行ったことがあります。
津本 和歌山城は割合、石垣がですね、ながれもたくさんあるんですよね。それで、デコボコデコボコしてあんまり、のんびりした感じのとこってないわけですよ。まあ、三番町といって、一応東の方から見た内堀の一番大きなものですね。そこから見た景色は割合、雄大な感じがするんですけどね。しかし、あれも五五万石の城としては小さくて堀止《ほりどめ》ちゅう所がありましてね。堀止っていうのは堀を掘っていって、そこで止めたんですけど。そこなんかね、もう和歌山城よりまったく離れたとこなんですよ。あんなとこまで堀が、こっちは北は紀ノ川ですし、いうとやっぱり、かなり大きかったんかなと思いますけどね。
井伊 そういえば、その規模の五五万石で思い出したんですけどね。頼宣が自分の判形《はんぎょう》、花押《かおう》を。なんか京都にハンコをよく見る人がおったらしいんですよ。

和歌山城
和歌山県和歌山市に位置する城郭。天正13年（1585）豊臣秀長が封ぜられると築城を開始。桑山、浅野氏が入部し、徳川頼宣が封ぜられると元和7年（1621）から城の大改修工事を行った。弘化3年（1846）に落雷で天守閣が焼失したため、黒天守から漆喰の白亜天守へ変更されて再建されたが、昭和20年（1945）の和歌山空襲で焼失した。

磯野丹波守＊
生没年不明。諱は員昌《かずまさ》。近江浅井氏の家臣で佐和山城、また磯山城主。元亀元年（1570）6月28日の姉川の合戦で活躍。後に織田氏に降伏して家臣となったが、信長の怒りに触れて逃亡。高野山で出家したといわれる。

それに一回見させようというので、家来の花押に混ぜてね、見せたらしいですわ。そしたら、その京の都のハンコをよく見る人がね、「この人は俗人ならば貴族であろう。出家なら大僧正とか国師ぐらいにはなれる。だけど、このハンコは貧相な貧しいハンコや」いうことでね、それ頼宣に伝えたら、頼宣がさぞ怒るかと思いきや「そのとおりや」と。「俺は家康の息子に生まれて、本来なら六カ国、七カ国の太守にならないかんのに紀州五五万石ぐらいになってるんやから、俺は貧乏だ」（笑）。

津本　あ、そうですか。そりゃ面白いですね。やっぱり、かなり野心があったんですね。

井伊　そうそう。だから三人の家康の末の子供たちの中で、一番そういう意味で危なかったのは、あの頼宣やと。由井正雪事件、あの慶安の一件もまんざら嘘じゃないと思いますよ。そうでないと家来が代わりに死ぬことない。

津本　そうでしょうね。

井伊　後世のわれわれが見たら歴史が定まってますからねえ。そんなバカなことありえないと思うけど、あの時代はもう、いつ何時ひっくり返るか分からん時代やから。

津本　分かりませんからねえ。

井伊　やっぱり、あの時代そりゃ、あわよくば。自分が将軍家に取って代わってちゅう気はありますわね。で、まったく夢ではないですもんね。本当にやったら、あるいは、ひょっとすると可能性ありますもんね。あの時代、老中、幕

由井正雪（1605 ～ 51）
江戸時代初期の軍学者。軍学塾「張孔堂」を開いた。慶安4年（1651）に将軍が幼君徳川家綱に代替わりしたのを契機として幕府転覆と浪人救済を掲げて決起する。江戸を丸橋忠弥が焼き討ち、京都で由井正雪、大坂で金井半兵衛が決起し、天皇を擁《よう》して幕府転覆を図る計画だったが、密告によって発覚。7月22日に丸橋は江戸で捕縛され、26日に駿府で由井が役人に囲まれ自決、30日に金井が大坂で自害した。静岡市の菩提樹院に正雪のものと伝わる首塚が残っている。

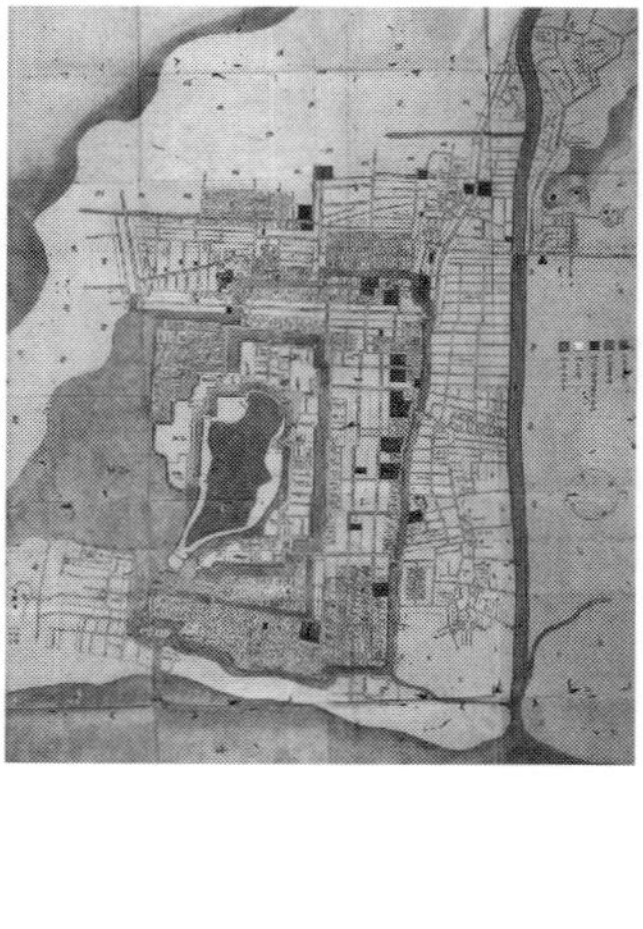

彦根城下士屋敷図（江戸中期・井伊達也氏 蔵）

府の幕閣がしっかり者ばっかりやったから、どうにもならなかったんですねえ。

津本 天一坊が出たり、変な世の中だったですからねえ。

井伊 まあ時代でいうと寛永から正保とか慶安とか、やっぱりまだヤバイ時代ですもんね。

武家の暮らし

津本 そうですね。享保、元禄あたりで、まあだいたい一〇〇年ぐらいですかねえ。一〇〇年ぐらいで外様大名の取り潰しを相当たくさんやって、それで金銀の産出が止まってしもうて、それで諸物価が上がってきて、米の値段が上がらない。それで農民の懐が豊かになってきて、武士が駄目になってくる。ものすごく、まあいうたら、幕府の失政みたいなところが出かけてきてますわね。

あーいう封建時代だから、いざとなったらもう徳政で武士は借金を踏み倒す。そら辛抱は皆してたと思うんですけど。実際には町人はどんどん豊かにはなるし、百姓も減税減税で懐もゆっくりしてくるし。結局、大名取り潰しで、取りあげたことは取りあげたけれども、取り潰しの原因というのはだいたい百姓一揆が原因やから、税金下げてくれて言うたら、いうこと聞かん訳にはいかんと。そういうことで、この幕府が体制を固めようとしたことが反対に経済的に武士を苦しくしたというんですかね。そういう二律背反みたいな事情があって、し

天一坊（1699 ～ 1729）
江戸時代中期の山伏。紀州田辺に生まれ、出家して山伏となり改行と名乗る。享保13年（1728）に、自らを母が紀州の城に奉公している間に身ごもった将軍徳川吉宗の落胤《らくいん》であると称して、南品川宿で浪人を集めていた。翌年には関東郡代の伊奈半左衛門が詮議し、4月に勘定奉行から判決があり死罪獄門となる。

かも金銀がもう産出できなくなってきたので非常に自分の首を絞めるようなことになった。

井伊　ですから、もう収入は決まってますもんね。インフレにはなってくるし。なんか水戸徳川家でも、まあ直接関係ない話ですけどね、本来は水戸は二五万石くらいの実収しかなかったらしいです。それを無理やり頼んで、家禄を上げるために三〇何万にしてもらって、ところが収入はそれに見合わないから、佐竹時代の頃のままの内職なんかもし続けていたらしいです。殖産ちゅうのがないから。

津本　そうです。

井伊　光圀あたりが、ちょっとね、いろんなことを輸入したりしてやってますけども。

津本　畳なんか真っ黒でね、侍屋敷の上司の家でも障子も張り替えてない。

井伊　鎧なんかも、とうに質入れでっせ。ただ、あの斉昭のときに追鳥狩《おいとりがり》やるでしょ。あのとき質屋から無理矢理取り上げてるんですよ。侍たちも、もうとうに鎧兜が質草になってるんですよ。だから、もう斉昭の評判は大変悪くなった。

津本　なるほどね。

井伊　もう経済は、とうに破綻して。映画でも内職いうたら傘張りとか、みな決まっとるけども、各地方地方の特産物というのが、みな武家の内職でね。彦根の場合なんかは蓴采《じゅんさい》が名産なんです。

追鳥狩＊
おいとり狩り。表面上は原野山林で多くの勢子《せこ》を使って野鳥を追い出し、これを狩る大規模な野狩であるが、実質はそれに名をかりた軍事調練。武技を鍛錬し民情を視察する役割も果たしていた。鎌倉時代初期からその名がみえる。江戸時代になると江戸周辺の鷹場の設定などの整備を行い、年中行事化したが、生類憐みの令によって廃止。その後徳川吉宗が再興して次第に大がかりなものとなった。幕末、水戸の徳川斉昭がしばしばこれを行った。

宇津木六之丞邸址付近（昭和30年代・井伊達也氏 写真提供）

例の直弼の懐刀、側、公用人になった宇津木六之丞なんかね。元々一五〇石くらいの家から三〇〇石の宇津木家に養子になったんですよ。で、養子になったときの養家の家が、もう床板に敷物が無くて、簀《す》の子《こ》を敷いてたらしいです。畳なんてとんでもない。ちゃんとした寝具はなかったそうです。

津本 へえ。

井伊 冬は、蒲団が一枚しかないんで戸板をその上に載せて寝たちゅう。それで六之丞は「俺はこの家を必ず立派にする」ちゅう決心をしてね。そして、あのように出世していったんですけどね。諸大名や諸有司《ゆうし》から、どんどん賄賂を取りまくってね。それを全部国許へ送って、家の屋敷なんかものすごい贅沢な普請をしたんです。

津本 ほーっ。

井伊 それで最後に闕所《けっしょ》になったんですね。首切られて取り壊し。闕所になって取り壊しに行ったとき、その取り壊しの役人が、あまり造作が立派なので手を下しかねたちゅう話です。それほど賄賂を取っていたことは、直弼は知ってたらしい。直弼はあれは賄賂を取るけれども、まあ仕事ができるから大目に見ておけちゅう。だけど、かなり収賄をした。

津本 考えられないですね。

井伊 だから映画なんかで三〇〇石いうたら、お歴々がええカッコしてね。時代劇の講義をする気はないけど、現代劇にチョンマゲしてるだけでしょうけども、リアリティがあまりにもないでしょう。

徳川斉昭(1800 ~ 60)
江戸時代後期の水戸藩主。諡号《しごう》は烈公。第7代藩主徳川治紀の3男。幼時に会沢正志斎より水戸学を学び、藩主就任後は藩政改革を成功させたが、幕命により隠居、謹慎処分となった。のち謹慎が解除され藩政・幕政に参与したが、自身の攘夷論や将軍継嗣問題で大老井伊直弼と対立して永蟄居となり、そのまま没した。のち実子の慶喜が江戸幕府最後の将軍となった。

水戸徳川家
常陸国(茨城県)水戸藩25万石の当主家。徳川御三家の一つ。徳川家康の11男の徳川頼房が家祖で、水戸徳川家当主は将軍の補佐役であるとされ、江戸に定府して参勤交代を行わなかった。2代の光圀は『大日本史』編纂事業を開始し、水戸学を生起させたが、一方で編纂事業は藩を慢性的な財政難に陥らせた。幕末には水戸学の隆盛にともなって初期の尊王攘夷運動を主導したが、早すぎた運動は人材を消耗させ、明治維新において主だった役割を果たしえなかった。

津本　ない。
井伊　江戸でも綺麗な街ですしね。セットやからしょうがないけれども、ゴミ一つない。だけど本当は江戸は汚いですもんね。雨が三日も降ったら、もうドロドロになってしまうし。
津本　ものすごい臭いです。
井伊　馬糞もあったやろし。そういうことは、やっぱり。
津本　どこかね、腐っとるんですね。
井伊　だから時代劇なんかでも、あまりにも綺麗すぎるんですよ。髪でもね。
津本　だいたい衣類でも洗う洗剤とか石鹸がないでしょ。有り合わせの水で洗ったというような、現実、分からんですもんねえ。
井伊　第一、新しい着物なんて買わないですもん。古着屋さんですもんね。そやから、もっと垢が付いてないとあかんですね。汚れてない。
津本　そうですね。和歌山で僕の友だちが医者してるんです。それの親父がね、和歌山県史編纂室の室長だったんで、その人に和歌山城の二の丸とか三の丸の図面を何枚ももらったんですよ。二の丸の建坪が一万八〇〇〇坪ですよ。そしたらね、女中が二〇人かかって朝から戸を開けるでしょ。それが、ちょうど開け終わった頃が、もう昼過ぎててね。それで、こんど閉めにかかったら、もう真っ暗になる。そやから戸の開け閉め専門で結局、二〇人いた。今言うてる人のお祖父さんというのは二五石の小納戸役やったです。
井伊　小納戸いうと、ちょうど衣類やとか、ああいうの。武具甲冑の管理など

小納戸役
将軍、大名に近侍して、小姓の補佐、城の雑用、将軍、大名の金銀、衣服、調度の出納を管理する役職。

も小納戸や大納戸に属しますよね。

津本 そうなんですよ。そいでね、もう、下着から上着まで全部絹で新調ばっかりですって。それで三日ほど着たら垢付いて、それで下着替えるでしょ。それを洗濯して江戸へ古着として売ったら、ものすごい儲かるんですって。で、また代わりを持ってきてくれと。一年中、新しい絹物尽くめでね。それで、もうドンチャン騒ぎばかりです。それで金がなくなったら、またどっからか金が入ってると。そんな暮らしだったから、維新になって邏卒《らそつ》と呼ばれた巡査になったら月給五円くれたんです。くれたっていうてね、それ、その日のうちに使こうてしまう。で、あぶれたら、また何とかなるやろうて、……ならないんです。それで、びっくり仰天したという話で。内職あるかって。

井伊 そりゃ、一般的に三〇〇石とかやったら別やけども、三〇〇石以下ぐらいは内職しないとやっていけないです。

津本 そうでしょうね。紀州家は、なんか。

井伊 いや、蔵がようけあるから。

津本 あ、そうでしょうね。

井伊 納戸役とか。女中なんかもそうでしょ。殿様のご飯の米を研ぐでしょ。研いだら上へバーッと放り上げて、当然こぼれるんですよね。それを、そのままにしとくんです。そいでまた研いではバーッと放り上げて、こぼれたもんを持って帰るんです。それが自分の拾得物、役得です。

津本 ははーっ。なんかそういう、なんかあったんでしょうね。

邏卒
明治時代における警察官の階級の一つ。「巡邏《じゅんら》の兵卒」の略。明治4年(1871)に警察制度の発生の際、市内警備のため官給で雇われた者をいう。後に民給の巡査と一本化され、巡査となった。

井伊　はあ、だから小納戸なんて、ものすごいオイシイ役職ですわ。賄《まかな》い役とかね。ああいうのは金溜まるんですわ。

津本　なるほどね。普通の代なったら、もう侍やったら、そんな生活は大赤字になってます。

井伊　普通のもん。だから平は、とにかくお役に就けたらありがたいんです。何かのお役に就けば、それに伴う何らかの裏金が入ってくるわけです。そやから大老の公用人なんかなったら、もうそら今の内閣総理大臣どころの騒ぎじゃないですからねえ、大老ちゅうのは。

津本　そうでしょうね。

井伊　もう、そやから井伊大老というと、すごい権力があるんですね。その公用人となったらすごいですよ。秘書頭、宇津木六之丞は、そんな呼称はないけれど、今でいえば官房長官と幹事長と政調会長と首席秘書官を足しても、まだ大きい力があった。

津本　そう、そうですね。

井伊　だから、おそらく便宜計らってもらうために、いっぱい袖の下がきますわね。六之丞なんて自分で、さらに三〇〇石の家禄を、お手盛りで一五〇石増やして四五〇石にしてね。直弼亡き後も権力を握っていこうとしたんやけども、反対派にやられた。ごっつい財産を残していたらしいが。

大老
江戸幕府の職制で、将軍の補佐役で老中の上に置かれた最高職であるが、臨時職である。井伊直孝、酒井忠世、土井利勝、酒井忠勝、酒井忠清、井伊直澄《なおずみ》、堀田正俊、井伊直興（直該）、井伊直幸、井伊直亮《なおあき》、井伊直弼、酒井忠績《ただしげ》が就任、ないしは擬せられた。

長野主膳像（京都井伊美術館 写真提供）

コラム22 侍の内職

江戸時代における武士の内職については、一般に誤解が多いように思う。映画でもテレビでも時代劇では、侍の内職というと、「傘張り」と相場は決まっているようだ。しかし、当時の各地方の特産物にあたるものは、すべて武士の内職の対象になった。

例えば彦根の場合、珍しい例が蓴采であった。蓴采は「純菜」とも書き、奇麗で澄んだ淡水の池や沼に自生する。若芽の部分を食用にするので、栽培される場合もある。蓴采はヌルヌルして取りづらいから、関西などでは掴みどころがなく、はっきりしない人のことを「ジュンサイな」と言ったり、どっちつかずの薄情な人を蓴采にたとえたりする。

与謝蕪村の俳句に、「採蓴《さいじゅん》をうたう彦根の滄夫《そうふ》かな」という句がある。滄夫とは、水辺で暮らすような貧しい生活をする人をさしている。蓴采は採るのが難しく、水が濁ってしまっては取れないから、たらい舟に乗って濁らないようにしてそっと採らねばならない。ともかく右の句でわかるとおり、蓴采は彦根の名産であった。彦根城の水濠は水が奇麗であったから、蓴采がたくさん採集できた。

彦根藩の侍、侍でも大身でない中下士は（一五〇石くらいまで）、蓴采を採る内職をしていた。内職は一種の権益でもあった。つまり彦根の侍は、水濠で蓴采を採る権利を持っていたのである。それゆえ下級の侍などは生活費の足しにするため、しきりと蓴采採りをやっていた。そして、採った蓴采を彦根城下の高級料理屋や近くの宿場町高宮（現彦根市）の旅館などへ卸していたわけである。すなわち蓴采取りは、彦根藩の下級武士たちの有力な内職の一つだったということである。

そのほか、今でも仏壇などは彦根の特産であるが、これも彦根の侍の内職でもあった。そもそも仏壇の漆塗りの技術は、鎧の塗りの技術から始まっている。もちろん城下に専門の塗師《ぬし》（職人）も存在したが、その起源からもわかるとおり、漆塗りの技術は武士とは切り離せず、下級武士の格好の内職にもなったのである。

長野主膳

井伊 長野主膳《ながのしゅぜん》（義言《よしとき》）なんかも、まったくわけの分からん人なんですよね。

津本 そうですねえ。

井伊　あの人は、自分で絶対金は触らなかった。お付きの人間が全部やってた。直江山城守（兼続《かねつぐ》）じゃないですけど、直江の伝説は嘘ですが、長野は金のような不浄なものは触らない。つまり格禄が上やという意識を常に持っていた。そして、いつの間にか井伊直弼の懐刀に……だから謎なんです。それで、いろいろ考えたんですけど、一つ考えられるのは細川家の一族の認知されなかった子供やないかなと。というのは、急《せ》き込んだとき、はっともの言うときに肥後弁なんか出たらしいですわ。で、いつだったか美濃の垂井《たるい》へ。

津本　ええ。

井伊　あそこへ細川の殿様か誰か来たときに主膳が会いに行ってるんですね。で、一緒についてきた者に絶対このことは口外するなとかいうようなことを言うてるんです。

津本　ほう。

井伊　つまり、それを公にできないちゅうことは、その当時の母親の出身がね、身分的に問題があったんじゃないかなというような気がするんです。井伊家に提出した長野家の系譜があるんですよ。あれが上下二冊あって、本来「上編」がないといけないのに「上冊」がないんです。「下冊」しかない。だから彼の出自が全然分からない。

津本　あ、そうですか。いかにも、どっか伊勢とか、どっかの町人とか。

井伊　最初に出現するのは伊勢なんです。伊勢の方の、いわゆる奥さんになるのは瀧ちゅう人で、あっちの方の旧家、豪家の出ですわね。その人を妻にする

高尚館址
（長野主膳の私塾・京都井伊美術館 写真提供）

ように、うまいことというたら、ある意味悪い言い方かもしれないけれども運動して。なんという天皇でしたか、天皇の陵に毎日、掃除に行ったちゅう。それに妻になる人の親父が感激して金をくれるというのを断って。お金をもらうんなら、その代わりに本をたくさん読みたいといって、本を京都で何千冊か買わせて、それを一年の間に読破したちゅう。

津本 ふーん。やっぱり、ただの人間ではなかったんですね。

井伊 国学では、もう一家を成してましたからね。で、ちょうど国学で一家を成してるところへもってきて、あの人はやっぱり策略家で、方々にどっか自分の驥足《きそく》を展《の》ばすところがないかを探してた。だから直弼だけじゃなかったんです。あらゆるところでコンタクトをとって誰かにくっついて、それをバネに世に出る方法はないかちゅうことを常に考えてたんじゃないか。それで直弼が、ちょうどその候補者の一人になっていた。しかし直弼という人が、まさか彦根という大藩の藩主にまではなると思ってないから。直弼も国学一辺倒の人やから。漢学は嫌いなんです。ほんまに運命的な出会いでしょうね。

津本 そうですねえ。長野という人も、やっぱり出生はそんなに悪くなかったんですね。

井伊 と思いますよ。ただ、出せない理由があったに違いない。

津本 やたら方々で大事にされてますよね。

井伊 それと金が、経済が分からない。どっから金が出たのかね。流浪の時代、そんなに金に困ってへんのですわ。おかしいなと思ってね。

直江兼続(1560 ~ 1620)
上杉景勝の謀臣。諱は兼続。樋口兼豊の長男として生まれ、景勝の近習となる。のち直江家を継いで与板城主となる。上杉家では執政の中心となり、豊臣秀吉の時代には景勝に従い小田原征伐、朝鮮出兵に従軍。その後、上杉家は会津に転封。秀吉の死後は家康と対立し、家康に会津征伐を決意させる。関ヶ原の戦いの後、上杉家は米沢へ減封されるが藩内の開発や整備を進めてその基礎を築いた。

長野主膳邸址(京都井伊美術館 写真提供)

コラム23　井伊直弼の懐刀　長野主膳

幕末の井伊直弼の懐を固めた長野主膳義言は、もともと国学者として一家をなした人であった。長野主膳は、近江国に来て坂田郡志賀谷村に私塾の高尚館を開いたりするが、直弼がまだ部屋住みのときに師弟関係をもった。直弼が藩主に就くと、その師弟関係が機縁で彦根藩に召され家来になった。やがて主膳は藩校の弘道館国学方に登用され、直弼の藩政改革にも協力した。つまり、彼は井伊家歴世《れきせい》の家臣ではなく、新参者であるが、直弼の個人的信任がたいへん厚く、そうした私的関係から重用されていった。

安政の大獄の際には、主膳はほぼ京都にいて、京都方の情勢分析や手入れ（下工作）を担当していた。島田左近などと組んで公家の諸家を懐柔し、彦根方（大老方）につけるという活動をしていた。幕府が勅許なく日米修好通商条約に調印したことを責めた光明天皇の「戊午の密勅」を見逃したことなど、情報収集に失敗していたのだが、それを直弼に報告していなかった。彼は確かに立派な学者ではあったが、根はどこか卑怯なところがあって、自らの失敗を黙殺・隠蔽《いんぺい》し、自己の責任を回避するところがある。直弼は、主膳の情勢分析に全幅の信頼を置いていたので、京都工作はもっと上手く運んでいると思っていた。事実は主膳が情報収集・裏工作にしくじっていたのだが、その失敗をごまかしているところがあったのである。

そもそも直弼の失敗というのは、こうした長野主膳を右腕として活躍させていたところに要因があり結果、致命的な判断ミスを招いた。安政の大獄における大弾圧という問題も、主膳がかなり直弼の尻を叩いた形跡がある。

桜田門外の変で直弼が暗殺されてから二年後、彦根藩ではクーデターが起こり、直弼が暗殺されることになった責任が追究され、長野主膳と宇津木六之丞（景福）は君側《くんそく》の奸として、切腹ではなく斬首され、死骸は打ち捨てられた。特に大きな責任は、長野主膳にあるということになった。長野主膳の思想やそれに基づく具体的な助言で直弼は「唆《そそのか》された」というわけだ。事実、安政の大獄という大事件の本当の黒幕は、長野主膳であった。だから、特に側近を誰にするかということは大事であると思う。

ただし、井伊家中では直弼の信任が厚い主膳を「長袖《ながそで》」（公家）と軽蔑し、半ば嫉妬する向きもあった。また、「大宮司」（神主）などと言って見下していた。しかし、安政の大獄という一大事件の全責任を彼一人に帰すのは、いくら何でも無理というものである。その点は、少し主膳の弁護をしておきたい。

ところで、主膳の体は意外にすらっとしていたらしい。また、処刑の後に行われた遺体検分の史料によると、かなり脂肪のついた体をしていたようである。なかなかお洒落な人物で、しかも自分では絶対に金を手にしないという貴公子然としたプライドの高い男でもあった。

商才が出世を左右する

津本　僕は西郷隆盛の一二〇年祭のとき、鹿児島に行ったんですよ。そしたらね、やっぱり鹿児島、西郷一族は数が多い。その暮らし向きは、きわめて豊かだそうですね。

井伊　それ、いつの話ですか。

津本　いや一二〇年祭だから、まだそんな前じゃない。

井伊　二〇年ぐらい前ですかね。そんなに経ってないな。

津本　十数年前。それでね、何かやっぱり、そんな人いますね。

井伊　いや、ほんとに主膳の場合なんかも活動資金が要りますもんね。自分でお金を持ったことがないちゅう話です。直江山城守は伊達政宗に天正大判を見せられて扇子でひっくり返して、ポンと投げ返したちゅうのは、よくできた話としては面白いですが、あれは、ほんまは嘘ですね。講談です。

津本　ほんとですか。

井伊　はあ、そういう非礼なことはない、有り得ないというようなことを何かで読んだ。何か逸話ではそうなってますでしょ。謙信公の采配を握った手で、こんな汚い阿堵物《あとぶつ》（ゼニ）を触れられるかちゅうような意味でいわれているけれども、もし事実だとすると、直江山城守ちゅう男が随分大人気ない小さなものになる。

西郷隆盛（1828 ～ 77）
薩摩藩士、明治維新の政治家、西南戦争薩軍の指導者。薩摩藩主島津斉彬《しまずなりあきら》に抜擢されたが、斉彬の没後、島津久光のもとで配流、登用を繰り返した。第１次長州征討では幕府側の参謀なるも、長州の木戸孝允と薩長同盟を締結して倒幕へと動き、王政復古を現出させた。その中で江戸城無血開城を実現している。維新政府の参議として改革を断行したが、征韓論に敗れて郷里に下野《げや》。私学校生徒の暴動から勃発した西南戦争の指導者となるが、政府軍に敗北して自刃した。

津本　まあ、そうですね。だから武田信玄とか前田利家もそうですけども、金銀は大切にしていますね。

井伊　そう。前田利家なんかも擦《す》り切った奴(貧乏人)、相手にするなちゅうて。やっぱり経済ですね。だから確かにそういう意味では謙信教ちゅうか、上杉謙信教か知らないけれども、もしも直江山城守がそういうことをしたら、これは人間的に肝が小さいですわな。

津本　いや、あの頃の戦国大名というのは、みんな戦争せなあかんでしょ。で、戦争するためには金が要ります。そやから、ものすごく金大事にしてるんですね。「武士は食わねど高楊枝」というようになったのは明治時代に商人が、もうコロコロ、コロコロ儲けるから。それが憎ったらしくて、金をバカにするようになってきたというのが事実みたいで、帳簿だけはもう非常に大事にした。だから秀吉も笹流《ささがね》金資金とかね、いろいろ大変な金を、分銅金とか大坂城に置いてましたわね。あれは、やっぱり戦いのときに、これだけあったら一〇万人の兵隊集められるとか、そう勘定してるわけですよね。

井伊　江戸時代、金のことを敬遠するってのは一種の儒教の上品を旨とする観念主義なんですね。

津本　そうそう。

井伊　それで幕府は教えたんですな、抑えるためにね。

津本　自分が安泰になるために。で、あの有名な信州の岩村田っていう一万八〇〇〇石の藩は、そこの藩の金貸しに身代をはるかに超えるほどの借金

伊達政宗(1567 ～ 1636)

初代仙台藩主。父は伊達氏第16代当主の輝宗、母は最上義守の娘で義姫。幼名は梵天丸で、疱瘡《ほうそう》のために右目を失明。臨済宗の虎哉宗乙《こさいそういつ》の教育を受ける。当主となってからは、近隣の畠山、佐竹、蘆名《あしな》、二階堂氏などを攻めて領土を拡大していく。豊臣秀吉の小田原征伐、朝鮮出兵に参陣。軍勢が派手な戦装束を着ていたために「伊達者《だてもの》」という言葉が生まれたといわれる。秀吉の死後は徳川家康の東軍に参加し、東北で上杉軍と戦う。大坂の陣に参戦した後は初代藩主として仙台藩の藩政に力を入れ、米の生産量を増やして実質的な石高を上げた。また慶長遣欧使節団を派遣した。

伊達政宗像(仙台市博物館 蔵)

してたらしいですね。そういう借金をして抵当として取り上げたら、もうその藩は町人のもんになるんやけど、ところが幕府は、それはもう絶対させないという。やっぱり、そこは封建制度の利点ちゅうんですかね。それがあったようです。その代わり岩村田藩なんか貸し倒れになったら、みな城に金貸さんようになったそうですね。それから大名が四苦八苦して、家老が商人を接待したりするようなことになってきたというようなことは、大石慎三郎さんの『江戸時代』に載ってますけどね。

井伊　確かに藩の借金というのは、大きい借金になると家老がやりますからね。私のとこにもね、家老の裏判のある借用証文がありますわ。殿様は直接やらへんから、家老が身代わりにやるんですよ。井伊家の場合は商人を侍に取り立ててという、例えば権力の近くに置くようにしたちゅうような例はないですけど、水戸家なんかは例の大久保今助ですか。あれ金貸しでしょ、もともと。あとで侍にしてますね。第一、あの藤田東湖の親父さんは古着屋の親父だったんですねえ。

津本　あ、そうですか。

井伊　はあ。だから水戸の藤田東湖に反対する連中が古着屋の小僧とかいうて、あの有名な藤田東湖にいうたらしいですわ。だから侍じゃないんですよ、これで（手で丸をつくる）金の力で士分の株というか資格を取って。そう言い出したら例の男谷検校《けんぎょう》もそうですね。

津本　そうですよね、勝でしょ。

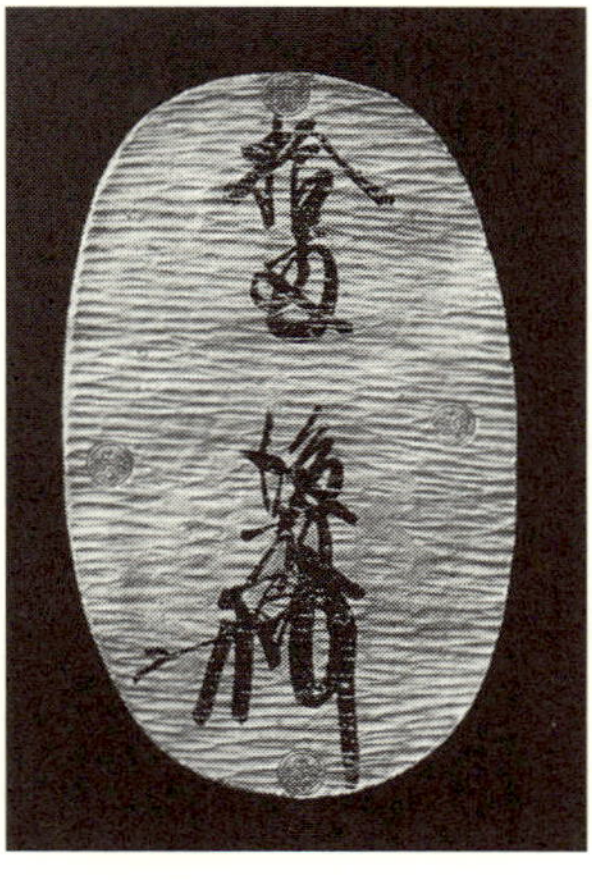

天正大判（天正長大判）
天下を統一した豊臣秀吉が全国の金銀鉱山を支配。天正16年（1588）から京の彫金師、後藤家に作らせた。品質を保証する意味で後藤家の五三桐の極印が打刻され、量目の拾両（砂金1包＝約44匁《もんめ》＝約165グラム）、製造責任者の花押が墨書きされている。現存金貨幣としては世界最大級で長径約17センチ、短径約10センチ。
（日本銀行金融研究所 貨幣博物館 写真提供）

岩村田藩
内藤正友が信濃の岩村田に転封となり岩村田藩が成立。

大石慎三郎（1923〜2004）
歴史学者。学習院大学名誉教授、近世日本史が専門

井伊　ええ、勝もそうやし。

津本　あれは自分の息子、三〇〇石かなんかの水戸藩士になってんの、あれで一七万両の債権棒引きさせたってね。

井伊　借金の肩代わりに百姓、町人に名字帯刀を許したりね。そういうのは、もちろん彦根もやっていますよ。そりゃ気楽な話ですもんね、一代ぎりやから。

津本　そうですね。

井伊　一代ぎりを利用するんですよ。名字帯刀をね。それほど名字と刀を差すちゅうことは憧れやったんですね。ステータスやったんですね。何万両の花瓶ですもん。

津本　一七万両。

井伊　ねえ、そんなにするでしょ。

津本　アホみたいな。

井伊　やっぱり、それが今の人には分からないですね。身分制度のすごさっていうか。

津本　長男が三〇〇石で水戸へ行って、次男が一〇〇石の旗本になって信州の伊那かどっかの代官になってますわね。で、その三番目の息子は四一石二人扶持のものすごい貧乏な御家人、勝へ婿入りして。金ないから代官してた兄貴が千両箱持って帰ったら、それを砕いて二〇〇両ぐらい持って逃げたとかね。そんなこと書いてますけどね。大体はそうやけど幕末のいろいろ動いた勤皇派の連中とかね。そんなん調べてみたら、やっぱり経済に縁のある人がものすごく

大久保今助（1757 ～ 1834）
水戸の農家の出身で、早くから江戸に出て商売をはじめ、成功して水戸藩の士分となる。格式勘定奉行上座から格式留守居物頭格、御城付格へと出世。うな丼の考案者ともいわれている。

藤田東湖（1806 ～ 55）
水戸藩の政治家。水戸学藤田派の学者。幽谷の子。徳川斉昭の引き立てによって累進、斉昭の隠居謹慎処分とともに失脚したが、斉昭の処分が解かれるとともに藩政に復帰した。安政の大地震で圧死。

男谷検校（1704 ～ 71）
貧農出身の商人。米山検校ともいう。盲人であったため江戸に出て鍼灸《しんきゅう》を学び、盲人最高位の検校の座についた。商才にもたけて一代で財をなした一方で、越後の飢饉を救い、盲人学校開設を歎願、晩年には大名の借金を帳消しにした。曾孫に男谷信友・勝海舟がいる。

多いんですよ。

井伊　それとピュアな侍じゃないのも多いでしょ。

津本　多いですよ。ものすごい多いですよ。

井伊　榎本武揚《えのもとたけあき》もそうでしょ。あれも確か榎本家の養子になったか何か。

津本　あ、そうですか。町人だったんですか。

井伊　確か町人か何かでしょ。秀才やったんですね、それを養子に榎本家が引き取ったんですわ。斎藤茂吉《さいとうもきち》もそうでしょ。あの人も、ものすごい神童だったんですねえ。

津本　みな維新のときに融通のきく男はね。桂小五郎の養父というのも二〇石の医者やったけど、高利貸ししてたんで上級の侍より大きな屋敷に住んでた。

井伊　才覚のある侍は全部、金貸しやるんですよ。それと骨董商。彦根藩の目付けの探索にありますね。上級の侍が陰で骨董屋をしとる。だから、けしからんてね。直弼の時代にそういう報告がありますわ。

津本　あ、そうですか。

井伊　自分の家の家宝伝来物、何でも法外に値を付けてね。だから権現さんに関わりないのに、権現様からもらったものとかね。あれこれ、いわくを付けて売ってるんですわ。だから、それで息をつくんですわ。一〇〇〇石というても、あの時代、そのままもらえへんでしょ。藩もみな政策が苦しいから。そのころの偽物が、今は真物になっているというケースもあり得るわけです。

津本　まあ、そうでしょうね。

斎藤茂吉（1885 ～ 1953）
歌人。山形県で守谷伝右衛門熊次郎の三男として生まれるが、東京で医師をしていた親戚の斎藤家の養子となる。東京帝国大学医科大学を卒業。病院に勤務しながら、短歌を伊藤左千夫に師事し『アララギ』で活躍。青山脳病院院長を務めた。昭和 26 年（1951）に文化勲章受賞。茂吉の長男は精神科医で作家の斎藤茂太、次男が作家の北杜夫、孫が随筆家の斎藤由香。写真は昭和 26 年の文化勲章受賞記念に撮影。（斎藤茂吉記念館 蔵）

井伊　だから、そういうなんでね、もう商売をしないとやっていけない。だから、そんなに格好のいいものじゃないですもんね。

津本　橋本左内も、なんかそういう話があるらしい。大久保利通だって琉球館書役のほうですからね。慶喜は経済の面で、いまひとつ頭なかったっていうんですかね。

井伊　正直な人だったんでしょうね。で、担がれて。どちらにせよ、いまひとつ胆が座ったところがなかったんですね。いわゆる知識人、教養人ですからドンといけない。フワフワしている。

足の方を悪くされたのはいつから？

津本　七、八年前。

井伊　ということは七十歳前か。

津本　そうですね。

井伊　長くもってるんですねえ。というのはね、そういうじっとしてる人じゃなく、よく運動もしてる人だなと。きわめていいんじゃないですか。私は二年前、六十二歳からやからね。まだ、それでも案外見えんでしょ。努力してるもん（笑）。苦労してるんです。江戸時代やと六四歳いったら、もうゴクロウ（極老）ですもんね。文字どおり家督を譲って隠居して。この歳で私は今、人生でもっとも忙しいんです。

津本　やっぱりね。だんだん、だんだんだん忙しくなってくるのがいいですけどね。

井伊　まあね。ありがたいような、しかし、仕舞（終）うことができないちゅ

榎本武揚（1836 ～ 1908）
幕末の幕臣、明治の政治家。父は幕臣の榎本武規、母は幕府奥医師の林洞海《はやしどうかい》の娘。父はもともと箱田良助を名乗っていたが榎本家の株を買い娘と結婚して幕臣となった。武揚は長崎海軍伝習所に入り、オランダに留学、帰国後には海軍副総裁にとなった。戊辰戦争では箱館に蝦夷政権を樹立して総裁に選出され、五稜郭にて最後まで抗戦した。敗北・降伏して投獄されたが、才能を認められて新政府では駐露特命全権公使となり、その後逓信・文部・外務・農商務大臣を歴任。また東京農業大学の前身となる徳川育英会育英黌《いくえいこう》農業科を創設した。
（国立国会図書館 写真提供）

う。仕舞いをどうするかっちゅうのがね。落としどころ、自分の。

津本　しまいは、

井伊　死ぬばかり。

津本　フーンって逝ったらね。

井伊　逝けばいいですけどね。

津本　長いこと寝てるっていうのは、やっぱり、ちょっとね。

井伊　私らの知り合いに一〇年、筋萎縮症《きんいしゅくしょう》で寝たのがおりました。人工呼吸器で五年も六年も生かされてはたまらんですね。

津本　たまらんですねえ。もう、はずした方がいいですね。私の友だちで大企業の常務やってね、それで新聞辞令で次期社長といわれたんですよ。それが僕と一緒で六十四、五歳のときに文藝春秋の本社へ同期生交歓。あれのグラビアに二人で出てくれって言われてね。で言うたらね、「ああ、いいよ」って正月の一四日に言ったんです。そしたら間もなく別の大会社の社長から電話がかかってきてね、それで「いやー、あの大変なことになりましたよ」って言うから、「何ですか」って聞いたらね、くも膜下出血で倒れて木更津の病院へ入院したんですよ。それで息子さんが慶応病院に勤めてた。それが木更津へ変わってね。それで親父さんの面倒見て。なんとそれが一〇年いたんですよ。

井伊　聞いたら、ほとんどベッドみたいですね。

津本　ベッド。それで会いに行ったらね、涙を流すんです。

井伊　そうらしいですね。脳梗塞《のうこうそく》とか、そういうなんで倒れた人は必ず泣くん

橋本左内（1834 ～ 59）
江戸時代後期の福井藩士。越前福井藩の奥医師を務めていた橋本長綱の長男として生まれた。15歳で『啓発録』を著し、16歳で緒方洪庵が主催する適々斎塾（適塾）に入門。13代将軍徳川家定の世継をめぐる将軍継嗣問題では、西郷隆盛とともに一橋慶喜を擁立するために奔走するが、大老に就任した井伊直弼が紀州藩主の徳川慶福を世継に決定する。その後の安政の大獄により江戸伝馬町の獄で斬刑に処せられる。（国立国会図書館 写真提供）

ですって。

津本　それを慰めてね。

井伊　泣けるんですか。泣けるわね、そりゃ。

津本　僕は大阪の新日鉄堺工場で講演したんですよ。そこの工場長さんが、その後輩だっていうんですよ。僕の友だちが先輩で、その堺の工場長が後輩だと。それで見舞い行ったら、ワーッと涙こぼしたと。その話を僕は旧制中学の同級生に話したんですよ。そしたら、そいつが「俺、見舞いに行ったら泣いた」ってね、みんなに言いふらしてるんですよ（笑）。悪いやつでした。それ一〇年寝たんですよ。最近、なくなったですけどね。

井伊　やっぱり、それでは生きてても。

津本　ね、本当に地獄みたいな。

井伊　こればっかりは、しかし天命やからねえ。

津本　分からんですからねえ。

井伊　長生きはしたいし。

津本　出版社の部長ぐらいになっても五十一歳でね、まだジーパンなんかはいて若い感じだったんですよ。その人が夜、布団に入ってね、それで朝になったらもう布団の中で死んでる。

井伊　それはポックリですな。あれは何ですかね、心臓麻痺《しんぞうまひ》ですか。

津本　心臓麻痺ですねえ。

信長の馬廻《うままわり》

戦国時代における戦国大名の武僚的側近。合戦においては騎乗して大将の護衛、伝令、決戦投入兵力となり、平時においても吏僚的役割を担った。織田信長の馬廻衆は、黒母衣衆、赤母衣衆にわかれ、彼らの中には累進して大名になった者が多い。黒母衣衆では河尻秀隆、中川重政、佐々成政らが、赤母衣衆では前田利家、金森長近らが知られる。

織田信長像（神戸市立博物館 蔵）

本能寺の変の謎

井伊 歴史的に私情で一番好きな人物は誰ですか。

津本 やっぱり信長です。あれね、かなり力入れて書いたんですよ。で、やっぱりこう、なんとなく情が移ったっていうか。

井伊 人ごとではないわけですね。

津本 そうですね。

井伊 私らが、もっと単純に一番疑問に思うのは、大軍団率いて京都に駐屯しますでしょ。それで信長が消えたとたんに、信長の軍団も雲散霧消《むさんむしょう》してしまったでしょ。あれは、どういうことなんです? やっぱりワンマンであったから。信忠もやられてますもんね。

津本 そうです。

井伊 二人ともやられてるから、その指導者を失ったから、そうなったのか。

津本 いやーっ、僕はね、それで一冊書けると思ってるんですけどね。ほかの人が、それ書かしてくれって言って僕の資料を持って行ってるから、まあしばらく頑張ってると思うんですけどね。あれは、僕は信長の近習ね。長谷川秀一《はせがわひでかず》とか堀秀政とか、あれがくさいと思うんですわ。

井伊 というと。

津本 信長の馬廻りってのは二〇〇〇人いたんですよ。それが消えてしもうて

長谷川秀一＊
「於竹《おたけ》」とよばれ織田信長の側近として仕えた。実名は貞長《さだなが》。本能寺の変のときには徳川家康の堺接待役を務めていたので堺から三河に逃れ窮地を脱したといわれる。その後、羽柴秀吉の家臣となり江州比田城主。小牧の役に従軍し、翌天正13年越前敦賀11万石東郷城主となる。羽柴を名乗ることを許されため羽柴東郷侍従とも呼ばれた。小田原攻略にも参加。文禄3年2月朝鮮出兵中に病気で死去。一説に帰朝して伏見城普請に参加後、慶長の再征時に朝鮮で死んだとも。
（崇徳寺蔵・福井市立郷土歴史博物館 写真提供）

るんですよ。それが誰かに奉公してるはずです。資料に全然載ってこないわけですよ。それ、みな黙ってるでしょ。

井伊　あれって、ほんとにミステリーですね。

津本　ミステリーです。だから公然たるミステリーだったと思うんですよ。途中で抜け道がふさがれてたとかね、そんなちょろい話と違うんですわ。みんな知ってるけど言わなかったと、そういう話ですわね。だから信長の馬廻り衆は信忠の馬廻り衆よりも、人数は一緒だけど三倍ぐらいの戦力を持ってたんですよ。というのは、ほとんどが力士衆ですよね。力士衆というのは、今のプロレスラーみたいなんでしょ。一五〇〇人相撲取らして一〇人ぐらいしか採用しなかったんですから。そんな連中ばっかりが二〇〇〇人いて、それが消えてしまったんですからね。だから、そこで何らかの信長の周辺の重臣が関係しておって、それで消える人に交代させて、それでもう円満のうちに、その馬廻り衆は誰かの家来にしたんだと思うんですよ。で、それを一切歴史の資料に載せなかったっていうんですかね。『秀吉事記』とか、そんなものに何も載ってないんですから。あの『太閤さま軍記のうち』っていう太田（牛一）の記録。あれも書いてないでしょ。ということは、おそらく公然の秘密やったんやと思うんですよ。だから抜け穴などというチャチな細工などではない。

井伊　それもそうですけども当然、馬廻りだけじゃなくて大軍団がおりますわね。だから、それが消えてしもうたというのは、どういうこと。

津本　あの当時は、あんまり近所にはいなかったことは事実なんですよ。

堀秀政（1553 ～ 90）
安土桃山時代の大名。「名人 久太郎」と呼ばれる。大津長治、木下秀吉に仕えた後に織田信長の側近となり、武将としても活躍。本能寺の変のときには徳川家康の堺接待役を務めた後に秀吉の軍監として備中にいて、そのまま秀吉の家臣となる。清洲会議では三法師《さんぼうし》の所領の代官と傅役《もりやく》を任された。天正15年（1587）の九州攻めの後、天正18年（1590）の小田原攻めにも参陣したが陣中で病死した。（福井市長慶寺 蔵）

井伊 おそらく、その辺の町家にみな分宿してたんじゃないですか。

津本 分宿してたけど、それで合わせて、やっぱり四〇〇〇人ぐらいなんですよ。

井伊 それにしても手薄ですね。

津本 手薄ですよ。というのは堺に二万人ぐらいいたんですよ。で、それらはね、もう信長が討ち取られたって聞いた途端に、ドワーッと散ってもうたんですよ。

井伊 やっぱり光秀の力が大きかったんですね。怖いちゅうか危ないちゅうかね。

津本 うーん、ちっとも分からないですねえ。

井伊 それと、やはり命令系統の問題ですかね。中間管理ちゅうか、そんなもん権力も何もなくて信長だけが一手に握ってたんでしょうね。そやから、まず自分のことを考えてみな逃げたんでしょうな。

津本 そうですね。四国征伐に出発する……。

井伊 直前やった。

津本 五〇〇〇人ぐらい出発して、残りは大坂城にいたんですからね。あれなんか不思議といえば不思議ですよね。

井伊 消えた馬廻り二〇〇〇人というのは面白いですね。

津本 あれはね、私は書いてもいいなと思ってるんです。誰かの家来になってるんですよ。ところが書類が何も残ってないですね。だから真っ白。公然の秘

太田牛一(1527 ～ 1613)
織田信長、豊臣秀吉の家臣。尾張国に生まれ柴田勝家に仕えていたが、織田信長の家臣となる。近江国の代官を務めていたが本能寺の変の後は丹羽長秀、豊臣秀吉に使えた。『信長公記』『太閤軍記』『前関白秀次公之事』などの軍記物を著した。

豊臣秀吉像(神戸市立博物館 蔵)

密……。誰も書かない。それしかないですよね。あんな抜け穴は当事の工法でやったら、もう崩れてしまうんですよ。南蛮寺までなんか、とてもじゃないけど穴掘れないし。大坂城攻めのときに外郭《そとぐるわ》を。ところが冬の陣のときね、中まで掘れなかったんです。だから、そのずっと前でしょ。金掘り人足なんて……。信長がやられたのが一〇年ですかねえ。それで慶長二〇年。だから冬の陣だから……。

井伊 慶長一九年。

津本 だから、もう九年経ってるでしょ。それでも、まだ外郭の外から内まで穴掘れなかったんです。

井伊 そういう技術がなかったんですね。

津本 できなかったんです。だからもう、はっきり抜け穴なんて話は、こりゃ聞かれないんです。それで、もし抜け穴を通ったとすれば、信長はいつも見張りを置いときますからね。だから知らないうちに壁を建てられたちゅうのは、こりゃナンセンスなんですよ。僕が、それ気取って言ったら日経の人たちが、何か怒ってたみたいですけどねえ。まあ僕は、信長の馬廻りの記事が一切ないってことは、もう秘事だというように思いますね。

井伊 しかし、あの信長の先について例の、将来のことについて毛利の安国寺恵瓊《えけい》が予言してますでしょ。

津本 「高転び」ね。

井伊 やっぱり、それほど信長の性格と環境はかなり危なかったんでしょうな。

南蛮寺図（神戸市立博物館 蔵）

『太閤さま軍記のうち』

原題は『大かうさまくんきのうち』。太田牛一著による豊臣秀吉の一代記。慶應義塾大学所蔵の自筆原本は重要文化財。『戦国史料叢書 太閤史料集』等に翻刻されている。

津本　そりゃ、いっぱい恨みを持った人間がいますからね。

井伊　まして戦国ですもん。

津本　それと、やっぱり大風呂敷広げたほころびというのは、あちこち、どうしても出てきますから。まあ、やられるんじゃないかなと思ったんでしょうね。

井伊　時たまは、そういう予感が自身もあったでしょうね。

津本　そりゃ、思ってたと思いますよ。

井伊　ところが本能寺は、まったく油断ですもんね。ちょっと考えられない。あのとき天下の名物茶器いうのが、だいぶなくなったでしょ。

津本　三八種類……。あれだけ信忠の馬廻りだけ連れてね。他の連中は先行ってるはずなんですよ。ところが、それがもう『信長公記』に出てこないですからね。で、堺にいた信孝の、三男の三七《さんしち》信孝の兵隊が一万五〇〇〇人ぐらいいたのが逃げ散ったっていうでしょ。それも、ちょっと変な話ですけどね。

井伊　だから要は、もう信長がいなかったらあかんのですね。

津本　そうでしょうね。丹羽長秀もいたけど、やっぱり駄目だったんですからね。

井伊　だから、もう全然あのクラスではあかんのですな。

津本　そうでしょうね。

井伊　丹羽長秀なんかも、信長の下でこそ仕事ができたんでしょうね。けど、自分一人になったら何もできてへんでしょ。

津本　何もできてないですねえ。

明智光秀（1528頃〜82）
戦国・織豊期の武将。足利義昭と織田信長に仕えた。義昭追放後も信長に従って転戦、天正3年（1575）に丹波攻略の任についた。同10年（1582）6月2日、突如信長に叛旗を翻し、信長を本能寺で、信長の嫡子信忠を二条城で倒すが、11日後の山崎の合戦で羽柴秀吉に敗北、敗走中土民に襲撃・殺害された。
（本徳寺 蔵）

安国寺恵瓊（1539〜1600）
安土桃山時代の禅僧、大名。道号は瑶甫《ようほ》。安芸の人。東福寺竺雲恵心《じくうんえしん》の法嗣《はっす》。毛利氏の帰依を受け、毛利氏の外交僧として活動した。やがて秀吉に接近して、僧籍のまま大名となった。関ヶ原の戦では毛利氏を西軍に参加させたが、敗戦後に捕縛、斬首された。

井伊　ねえ。だから、その独自の行動ができたちゅうのは、まあやっぱり、そりゃ器が違うでしょう。秀吉とかね。本能寺の変ちゅうのは、もう家康が聞いたとき、家康なんかもう死ぬ覚悟してますもんねえ。もう助からんてね。

津本　そうでしょうね。もう堺に入るって言ってます……。

井伊　何かね、知恩院入って腹を切ると。もうとにかく、うろたえた。ことほどさように、その織田政権を簒奪《さんだつ》した光秀の勢力下から脱出するのは難しかったんですな。だから、われわれが思うよりも光秀の連絡とか、そういうもんがいってたんですね。

津本　そやねえ。大名たちもあれが、秀吉が動きよるのめちゃくちゃ早かった。

井伊　そう、中国大返《おおがえ》しってのがね。あれは想像を絶する早さでしょ。

津本　そうそう。一週間遅れたら、おそらくみんな光秀に味方してるだろうと思います。

井伊　もう手に負えんようになるんですね。

津本　そうですね。

井伊　ところでですね、やっぱりあれが天才的な。それと敵方に情報が漏れなかったちゅう緘口《かんこう》令ですね。

津本　そうですね。あそこ行ったらね、昭和六一年の台風の写真が載ってるんですよ。あの足守川《あしもりがわ》の備中高松城。そしたらね、ちょうど大きな湖みたいになってますわ。

井伊　よう、そんなとこに高松城を造ったもんですね。

丹羽長秀（1535 ～ 85）
戦国、安土桃山時代の武将。織田信長の重臣で、織田家の次席家老であった。本能寺の変後は、羽柴秀吉に属し、山崎の合戦、賤ヶ岳の合戦に出陣、越前国と加賀国２郡の123万石の大大名となった。
（大隣寺蔵・二本松市教育委員会 写真提供）

名物茶器
茶道具において、かつて将軍家御物であった品、ないし比肩し得る品をさす語。織田信長は本能寺にて茶会を開いた直後に明智勢に襲撃されたため失われた茶器は数多く、名物も相当数含まれていた。『山上宗二記』によると、本能寺の変で「三ヶ月茶壷」をはじめとした22品が失われたという。

津本 そうですねえ。
井伊 だから、それほど大きい戦略家がいなかったから城としてもったけども、時代が変わってくると何の役にも立たない。
津本 そういうことですねえ。だから水を溜めるための土手を築いたと。そういう大きな土手を築いたっていうようなことを『信長公記』に書いてますけど、実際はもう一一月ぐらいでもね、台風きたら、それでできた。もう満々たる湖水。
井伊 だから、そこへそれぐらいに目を付けるちゅうのは天才的。
津本 まあ、そうですねえ。
井伊 あのときどうですか？ 竹中半兵衛はまだ生きてました。あそこで死んでますもんね。
津本 死んでます。もう、いなかったでしょうね。
井伊 竹中半兵衛あたりが、そういうプランを立てたんか。戦い、戦争というと、まともに兵と兵が出てやるという、ぶつかり合いの白兵戦しか普通ないですもんねえ。水攻めちゅうのねえ、そういう土木起こしてやるようなね。あの頃は、秀吉の幕僚に黒田官兵衛や蜂須賀小六という優れ者がいました。
津本 ああいう水攻めだとか、いろいろもう武器を使わないで。
井伊 そう。戦法が変わってきてるんですね。結局、武勇ばっかり示すんじゃなくて、できるだけ兵を損ぜぬようにして勝つと。

蜂須賀正勝（1526 ～ 86）
通称は小六。国人領主層の出で、羽柴秀吉に仕えた。浪人時代の秀吉と出会った伝説は有名であるが史実ではない。秀吉の信任あつく、軍事面・政治面ともに秀吉の天下統一に多大な貢献をした。阿波一国を与えられたが辞退し、子の家政が拝領した。
（所用甲冑写真＝口絵参照）

織田信孝（1558 ～ 83）
織田信長の三男として生まれる。伊勢神戸《かんべ》氏の養子となるが、四国征伐準備中に本能寺の変によって父信長と兄信忠が横死《おうし》。山崎の合戦では名目上の総大将となったが、清洲会議では織田家の跡継は兄信忠の子三法師となってしまい、秀吉と対立する柴田勝家に接近。賤ヶ岳の戦いが起きると、挙兵したが、兄信雄《のぶお》に攻撃され降伏、自害に追い込まれた。

コラム24　本能寺の変と織田信雄

天正一〇年（一五八二）六月、本能寺の変で父信長・兄信忠が横死すると、次男信雄は近江土山まで進軍したが、本拠地伊勢に退却した。清洲会議では自身が信長の後継者となることを画策していたが、結局信長の後継者は兄信忠の子である三法師がなることとなった。賤ヶ岳の戦いでは秀吉につき、不仲の弟信孝を破って切腹させたが、やがて秀吉と対立。徳川家康と結び、天正一二年（一五八四）の小牧・長久手の戦いとなった。

小牧・長久手の戦いでは同盟者である徳川家康とともに秀吉軍に対して戦いを終始有利にすすめた。また秀吉方で参戦した勇将滝川一益《かずます》が、信雄方の蟹江《かにえ》城を内応《ないおう》によって開城させたが、尾張国大野城を守備した織田信雄の家老山口重政らの活躍によって一益軍を撃退している。

コラム25　秀吉の隠れた幕僚　蜂須賀正勝

豊臣秀吉の軍師・参謀格には、竹中半兵衛重治と黒田官兵衛孝高《よしたか》、それから蜂須賀彦右衛門（小六）正勝がいた。水攻めのプランなどというのは、誰が立てたか？　ということであるが、もちろん一般的には竹中半兵衛あたりということに相場は決まっている。例えば吉川英治の作品などでは、そういうふうに半兵衛を高く評価して見ている。

では蜂須賀（彦右衛門）正勝はどういう役割の人物であったか？　彼は吏僚というのか吏務に長じた人で、戦場の手柄よりも、むしろ黒田官兵衛らと一緒に行動をとっていた。将というものは、本当は戦場では手を下さないもので、自身で働きをすることを卑しむものであるから、それはそれでいいのであるが。蜂須賀正勝あたりは、はっきり何をしたか史料ではほとんど何も残されてはいない。しかし、正勝などは今後もっと研究して、再評価していかねばならない人物である。

夢の跡

井伊　最近、あの安土の城の辺りが発掘整備されましてね。秀吉の屋敷とか前田利家の屋敷跡とか、よく見ると狭いようで案外広いですね。やっぱり新しい城郭ちゅうか、そんな感じがしますね。

津本 あ、そうですか。今までの山城と違うんですわね。

井伊 ああいうとこへ行って、まあここに秀吉の屋敷があったなどと思うと独特の感興《かんきょう》がありますね。昔、私が小さいときは密林でしたからね。やぶとか、こんなところに何の屋敷が建つんやっちゅうような感じ。もう今は整備されて、かなり広い平坦地になってますもん。

津本 あ、そうですか。

井伊 しかしまあ、やはり軍事施設の中の屋敷だから、まあ内部の作事など板壁も粗末なもんやったんでしょうね。どうなんでしょうね、やっぱり天守の正体ちゅうか、そういうなんは例のフロイスか何かの、あれにありますから。おんなじように前田の屋敷や諸将のも、それなりに豪華を極めてたかどうかは、ちょっと分からないですね。

津本 分からない。

井伊 どんな構造だったかねえ、そりゃ想像するしかない。

津本 太田牛一のあれ読んだら、もうむちゃくちゃに豪華なように書いてますけどね。その安土城の天守の一番てっぺんの一部分だけ、こんなもんであったんだろうというようなのを作って、最近スペインへ持って行ったんですよ。それ見たけど、あまり大して。

井伊 あれはしかし、あくまでも想像ですよ。

安土城の発掘

安土城は天正10年(1582)本能寺の変直後に天守・本丸が焼失し、残存していた二の丸周辺も天正13年(1585)に廃城となった。昭和15年(1940)に安土城の発掘調査がなされ、昭和35年(1960)には石垣の再積工事が実施され、平成元年(1989)から20年計画の発掘調査が行われ、大手道の整備工事も実施されたほか、平成10年(1998)には内裏《だいり》の清涼殿《せいりょうでん》を模した建造物の跡が発掘されて話題を集めた。

津本　想像ですよね。

井伊　実際のところは分からないし。あそこの本丸の天守のね、つまり北側には少し前までたくさん焼けた瓦があったんですよ。あっちの郷土史家の人が昔、くれたことがあって。今も私、持ってますけどね。焼けて、高熱で瓦が溶けてコークス状になってます。今はもう、そんなものは持ち出しもあかんやろうけども、とにかく、たくさん散乱してましたよ。

津本　昭和のまだ二〇年代ですかね。

井伊　私らが二〇歳代のとき、三〇年代です。だいたい、あの天守台は土に埋まってたんですよ。あれを発掘したんです。

津本　あ、なるほどね。

井伊　そのとき同時に。

津本　出てきた。

井伊　発掘したもんでしょう。城の石垣なんかは彦根築城のとき、だいぶん持ってってるんですよね。浅井の小谷城とか大津城とか、あのへんの石垣を彦根城の築城のときに、使えるものはみな全部持って行ってる。まあ彦根城の天守は、大津城の天守を持ってきたらしいですが。あの唐破風《からはふ》なんか、いかにも、なるほど都ぶったものですね。都文化の気配が感じられるんですけども全部、再利用ですよ。

津本　そりゃ、まあ賢いですわね。今みたいにね、立派なもの砕いちゃってね。

井伊　で、その遺構の中で使えるこのパーツを新しい城の設計に、縄張りに取

ルイス・フロイス（1532 ～ 97）
ポルトガル人のイエズス会宣教師、司祭。日本においてキリスト教の布教活動を行い、織田信長に謁見した。天正 11 年（1583 年）にイエズス会より日本における布教史の編纂を命じられ、以後 10 年以上執筆した。これが『日本史』であり、この時代を様相を伝える史料として名高い。

り入れるわけですね。彦根城に太鼓櫓《やぐら》ってのがあるんですよ。それは太鼓を置いて時を知らせた櫓なんですけど、櫓ちゅうよりも一種の多聞みたいになってるんです。その櫓の規模なんかは、彦根城の規模より大きい。前身建造物は、もっと大きいものであったという説がありますね。たぶん佐和山城あたりの城門じゃないかといわれている。下から登ってきて見上げたアングルが最も好きなところなんですけどね。いかにも山城のね、ちょうど本丸に入る一番大事な門のある櫓。ちょうど、それまでに天秤櫓っていうのが有名な、こうシンメトリーに。

津本　ええ。

井伊　長浜城の大手門か何かを移したちゅう説がある。そこに昔は外部から見られんように廊下橋になってました。そこの廊下橋の伝説がありましてね、結城秀康がそこで殺されたという説が。毒を飼われて。

津本　なるほど。

井伊　そういう説もあるんで、取り壊しまでは、その秀康が吐いた血の痕があるというような話があったんですけどね。事実か否かは分からない。だから、あのへんの安土城にしてもそうですけども。安土城にしても彦根城にしても、やっぱり新しい。彦根城は、まあ後ですけど。

津本　ええ。

井伊　安土の城なんかは、要害的には三方はほとんど内湖、湖でしょ。だから、そのへん丈夫なように見えるけれども、やっぱり低い山ですからねえ。どうし

結城秀康（1574 ～ 1607）
安土桃山、江戸時代初期の大名。徳川家康の次男として側室の於万の方との間に生まれる。幼名は於義伊《おぎい》。長男の信康は武田との内通疑惑から切腹している。本能寺の変で信長が没すると家康と羽柴秀吉との覇権争いが鮮明になってくる。その和解の条件として秀康は秀吉に養子として出され、家康と秀吉の一字を取り羽柴秀康と名乗ることになる。しかし秀吉に実子の鶴松が誕生すると、秀吉は鶴松を豊臣家の後継者とし、秀康を下総国の結城家の養子とした。秀吉の死後、関ヶ原の戦いでは関東で上杉を牽制《けんせい》する守りの要となり、その功により越前に加増移封された。

ても、やっぱり守ってどうのこうのちゅう考えはなかったでしょうね。信玄と一緒ですね。

井伊　そうですね。

津本　行政。

井伊　そうそう。安土山は観音寺山、佐々木の旧城址から見下ろせますからね。

津本　企画っていうんですか。行政機関ですから。

井伊　躑躅ヶ崎《つつじがさき》なんかでもねえ、小さいとこですねえ。

津本　そうですねえ。

井伊　春日山はどうですか。私も先年、一度行きましたが。

津本　春日山はね、あれはかなり、やっぱり山城ですからねえ、攻めにくいですね。非常に攻めにくい感じで。それでね、ものすごく高い上に水が出るんですよ。

井伊　あの大きい井戸があるでしょ。

津本　あの井戸、あれすごいですね。何メートルぐらい。

井伊　あそこは、いわゆる賄所《まかないどころ》ちゅうか台所じゃないですかね。あれも本丸のすぐ、最も重要な水源ですよ。

津本　そうそう。もう本丸、上からてっぺんです。あれはすごいな。あんなところで、よく水が湧くなあと思ったんですけどねえ。

井伊　あそこらは、さらえれば面白いものが出てくるんじゃないですかね。

津本　かも分からないね。

躑躅ヶ崎館
甲斐武田氏の居館。武田信虎によって築城され、信虎、信玄、勝頼３代の居館となった。勝頼の時に新府《しんぷ》城に本拠地が移されたが、徳川家支配の時に再度甲斐国の本拠となり規模が拡張された。甲府城の築城とともに廃城。大正８年(1919)に武田神社が跡地に勧請《かんじょう》された。

佐和山(千貫の井・京都井伊美術館 写真提供)

井伊　ともかく水の手は高い所にあるほど名城ですな。石田三成の佐和山にも千貫の井っちゅうところがあってね。今はただの水たまりなんやけど。城の上、本丸のごく下にあるんです。いかなる旱魃《かんばつ》のときでも水が絶えない。銭千貫にも代えられない価値があるというので、千貫の井と名前がつけられたんです。この名前もロマンありますね。

津本　で、あそこでね、あの春日山神社。神主さんがおられてね、その人は名を……。

井伊　あれでしょ。上越の居多《こた》神社違いますか。

津本　居多神社？

井伊　居多神社って、あの花ヶ前《はながさき》ちゅう人がよう書いてる。僕もよう本もらってるんですけどね。

津本　そうそう、それそれ。ああ、花ヶ前。

井伊　花ヶ前盛明《もりあき》さん。

津本　その方にね、なんかいろいろ説明してもらったんですよ。

井伊　居多神社ちゅうのも有名な神社なんですね。越後一ノ宮とかいうんですね。あの春日山城なんかは、まったく城の形跡も何もないですけど、あそこに上杉の後に入った堀氏の墓があるんですね。

津本　堀秀政も結局、一番おしまいは、どのぐらいまでいったんですかね。

井伊　堀秀政は、あの例の名人久太郎といわれた、あの人の子供の堀秀治《ひではる》。確か藩主にいますもんね。あれの長男かなんか、越後の春日山城主になってます。

居多神社

「延喜式神名帳」ではケタと読ませる式内社で、越後国一宮の格式があり大国主命《おおくにぬしのみこと》を主祭神に、奴《ぬ》奈《な》川姫《がわひめ》(沼河比売)命、建御名方《たけみなかた》命を祀る。上杉謙信の死後の家督争いで社殿が焼失し、社家の花ヶ前家は上杉家が会津に移封となるまで国外を流れ歩いた。

それから監物直政《けんもつなおまさ》ちゅうのがねえ。もう一つ付いて行って。

津本　まあ戦争は上手かったみたいですね、秀政は。

井伊　うん、名人久太郎はね。

津本　あの勝家と戦ったときに非常にこう、上手くやってましたね。

井伊　あの人なんか長生きすれば結構、例えば秀吉の対抗馬になったりね。

津本　なるほどね。

井伊　なった可能性ありますよね。蒲生氏郷なんかは問題ないですね。

津本　そうですね。結局、長生きするということが大事ですからね。

井伊　はあ、「命なりけり」で。

津本　まあ家康は長生きしたから、あそこまでいったとは、この間もチラッと僕は言うたんですけどね。まあ関ヶ原五九歳で勝ってからね、すぐ死んだらどうなったのか、まだ分からない。

井伊　分かりません。もう天下大騒乱で。黒田長政が関ヶ原で活躍したことを如水《じょすい》に言うて、如水が怒ってますもんね。何を考えてるんだってね。如水なんかドサクサ紛れに南九州方面は別として、あと九州のほとんどを取ってるでしょ。だから、もっと長生きしたら九州全部取ってしもうて、中国も巻き込んでね。

津本　まあ、やっぱり寿命はある程度長いのが。

井伊　誠に「命なりけり」です。

津本　そうですね。大きな仕事しようと思ったら。

蒲生氏郷(1556 ～ 95)
安土桃山時代の大名。幼名は鶴千代、その後賦秀《ますひで》と名乗る。洗礼名はレオン。父の賢秀《かたひで》は六角氏に仕える日野城主だったが、六角氏が織田信長に滅ぼされたために氏郷を人質として差し出し信長に仕える。その後は北畠、朝倉、浅井攻めや長篠の戦いなどに従軍した。氏郷は羽柴秀吉から松ヶ島城を与えられ、松坂城を築城。さらに会津へ大幅に加増移封されると、地名を黒川から若松に改め鶴ヶ城を築城。朝鮮出兵では名護屋へ出陣。伏見の屋敷で病死した。享年 40。その後、蒲生氏は徳川幕府により宇都宮へ減封される。(福島県立博物館 蔵)

「典厩割」と「夢斬り」

井伊 その本歌のある「佐夜《さよ》の中山《なかやま》」ちゅうのはいかがだったんですか。

津本 佐夜の中山。いやーっ、行ったかなあ。

井伊 西行の歌で知られる命なりけり佐夜の中山ちゅうのは東海道、今の静岡の方ですよ。

津本 そうそう。あの辺まわりましたけどね。

井伊 刀でもね、佐夜左文字ちゅうのがあるんですよ。それは、そこの佐夜の中山にまつわる話がありましてね。昔の名物の刀には、こう粋な号がいろいろあるんですよ。謙信の刀の中にも「典厩割《てんきゅうわり》」というのがあるんですよ。典厩割国宗ちゅうて、刀を作った人が備前三郎国宗ちゅう名人なんですけど。この人の作った刀を上杉謙信が川中島で使って、従来の説では武田信玄の弟の典厩信繁《のぶしげ》をそれで斬ったというんです。それで典厩割ちゅう号があるんです。秋田の佐竹家の重宝やったんですけど、今は私んとこにあるんです。刀剣の論文に、その典厩割国宗のことについて書いたことがあるんです。有名な典厩割というのは典厩信繁をこれで斬ったわけじゃなくて、典厩信繁の陣を割ったという意味でね。ちょっと考証して書いたんですけどね。その典厩割国宗にもいろいろ別に号がありましてね。結局、謙信から佐竹義重に贈られるんですよ。で、義重から子の義宣に伝わってね。佐竹義重ちゅうのは鬼義重っていわれたぐらい

佐夜の中山＊
静岡県の南、掛川と金谷の間を結ぶ、両側を山に挟まれた谷あいの屈曲の多い道。小夜の中山とも。鈴鹿峠、箱根峠とともに東海道の三大難所の一つ。円位(西行)の「年たけてまたこゆべしと思ひきや命なりけりさよの中山」(『新古今集』)の歌で特に知られる古来からの歌枕の地。一般的に和歌の方では「小夜」をサヨと訓《よ》んでいるが、サヤが正しいという説もあり、『広辞苑』などでは後者を採っている。しかし、中納言師直が遠江の国守となって下向したとき、郷の者は「さよの中山と申し侍る」と書いているから、サヨの方がいいように思われる。

堀秀治(1576 ～ 1606)
安土桃山・江戸時代初期の武将、大名。堀秀政の嫡男で、妻は長谷川秀一の娘。父の秀政と小田原征伐に参陣している最中に父が病死して家督を継ぐ。朝鮮出兵では名護屋城に参陣するなどして加増されている。秀治の死後は嫡男の忠俊が家督を継ぐが幕府より改易され、磐城平藩の預りとなる。

に、ものすごく剛強な男なんです。

津本　あ、そうですか。

井伊　冬も布団を使わないちゅうんです。板敷きの上に薄縁《うすべり》を掛けて寝たちゅう剛の者ですね。その人に謙信が、まあ自分の後を継ぐのは武勇の備わったそなたしかないちゅうので、まあ一種の懐柔策でプレゼントしたんですね。それが佐竹に伝わって、ずーっと江戸時代続いて宝物だった。

　それが別名でまた「夢斬り」という号があるんです。それは佐竹氏が水戸のほうへ移る前に太田に城を構えたときに、義重は太田の太田城のどっかの櫓の二階にいつも寝てたんですよね。で、某夜、そこへ大きな大蛇か何かが義重の寝てるとこへ出てきたんです。それは佐竹義重の夢で、大蛇を切った夢を見たんです。で、目が覚めた。そしたら刀だけが抜身で本当に義重の寝所の戸を抜けて外にあったという伝説が残ってます。だから「夢斬り」という。「抜戸《ぬけど》夢斬り」とか。

津本　いろいろ、そういうあれですね。言い伝えがあるんですね。

井伊　だから、さっき言われました金の象嵌があったね、上杉の名物刀。

津本　ええ。

井伊　私の方の井伊美術館で見てもらった（平成一九年春）。あれは「三本寺《さんぼんじ》吉光」という号があるけど、三本寺ちゅうのは上杉家の宿老で一族なんです。そこから献上された刀剣ではなかったかと思うんです。謙信の時代に一回離れて、信長のとこに行ったんです。信長はこの写しを拵《こしら》えて熱田神社に奉納して

武田信繁（1525 ～ 61）
武田信玄の同母弟。典厩と称される。父武田信虎より溺愛《できあい》され、兄信玄を廃して信繁に家督を譲ろうとしたが、信玄が信虎を追放すると、信玄を補佐した。川中島の合戦にて戦死。

典厩割国宗（写真＝口絵参照）

佐夜左文字＊
左文字とは九州筑前の名刀工左衛門三郎のこと。左文字派の祖で大左《おおさ》と尊称される。この短刀は昭和初年重要美術品に認定。戦後重要文化財に昇格した。刀長八寸一分（24.25センチ）。大板目の地鉄に湾《のた》れ調互《ちょうぐ》の目《め》まじり、掃きかけ、帽子は突き上げてやや深く返り、大左の特徴をよく表す。差し表に「左」裏に「筑州住」ときる。

三本寺吉光（写真＝口絵参照）

います。まったく同じ形をしています。それから秀吉の物になった。熱田の奉納分は焼け身になってますが。

津本　あ、そうですか。

井伊　で、ずっと後に聚楽《じゅらく》にあった上杉景勝の屋敷に秀吉が行ったときに上杉家に戻してるんですわ。三本寺氏ちゅうのが上杉の宿老なんですよ。今は極端に言えば刀なんかもう、お金さえあれば買える世の中ですからね。もちろん特別の名刀は、それだけでは駄目ですが。

津本　何回も転々と回っているんでしょうね。

井伊　ええ。どんどん出てるんです。しかし刀剣は、ほかの美術品から見れば安いですよ。例えば茶道具なんか、こんな小っちゃいやつでも、ものすごい高いでしょ。刀は安いですもん。

津本　なるほどね。

三本寺氏＊

山本寺とも。越後上杉氏3代目朝方の子朝定よりこの氏を称し、その子定長は頸城《くびき》郡不動山城城主となった。川中島戦では信玄の本陣を衝いた勇将で戦功も多い。天正3年の軍役帳では槍50筋、手明10人、鉄砲2挺、大小旗3本、馬上6騎、都合71人の動員を義務づけられている。謙信死後の御館《おたて》の乱で三本寺氏は一族が敵味方に分かれる。景虎の守役を務めた山本寺定長《さだなが》は景虎が敗れると出奔。家督を三本寺孝長が継いだ。孝長は織田信長の軍に攻められた魚津城で討ち死。「三本寺吉光」の刀は信長から秀吉に移り、そして上杉景勝のもとへ戻った。数奇な運命をもつ刀剣である。

コラム26　名物とされる刀の銘と由緒

名物の刀剣の話であるが、名刀の銘にはいろいろなつけ方があった。

「小夜左文字」とか、「典厩割」とかいう銘の話である。例えば「小夜左文字」（通称筑前国住左衛門三郎）の場合、山内一豊から細川幽斎に渡ったもので、幽斎が「年たけて　また越ゆべしと思ひきや　いのちなりけり　小夜の中山」という西行の有名な歌に因んで名付けたものである。また、「典厩割」（備前三郎国宗）の場合は、上杉謙信が川中島の合戦で武田信玄の弟典厩（左馬助）信繁を斬ったとされることに由来する銘である。

井伊家の伝来に関わったものとしては、有名な「楠公《なんこう》景光」（備前長船住景光）というのがある。これは現在、東京国立博物館の所蔵品であるが、もともとは彦根にあって井伊家が所蔵していた。そもそもは、公儀御様御用役《こうぎおためしごようやく》の山田浅右衛門吉利が身内の者を彦根藩ゆかりの所へ仕官させたいがために、一種の賄賂として井伊家に渡した物であった。現在では、銘にあるように楠木正成の佩刀《はいとう》だ、と大方《おおかた》が信じているようだが、はじめは伝来も由緒も何もなかった。

この刀には別銘があり、刀を抜くと鎺《はばき》から上に龍が覗いて半分身を乗り出したような形に見えることから、「覗き竜景光」または「昇竜景光（小竜景光）」という。楠公＝楠木正成の所持品であったということで、一種の名物になっているが、これは浅右衛門が捏造した話で、井伊家に納めるにあたって、そのような伝来の由緒を作り上げたのである。楠木正成の所用とは、まったく関係がない。このことは、少し前に刀剣博物館の田野辺道宏氏にも連絡し、氏は著書で従来の誤りを訂正されたが、一般的にはあまり知られていない。これもよくある名物の刀にまつわる「伝来の虚構」の一つで、浅右衛門が由緒を捏造したことは、井伊家の記録にも載っている話である。その後、明治天皇の愛刀となったのは事実で、御物（皇室所蔵品）から東京国立博物館に移管された。

また、どういう経緯で入手したのかは分からないが、「山姥切国広《やまんばぎりくにひろ》」（堀川国広）という名刀も井伊家にあったものである。井伊家から家臣の三居氏に下賜され、そこから彦根商人に預けられ（質入れされたのかどうか分からないが）、流出したものである。これは、有名な新刀鍛冶の祖とされる刀工国広が天正一七年に関東に下り、翌一八年に下野国で長尾顕長のため、長義の「山姥切」という刀を写して鍛えたものである。そもそもの本作である長義の刀は、信濃国戸隠《とがくし》の山中で山姥を斬ったという由来から銘が付けられた。

ちなみに、「童子切安綱」という銘の刀もある。これも現在、東京国立博物館にある。天下五剣に数えられる最高傑作の名刀で、源頼光が酒呑童子《しゅてんどうじ》と呼ばれる鬼を斬ったと伝えられる刀である。童子とは普通は子供を意味するが、童形《どうぎょう》の者や、常ならぬ者・異形《いぎょう》の者（妖怪）をも指した。ここからは推測だが、おそらく北の海から流れてきた漂流民が大江山付近に隠れ住んでいたが、彼らは鬼と見なされて討伐対象となり、あの刀で斬られたということではなかろうか。外国人は体の色が赤いし、鼻が高い。おまけに酒好きなので赤茶色く見えた。哀れにも、酒呑童子という鬼にされてしまった。時代はずれるが山姥の方も、ひょっとしてそうした女性の一人を斬った話かもしれない。

ともかく、今でこそ刀の評価は高くなったが、当時は彦根藩でも井伊家においても御用品のほかは案外、粗末に扱われていた。だからこそ外部に流出してしまったのであるが、当時は意外にその価値の認識が低かったようである。最も典型的なのが「彦根屏風」である。

桜田門外の変

井伊　名の知られた茶道具やったら、もう何千万や億の世界でしょ。刀は何千万、億となったら、もう限られてきますもの。だから古美術の世界でも道具の世界でもやっぱり茶道具がね。まず場所とらないでしょ。だから換金性が高いんですよ。

津本　あ、そうですか。

井伊　こんなこと言うと語弊があるけど、まあ一種の新興宗教みたいなところがあるでしょ、茶道具の場合。家元があって免許制がある。それで茶の世界の約束事が厳しい。だんだん、まあ厳しゅうなってくちゅうか煩雑《はんざつ》になって、例えば同じ道具ばっかり使えないとかね。

津本　そうですね。

井伊　直弼なんかはもう、つまるところ同じ道具でいいという主義ですもんね。今はもう、同じもんは使わない。まあ私はお茶は門外漢やけど。一般的には、いろいろな制約を設けている。まあ逆に言えば金を使わなければならない。江戸時代の軍学修行と同じです（笑）。

津本　結局、そういうやり方はもういくらでも出てますからねえ。

井伊　直弼なんかはいわゆる、そういうなんを世間茶などと言いましてね、ものすごく嫌ってるわけですわ。だから道具は一つでいいし、同じものを何回使っ

茶人としての井伊直弼

井伊直弼は、号を宗観といい、埋木舎に移ってから本格的に石州流の茶湯を学び始めた。直弼は禅にも深く傾倒し、仏洲仙英禅師の印可を受けた。茶湯においても独自の境地をつくりあげ、著書『茶湯一会集《ちゃのゆいちえしゅう》』において「一期一会」「独座観念」の語をかかげている。

てもいいし、要は茶を飲めばいいんだというね、もちろん圧縮論ですが。まあ本来、利休の精神を体現してるんですけども。ただやっぱり直弼のお茶ちゅうのは、そうはいいながら窮屈なんですよ。遊びがない。これも極端な言い方で、誤解を被るかもしれないけれど。

津本 なるほどね。

井伊 かくあらねばならないちゅうことは、絶対かくあらねばならない。露地《ろじ》にこう松葉なんかを散らしますとね、石の上にあったものは、直弼はどけないかんでしょ。利休なんかは、そういうものがいいと。それを自然のままにする説やけども、直弼はその石の上は奇麗にせないかんと。

津本 はっはーっ。

井伊 だから逆に言えば利休なんかは、蜘蛛《くも》の巣なんかあるでしょ。蜘蛛の巣なんかの一つくらいは残せと、よう言うてるわけです。ところが直弼は徹底的に掃除せよと。だから、そういう考え方から安政の大獄を考えるとよくわかるんですよ。こぼれもんは許さんわけですよ。引き伸ばさず殺せちゅう。

津本 まあ、その反動がきたわけですね、その後。やっぱりねえ、そりゃあ桜田門外の変が起こって。

井伊 もう直弼が、あのままいくとそりゃ、やっぱり大変ですもんね。

津本 そうですね。

井伊 それは大変です。弾圧はどんどん、どんどんエスカレートするに決まっとるんやから。適当なところで止めることないですもんね。成長していく。家

井伊直弼所用 脇指（銘 長曽彌興里入道虎徹・彦根城博物館 蔵）

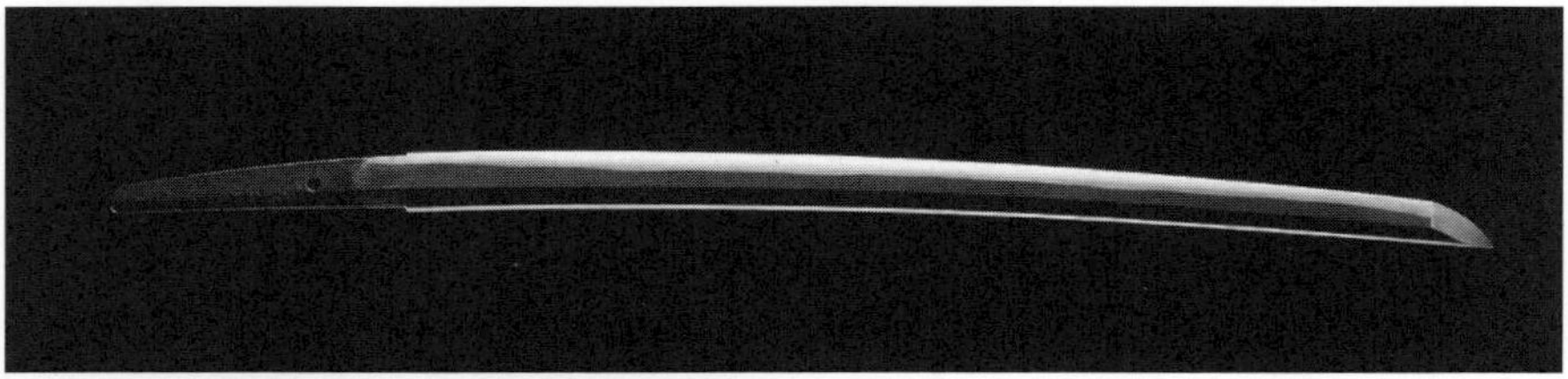

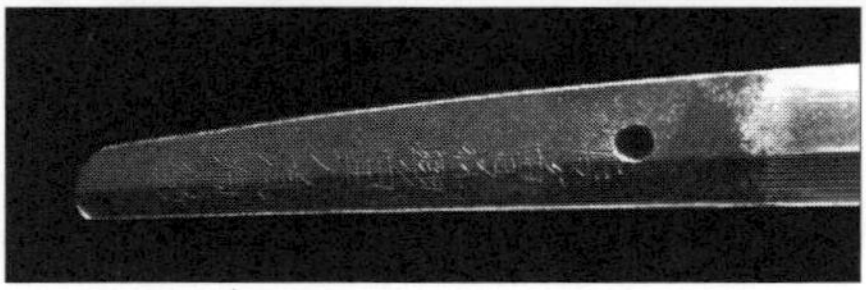

庭内暴力と同じです。行くとこまで行かんとあかんちゅうことになるから。私が不思議に思うのは、その桜田門外の日に投書があるんですね。

津本　あ、そうですか。

井伊　屋敷に投書があったんです。それを自分で読みながら、知らん顔して出て行くんですよ。それを従来は、ものすごく善意に解釈して直弼の英雄的行動に結びつけるわけですね。命はもう投げ出してたとかね。でも私は絶対そうは思わない。やはり、そんなことは、あったって、どうってことないという考え方。どうせ浮浪の徒ごときに何もできないだろうという自信です。ところが殺されたわけです。

津本　まあ、そういう剣術の名人が護っているし、供も大変な人数では。

井伊　すごく多いです。

津本　一〇〇人。

井伊　もう何もかも入れると、その位の人数は。先頭の者が桜田門外にかかったときにまだ後尾がおったんちゃいますかな。まだ後ろが門を出きってへん。そんな感じでしょう。

津本　斬り込んだのはあれ、一〇何人ですよね。

井伊　一六、七人ですね。有村次左衛門《ありむらじざえもん》を入れて。

津本　その拳銃撃ったのは有村？

井伊　あれは、まだ分からんのです。はっきりしないですね。あの大関何とか、とにかく何か分からないし、ただ彦根藩の岡島愿達《げんたつ》ちゅうのが直弼の遺骸を後

有村次左衛門（1838 ～ 60）
薩摩藩士、尊攘派の志士。有村兼善の４男。海江田信義の弟。剣術は薬丸自顕流、北辰一刀流を学び、尊攘運動から脱藩、桜田門外の変において井伊直弼を水戸藩士と襲撃、直弼を駕籠より引きずり出して斬首した。井伊の首級を持ち去る途中、彦根藩士小河原秀之丞に斬撃され重傷を負い、自害した。津本陽『薩南示現流』（文藝春秋）に描かれる。

安政の大獄
安政５年（1858）から翌年まで、幕府大老井伊直弼主導によって行われた政治的粛清事件。直弼らの日米修好通商条約に対する対応、将軍継嗣問題での対立が要因。吉田松陰、橋本左内、頼三樹三郎《らいみきさぶろう》が刑死し、一橋慶喜、松平春嶽、伊達宗城、山内容堂らが隠居謹慎に、徳川斉昭、永井尚志《ながいなおむね》が永蟄居に処された。

で検視してるんですよ。その検死記録が今、ちょっとどこにあるか分からないですけども、検死記録によると太ももから腰に抜ける貫通銃創があったらしい。だから、かなり低い点から一発撃ってるんですね。だから、直弼を撃ったことは事実です。現実には傷があるんですわ。銃創がね。

津本　はあ、そうですか。

井伊　だから、どっちみち浪士を追い散らかしたところで直弼は死ななきゃならない。もう助からんですね、この先はね。今なら助かるかもしれんけども。そしてまた、なんぼ居合いの達人であろうとて戦闘では、実戦なら別ですもんね。つまり畳の上の水練の師範やから、一回も実戦経験もないし。お供の連中は、ほとんど柄袋のままですもん。河西忠左衛門だけが、いったんちょっと退いて解いて応戦したちゅうぐらいで。後はもうねえ、戦いにならないんですよ。

津本　あ、そうですか。

井伊　はあ、ほとんど一瞬らしいです。タバコを一服か二服吸う間に片がついたらしい。

津本　そんなもんでしょうねえ。

井伊　で、最後まで直弼の首を追いかけたのが小河原秀之丞《こかわらひでのじょう》。その人の最後なんか、もう眼は飛び出して片腕はなくて、背中は斬られて頭も顔も二つに割られて、それでしばらく生きてたんですよ。藩邸に担ぎ込まれて、寒いから、何か寒くなったとか言うて。あと足が冷たくなったから温かくしてくれとかいって、もう見たら死んでたっちゅう。なぜかというと眼が飛び出してるから、生

岡島愿達＊
玄達とも。寛文の頃、外輪《そとぐるわ》（彦根城外郭）見廻番の軽輩として召し抱えられた岡島平右衛門の六代目が玄達道勝である。旧版の『彦根市史』では玄達とするが家譜等では愿《げん》達と記される。3代目の道庵から藩の外科医になっているが、玄達は元来の士ではなく、江州坂田郡市場村の助市という者の弟で、藩医中島安斉の養弟。弘化3年に100石を相続し、安政2年に奥医師となる。桜田門外の変の際に直弼の遺体を縫合した。

きてるか死んでるか分からなかったらしい。あれが有村を追いかけて行って殺したんですわ。

津本 後ろから。

井伊 後ろから……。首、直弼の首が二、三間飛んだらしい。だから、ああいう小河原みたいな人が一〇人もおれば、どうもなかったんでしょうね。勇士です。

津本 まあ、そうでしょうねえ。大方《おおかた》がやっぱり逃げたんですかねえ。

井伊 逃げたんですよ。だから後ね、これも公になってないけど、逃げた者の詮議あって処分されてます。まあ実戦というより、不意に襲われるとねえ。日頃の剣法もくそもないですわねえ。

茶と形

津本 あぐらで。

井伊 新しいから木の香りがいいです。

津本 ああ、そうですねえ。

井伊 僕も茶室、二つ造っとるんですよ。お茶なんかやらへんから、まったく門外漢でね。茶室だけ二つこしらえて、ほったらかしですわ。物置になってます（笑）。

小河原秀之丞＊
彦根侍ではなく江戸定府の士である。安政５年一代切騎馬徒士《きばかち》（彦根藩独自の役方）に召し出され26俵３人扶持の宛行《あてがい》を受けた。実は６代目広瀬茂兵衛の二男で、小河原十茂の養子となり安政６年に70石を相続。桜田事変では第一等に近い奮戦をした。部屋住で騎馬徒士に召し出されたということは、その後の供廻りを勤めていたことを考え合わせると、相当な剣の遣い手であったことが証明される。

津本　うちにも一つあるんですけどね、誰もやらないです。この床の書は誰ですかねえ。

井伊　これは武田信虎が書いたものです。

津本　信玄のお父さん。

井伊　お父さん、はい。

津本　こういうものは、京都なんかたくさんあるんですかねえ。

井伊　うん、まあ京都は集散地みたいなもんですね。集まって、また散っていく。

津本　大分前ですけどねえ、あのMOA美術館の黄金の茶室で武者小路千家の若宗匠《わかそうしょう》に、お薄茶《うすちゃ》をいただいたんですね。それは、どこやったかな。世界文化社かな。そこでね、グラビア写真を撮影したんですよ。そのときは、秀吉の恋文を茶掛けにして。そこで、面白いのは、だんだん、だんだんね、後ろになったら、こんな曲がってるんですよ。たくさん書こうと思っても斜めになってましてね。

井伊　秀吉の字？

津本　字。それから黄金の天目《てんもく》茶碗。そりゃ台から重たいんですよ（笑）。

井伊　紀州か何か頼宣が拝領した、何か「松の台」ちゅう。あれは何のことですかね。台子《だいす》飾りの台のことですか。それとも天目台のことですかね。何か名物ですよ。それを尾張の義直とか水戸の頼房が見せてほしいといったので見せたという話が『南龍公言行録』に出ていますよ。

津本　あ、そうですか。

武田信虎（1494 ～ 1574）
甲斐武田氏第18代当主。武田信玄の父。甲斐を統一して武田氏が戦国大名として躍進する基盤を築いたが、子の晴信（信玄）らのクーデターにより追放され、駿河の今川氏、伊勢の北畠氏に庇護され、京に移住した。信玄没後に武田家領の信濃国高遠城にて没した。

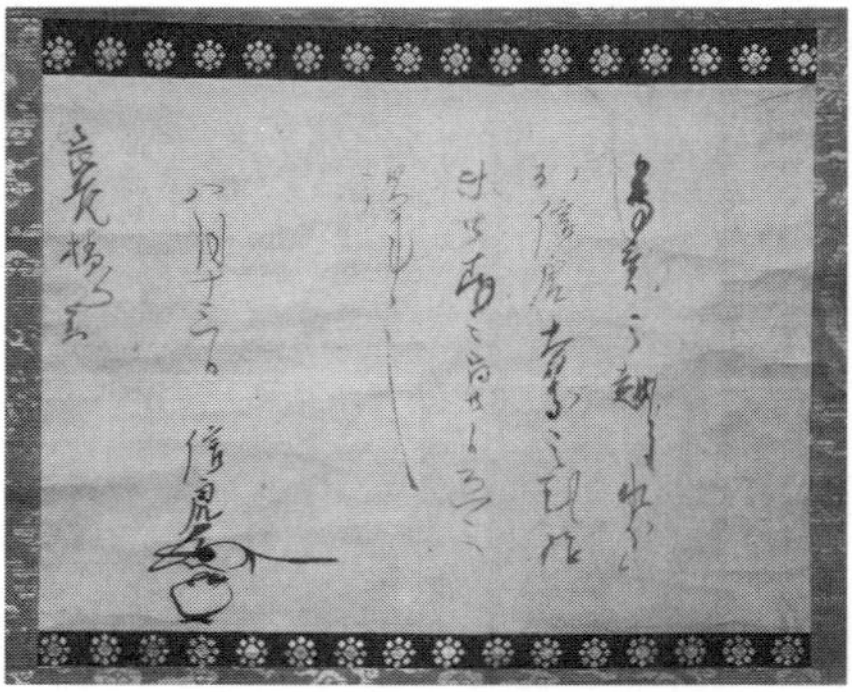

武田信虎 書状
（信濃竜雲寺伝来・宮下玄覇氏 蔵）

薄茶
一人一碗ずつの点茶をいう。「おうす」と呼ばれる。濃茶《こいちゃ》に対して呼ばれる。

井伊 はあ、名物松の台。
津本 ほう、どっか行ってるんですかねえ。
井伊 天目台でも名物ってあったんですね。
津本 あるかもね。
井伊 松の台、台飾り。台子の茶どうですか、あんまりその時代は流行らない。
津本 台子の茶てのは秀吉のとき。
井伊 ねえ、流行は利休の前ですもんねえ。
津本 秀吉のときに外出するときにね、何か一滴、熱湯を台子にこぼした人がいましてね、それお払い箱になってしまってる。そんな話とか小説で書いた覚えがあるんですけどね。

天目台
天目茶碗をのせる台。本来は仏前に奠湯《てんとう》を行う際に天目茶碗とともに用いられたもので、天目茶碗とともに中国より日本に伝わった。「七つ台」「数の台」「尼ヶ崎台」などの種類がある。
台子の茶
室町時代中期、東山文化の隆盛とともに行われた書院を中心として中国から招来された絵画や道具を鑑賞するために行われた茶湯の形式。書院台子の茶ともいう。その後衰えたが、古田織部、小堀遠州、片桐石州やその門人へと継承され、幕末まで存続した。

コラム27 天目台 松の台

紀州徳川家の名物に「松の台」がある。

これは『紀公言行録』や『南龍公言行録』の中に出てくる話であるが、尾張家の義直（家康九男）と水戸家の頼房（家康十一男）が、紀州家初代頼宣（家康十男）に「松の台」という名物を見せてほしいと頼んだらしい。そこで、頼宣は茶会を開いて、そのときに「松の台」を披露したという話である。

このとき、お茶を点てたのは江岑宗左《こうしんそうさ》であった。宗左は千家三代元伯宗旦《げんぱくそうたん》の三男で、寛永一九年（一六四二）、茶の湯に造詣の深い頼宣の招きで、紀州徳川家に茶頭として召し抱えられていた（彼は、後に宗旦の隠居に伴い、家督を相続して不審菴を継ぎ、表千家の基礎を開いた）。このときの宗左の作法が大変よかったということで評判になった。

ところで、この「松の台」なる名物は、いかなるものであったか。実は「松の台」というのは文字通り、松の木で作られた天目台のことだった。徳川家康から紀州頼宣が拝領した天下の名物だったのである。

井伊　あの、例の粗相した。当時は医学的な知識もなかったから偏見の目で見られたのでしょうが、ハンセン病を患っていて、回し飲みの碗に鼻水を落としたという、今思い出すのは大谷吉継《おおたによしつぐ》。秀吉のお点前、諸将列座の前で。それを三成が見て、どうしたらいいか途方にくれた吉継から茶碗をとって、さっと飲んでやったという。あれはどうなんです。ほんまに……。

津本　分かりませんやろうねえ。

井伊　えらい物語的には内容､面白いですもんねえ。それでお前に俺の命はやった、預けたちゅうような。尾崎士郎の小説にあるでしょ。

津本　あれは史料にもありますけどね。やっぱり正史ではないですね。

井伊　だから、やっぱり、そういう付会の……。

津本　稗史《はいし》です。

井伊　ようけありますもんね。いかにも話が出てきた。典型的な信長と秀吉も、性格も相違を表した。ねえ、いろいろあります。秀吉が伏見城か大坂城に家康やら、利家、景勝らの刀を見て持ち主を当てたちゅうのは、あんなもん完全に後から。

津本　後でしょうね。

井伊　そりゃ秀吉、知ってますもんね、初めから（笑）。

津本　なるほどね。

井伊　こういう茶室をいつも見ると、井伊直弼の茶室、澍露軒《じゅろけん》ちゅうのが。あれは埋木舎《うもれぎのや》という名を付けた後に、家来の大久保小膳という人が直弼の死後に

大谷吉継（1559 ～ 1600）
安土桃山時代の武将。羽柴秀吉の小姓となり、賤ヶ岳の戦いで活躍し従五位下、刑部《ぎょうぶ》少輔《しょうゆう》に叙せられ大谷刑部の通称で呼ばれる。九州征伐にも参陣して天正 17 年（1589）に越前敦賀城主となる。その後、朝鮮出兵や伏見城築城でも活躍。関ヶ原の戦いでは石田三成に味方するが、西軍の小早川秀秋や脇坂安治《わきざかやすはる》らの裏切りにより自害した。

もらってるんです。

津本 あ、そうですか。

井伊 もらって、そこで直弼の資料とか、そういうものをずっと保持してあってね。後で、あそこに護国神社ってのができたんです。で、そういうなんで返せとか、そういうのが問題になって。それから直弼の屋敷や史料やら、それらを守るために外部との交渉を一切絶って。

津本 ほう。

井伊 それで彦根側、つまり権力者側の圧迫で、しまいにちょっと被害妄想的になられてしまったようで。飛行機が上からビラを配るでしょ。あれを、われわれを毒殺するんだとかね。それぐらい周囲から圧迫されて。そんな話、全然表に出てませんけどね。それでも埋木舎を守ったんです。偉いもんです。

津本 あ、そうなんですか。

井伊 私の知っているのは、その方の子どもであった当主と妹さんだったかな。お姉さんだったか。とにかく、その人ら確か結婚せずに。埋木舎を守るばっかりで頭がいっぱいになって、そのうちに病気になってしまわれたという、うわさ話を昔聞いたことがあります。それは事実かどうか知らないけれど、ひどい迫害はあったらしい。目に見えぬイジメに遭われたことはホントだったでしょう。

津本 へえー。

井伊 外から来る人は全部敵なんですから当然でしょう。私が小学校のころ、

尾崎士郎(1898 ～ 1964)
小説家。代表作に長編小説『人生劇場』があるが、歴史小説を得意とし、とくに関ヶ原三部作『石田三成』『篝火』『雲悠々』は評価が高い。

見に行くとね、ちゃんと玄関に三つ指ついて何か話してくれましたけどもね。もちろん、この方々は当該の人ではなく子どもさんの方ですが。

津本　あ、そうですか。

井伊　その後、今はもう養子さんになって、大学の偉い先生になっておられる。しっかりした方が跡継ぎになったから安心ですが。僕の『井伊軍志』の推薦の言葉を書いてくれた。あのころ（平成元年）は駒澤大学の確か法学部長さんで、そう大久保治男さん。この方も現代のサムライです。

　直弼のお茶というものは、僕は門外漢やから分からないけども。確か『閑夜茶話』か何か、そんなん書いてるんやね。あんなんがまだ未定稿で、完成されてない。それでいろいろ推敲《すいこう》した跡があるとか何とか。茶人、芸術家としては、どんなもんやろ、やっぱり超一流っていうか。確かに立派です。しかし、その見事さの人格をそのまま政治の方にもってくる考え方はよろしくないと思うんです。

津本　僕はお茶会にね、初釜呼ばれるたびに前の日に稽古したんですよ。お茶の先生もね、娘さんが来てくれて稽古した。そしたら稽古せなんだ年に、いきなり正客させられて。正月の一六日、初釜で、間違ごうたんです（笑）。

井伊　お愛想ですわ（笑）。その流儀というか作法ちゅうか、点前《てまえ》なんかは、どうなんですかね。利休のころから、もう完全に完成されたんですかねえ。

津本　全然してなかったですよ。あぐらかいてやってたのか、立てひざでしてたのか正座してしてたのか、まったく分からないそうですよ。

埋木舎 古写真（彦根市立図書館 蔵）

点前
点茶の作法のこと。古くは「手前」と記された。

井伊　直弼なんかは点前のよさちゅうのを問題にしてませんよ。だけど、ほんとは難しい。それが大事なとこでしょ。お茶の約束事。直弼はその手前の約束事をそんな重要視しない。これはもちろん、ちょっと語弊のある言い方になりますが。

津本　そうでしょうね。

井伊　お茶に関してはね。掃除とかいうことに対してうるさいけれども、そのほかは、かなり緩《ゆる》いんです。これも説明不足かつ抽象的で誤解を受けるかもしれないが。

津本　やっぱり、その一番語らんところを大事にしたんでしょうねえ。

井伊　何か知らん、とにかく掃除に関してはうるさいけども、そのほかの作法とか道具のこととかには、あんまり拘泥《こうでい》しない。ものすごく自由な発想してた。つまり、さっき石の上は奇麗にすると。もし、こういうところにちょっとでも……。

津本　あ、そうですか。私もあれですね。あんまりこう、眠たいなんか言ったら、えらい目に遭わされると思うんですけど。剣道の手ぬぐい頭に巻くでしょ。あれ、正規の巻き方を教えてもらってるのに、結局もう自己流の。

井伊　それでいいんじゃないですか。兜の緒のくくり方って、忍の緒というでしょ。あれはね、もう各人各様の秘密のやり方あったから忍の緒ちゅうんです。だから、あれ何も約束事はないんです。

津本　あ、そうですか。袴の結び方とかね。それから、あの刀の袋の房に

初釜
正月にはじめて催す茶会の事。「お稽古はじめ」「初寄り」「点初《たてぞ》め」ともいう。

……。あれも教えてくれても、すぐ忘れてしまうんですよね。

井伊　私も鎧の総角《あげまき》（揚巻）ね、よう覚えられん。すぐ忘れてしまう、プロなのに。うちの学芸員も、なかなか覚えられん。すぐ忘れるのです。

津本　前のね、そんなことみな秘書がやってくれたんですよ。それもやめたんで、後自分でもう分からんですね。でも自分流にこう、バッと巻いてね、それで大阪なんか……。

井伊　もともとは、例えば偉い剣客とか剣の人とかいうのは、一つの型をつけるのは、もとはそれですもんね。必要なときに自分流にね。

津本　そうでしょうね。

井伊　だから刀のね、下緒《さげお》の扱いもいろいろあるんです。で、とにかく武道が廃《すた》れれば廃れるほど研究者やらがうるさくなるんです。こういうもん、こうしなければならないなんてね。鎧でもそうですもん。実用の時代の兜の線などが奇麗だと。これが飾りの時代になってくると、ややこしくなるんです。煩雑になって弱くなる。

津本　あ、そうですか。

井伊　約束が崩れてくるんです。刀を下げるなんて鞘の栗形《くりがた》に通した紐を、こうねえ、太刀を差して。要はほんまの道具ですから、それをどこへ垂らすとか、どこへ回すとか。そんなものは枝葉のことですね。すべてがそうですわ。すべての枝葉のことがうるさくなってくるのは、やはり一種の衰えみたいなものですね。

忍の緒

兜をかぶる時に結ぶ紐。古くは「兜の緒」といった。

総角

あげまき結びとも言い、紐の結び方の一つ。蜻蛉十字形に結び、腕の運動と袖が連動するようにするほか、調度品や兜などの装飾に用いられる。

津本　まあ、そうですね。
井伊　衰えるもの、なべてそうなるちゅうか、軍法もあれですね。軍学者の机上の空論になってくるでしょ。だんだん、だんだん小難しくなってくる。
津本　なるほど。
井伊　下緒なんかでも鞘を抜いて、下緒持って鞘を相手の刀に巻きつけて倒す、そんなことできますかね。動きなど十分、分かりますもんねえ。剣術、あるいは多少刀を振った者なら、鞘など何も怖くないですもんね。踏み込んだら終わりです。それを相手の方の体に鞘や紐を絡ませて勝つ、冗談じゃない（笑）。

下緒
刀の鞘に付随する紐。鞘が抜けないよう、体身に結びつける。鞘の紛失を防ぐとともに、敵に刀を鞘ごと抜き取られないようにする役割がある。装飾的効果や、緊急時の襷《たすき》にも用いられた。

コラム28　埋木舎と大久保家

埋木舎を守った大久保家の話であるが、ちまたでは、幕末から明治維新の頃に活躍した大久保小膳（員好《かずよし》）か、その子孫の方が「被害妄想になり、精神を病んだ」といううわさ話が流れたことがあった。もちろん、単なるうわさと私は思っている。

ところで、埋木舎という屋敷は、後に幕府大老となる井伊直弼がまだ部屋住みの時代、文政二年（一八三一）、十七歳で父（第十三代藩主直中）と死別、彦根藩下屋敷の欅《けやき》御殿《ごてん》から三〇〇俵の捨扶持《すてぶち》で尾末町御屋敷（北の御屋敷）に移った不遇のときに「世の中をよそに見つつも埋木の埋れておらむ心なき身は」という歌を詠み、この屋敷に「埋木舎」と名付けたのが始まりである（国指定特別史跡）。

大久保小膳は、直弼の藩主時代に御側役として仕え、また直弼の学問や茶道の相手役となり、「宗保」の号を賜ったりした。直弼暗殺後も、嫡子直憲の養育や直弼文書の保存、廃藩に伴う彦根城解体を防ぎ、天守閣の保存運動を進めるなど、多方面で活躍した。これらの長年の功績により、明治四年（一八七一）、小膳は井伊家から埋木舎の贈与を受けた。

しかし、その後も琵琶湖の増水や虎姫大地震など、幾多の困難にみまわれた。中でも、護国神社創設と境内拡張計画のため、隣接地の埋木舎の接収を企てた軍部・町内の圧力は大きかった。当時は国家神道を背景にしていたので、彦根の町は一つの大きな圧力団体のようにのしかかった。「殿様から拝領した屋敷なのだから、埋木舎を返せ」と言われ、維新で亡くなった人や戦没者の招魂社《しょうこんしゃ》＝護国神社を建てるから供出しろと強要されたという。それで「返さんのはけしからん」ということで、半ば強引にいろいろ問題にされた。一方、大久保家側は「主君から賜ったものは絶対に返さん」と言って、がんばったそうである。

公と私の考え方の対立というのか、一方は、国家や国家神道を後ろ盾にした彦根の町の「おおやけ」の立場である。しかし、大久保家の方でも、「わたくし」とは言いながらも、何としても埋木舎を守らなければならない、という江戸時代以来の彦根藩の「おおやけ」の立場を一身に背負っているのだから、それこそ命がけであった。

その結果、安易に外へは出られないという状況になった。要するに、そういった被害者意識が強くなり、また精神的にも追い込まれ、誰も信用できないということになったのである。したがって、うわさ話は以上のような軍部や町との軋轢《あつれき》の中で生じたもので、このうわさ話ははっきりと訂正しておかねばならない。こうした大久保家の努力があったからこそ、現在も埋木舎という文化財が残されたわけであり、その点で貴重な文化遺産を守った同家の功績は大きい。

井伊　ああいう利休なんかの茶も特に武将らにもてはやされる。かなり、あの時代の侍の生死ちゅうか精神に通じるもんがありますね。常に一期一会。覚悟して、もう次の瞬間どうなるか分からん。

津本　そうですね。もう生者の執着の典型みたいなもんですわね。

井伊　利休の高弟なんかでも、やっぱり三斎とか、ああいう人なんかは独自の茶の解釈ね。武人ですから、やっぱりお茶をしても単なる世間茶ではないものがあった。実際には、どういう茶の点前か見てみたいですね。

津本　利休は決めてなかった。だから何にも分からんていうか弟子はみんな、それぞれ別々の分派みたいなものを作っていったんですよ。

井伊　つまり利休を巨象に喩《たと》えた場合、目の不自由な人の何人かが、その巨象の胸部を触って象というもんは、こういうもんや。足を触った人はこういうも

利休の高弟

利休の高弟をさす語として「利休七哲」が著名で、江岑宗左（逢源斎）『江岑夏書《こうしんげがき》』の中で、「利休弟子衆七人衆」として細川忠興（三斎）、古田重然（織部）、芝山宗綱（監物）、瀬田正忠（掃部）、蒲生氏郷（飛騨）、高山重友（南坊）、牧村利貞（兵部）の７人があげられる。他にも織田長益（有楽斎）、千道安、荒木村重（道薫）、前田利長、有馬豊氏、金森長近がおり、新たに一派をなした者もいる。

んやちゅう。それを言いたいんでしょね。

津本 そうでしょうね。

井伊 それは剣術でもそうですね。極意はいろんな禅的哲学的文辞で飾られてるから分からないですね。で、重要なところは全部口伝《くでん》になってる。

津本 だから師匠から教わったことが、そのとおりに弟子に伝わっているかというと、弟子の個性でまったく違うようになってくる。

井伊 それは確かに、最初の人が書いてますもんね。わが流儀の弟子にとって、実はそんなに詳しく正しく伝わるとは限らない。

津本 その教えが別の形を持って現れてくるというんですかね。人というのは、みんな違うんだから変形しながらも育っていくちゅうような。ちょっと当然というところがね、あると思うんですけどね。

細川三斎(1563 ～ 1645)
安土桃山、江戸時代初期の大名。諱は忠興。藤孝《ふじたか》(幽斎)の長男。本能寺の変時には妻(細川ガラシャ)が明智光秀の娘であったが豊臣秀吉に従う。関ヶ原の合戦では徳川家康につき、豊前国を与えられた。元和6年(1620)家督を忠利に譲り、三斎宗立《そうりゅう》と号した。茶の湯などに通じ、利休七哲の一人にも数えられる。
(書状写真＝目次参照)

コラム29　武将茶人　蜂須賀家政

蜂須賀家政(一五五八～一六三九)は、安土桃山時代の武将で、阿波徳島藩の初代藩主である。豊臣秀吉の部将蜂須賀正勝の子である。姉川の戦い・播磨平定戦・山崎の戦い・賤ヶ岳の戦いと転戦して軍功をあげた。秀吉は父正勝に阿波徳島十八万石を与えたが、正勝は辞退したため、子の家政が徳島を領することとなった。文禄慶長の役では軍目付《いくさめつけ》となった石田三成と対立し、結果領国阿波にて謹慎処分となった。秀吉が没すると、福島正則・加藤清正らとともに三成を失脚に追い込み、朝鮮での処分を取り消すことに成功した。これを契機として徳川家康と接近、子の至鎮《よししげ》と家康の養女(小笠原秀政の娘)氏姫を結婚させた。

三成が関ヶ原の戦いのため蜂起したときには大坂にいたため、三成方の西軍への参加を余儀なくされたが、自身は軍を率いずに代理を従軍させ、かつ領地を豊臣家に返上し、蓬庵《ほうあん》と号して高野山に出家した。子の至鎮は徳川家康にしたがって会津にいたため、そのまま東軍に参戦した。東軍が勝利をおさめると所領は子の至鎮に安堵され、家政自身は所領に戻った。このような巧みな処世術は伊達政宗をして「阿波の古狸《ふるだぬき》」といわしめた。

　このような智謀をみせる一方で硬骨漢でもあった。徳川家康の天下を認めていながらも豊臣家に忠誠を保ち続け、大坂冬の陣では、西軍方より参加を促す密書を受けて、個人の資格で大坂城に入ろうとしたが、子の至鎮に説得されて断念した。さらに大坂夏の陣では、先に子の至鎮の軍を派遣させ、自身は渡海をわざと遅らせて戦闘には参加しなかった。しかし至鎮の戦功によって淡路一国を加増されることとなる。

　家政は茶人としても著名で、千利休や津田宗及《つだそうぎゅう》の茶会に参加している。とくに千利休とは交流が深く、釜を斡旋してもらっており、また領国経営においても利休の協力を得ている。利休の甥である豪商魚屋《ととや》立安も、家政の阿波国転封に際して徳島に同行した。利休切腹後には流転する千道安（利休の長男）をかくまったといわれる。上田宗箇（重安）が関ヶ原の戦いのため所領を没収された際に、茶湯を通じて交流があった家政が所領徳島に宗箇を招いて客将とした。

蜻蜓伯労を窺う

井伊　古文書で転写していくうちに、とんでもない間違いになっていくんですよ。それと一緒ですわ。まったく変わってしまうんですね。私はいろいろ諸流の剣術の伝書なんか読んでみて一番思ったのですが、無住心剣流という流儀がほかと全然違うんです。つまり、勝とうと思うなっていうんですね。それで、剣をひとつの売りものにするなと。すごい求道的、禅的な……他流のように鮮やかな稽古もしないし、笑われてもかまわんと。結局は剣は常におのれとの勝

とんぼ
とんぼ（蜻蛉）は常にまっすぐにしか進まないことや、獲物を狙う様子から「勝虫《かちむし》」と呼ばれており、戦国武将の間では縁起かつぎとして武具などに好んで用いられた。とんぼのみならず、後退しないことからムカデなどを前立《まえだて》にする武将もいた。

負ですね。

津本　そうですね。

井伊　ああいう一般の剣の流儀なんかが一番目指すのは政治なんでしょ。柳生なんか。

津本　やっぱり、いつも攻めようとは思ってないけど、相手の様子をじっと見ててね、それでパッと隙だと思ったら体が自然に。そういうのを無心でいながら常に攻撃精神っていうんですかねえ。それがある、というのが一番秘伝だと柳生先生が言って、攻撃精神の純粋持続っていうんですよ。

井伊　それで伝書を読んでたら、これは確か新陰流だったと思いますが偸眼《ちゅうがん》、つまり盗み見ね。「偸眼を以って蜻蜓伯労《せいていはくろう》を窺う」。蜻蜓ってトンボですわね。トンボが見てへんような顔をして、伯労ちゅうのは馬買いのバクロウではなくて鳥の百舌《もず》の異名です。こうして（見て見ぬ振りをする）トンボがモズをうかがうんですわ。つまり、見て見ぬ振りをするけれど実はよく見てる、じっとね。そして危険を避けるわけですわ。今言われた、そういうあれは一緒のことなんやね。実に意味深いちゅうか、パッと諸般の要点は押さえてるちゅうか。私が思うのは、やっぱり刀抜いてどうのこうのするんじゃなくて人生哲学ですね。

津本　そうですね。まあ、剣の一番突き詰めたところというと、もう命を失うから……境目ですからね。

井伊　極端に言えばそこの、その場に立ち入らんようにせよちゅうんですね。

津本　まあ、そういうことですね。

百舌《もず》
スズメ目モズ科の鳥。日本、中国、朝鮮半島、ロシアにわたって生息する。百舌は小鳥であるにもかかわらず猛々《たけだけ》しく獲物を捕らえることから、武将に好まれた。源実朝も百舌が獲物を取るのを鑑賞しており、また徳川家康が少年期に百舌を家来の鳥居元忠に飼育させ、逃がしてしまった元忠を突き落とした逸話が知られる。

井伊　生死の場に至ったときは、もう覚悟を決めよ。そうなったときはもう、己《おのれ》にけりをつけるときだから生き残りのことを考えないちゅうか命を捨てる。それは死を必する。

津本　まあ「身を捨ててこそ浮かぶ瀬もあれ」ってね、いうようなあれもありますけどね。

井伊　もし石舟斎なんかが、現実にあの時代にわれわれが生きて柳生にいたら、田舎のおっさんが歩いてるみたいな感じでヒョコヒョコとね。一見、何もかも放下《ほうか》した隙だらけの小柄な老人でしょうね。ところが、いざとなるとまったく変身する。

津本　そりゃそうですよ。道場に立って多数打つでしょ。本当に強い人というのは、ものすごく大きく見えるんですよね。

井伊　それで今、思い出したんですけどね。映画の俳優、昔の市川右太衛門や片岡千恵蔵は小さいんですわ。スクリーンとか映画の画面になると大きくなる。やっぱり、それは演技力あるんですね。私の知り合いなんかに、昔の刑事ものに出てた人がおるんです。喫茶店しとんです。その人大きいんですよ。ところが画面で小さい。それは、やはり存在感というか、その人の持つオーラというか、それが問題なんです。剣の場合でも立ち合うときに相手が小さく見えたら、それはこっちの勝ちです。僕は不動産買うときに坪数よりも、実数よりも大きく見える物件を買うようにしてる。実際よりも小さく見えるとこは買わない。

津本　ははっ、なるほどね。

市川右太衛門（1907 ～ 99）
俳優。『旗本退屈男』をはじめとした映画 320 本に出演した。俳優北大路欣也の実父。

片岡千恵蔵（1903 ～ 83）
大正、昭和期の歌舞伎出身の俳優。『宮本武蔵、関ケ原の巻』『宮本武蔵、三部作』『宮本武蔵、一乗寺決斗』に主演。

井伊　それをね、だから角地とかね。

津本　そりゃ、ありますわね。まず両側が挟まれて小さく見えるところは、やっぱり、あんまり運が開けないいってんですかね。

井伊　そういう意味で人間もオーラみたいなものがあって、例えば西郷南州なんかは求心力があったんですね。

津本　あったと思いますよ。

井伊　大山巌《いわお》なんていう人は、ほとんどモノ言わなんだらしいね。やはり、そのあたりが違うんですかね。

津本　あ、そうですか。下にまかせっきりみたいなね。

井伊　俺はOKだけ出す、後はお前らに任せて責任だけを取るというやり方ね。

津本　そうですね。

津本　あの頃までは秀才専制の時代じゃなかったですからねえ。今はもう秀才ばっかりですからねえ。太平洋戦争の頃は、もうそうなってたんですけどね。だから要するに下から上ってきた人というのは、ことやるときに、まずそれのどういうしまい方をするまで考えるでしょ。ところが学生でずーっと秀才でいって、ああいう参謀とかなった連中は何も考えないですからねえ。とにかく人目に立つ仕事だけしたいっていうんですかね。なかなか今の社会の……もう、あんまり言わんとくわ（笑）。

井伊　しかし今の政治家なんかでも、私らが知ってる昔の政治家から見ると顔は違いますもん。やっぱり、市役所の係長ぐらいの顔ですね。なんでこんな人

大山巌（1842 ～ 1916）
薩摩藩士、陸軍軍人、政治家、元老。西郷隆盛の従弟。戊辰戦争、普仏戦争（観戦武官）、西南戦争、日清戦争と転戦。陸軍大臣、参謀総長、元帥となった。日露戦争では満州軍総司令官として旅順攻防戦、奉天会戦を総指揮した。
（国立国会図書館 写真提供）

の時代になったのか、よう思いますもん。それぐらい逆にいえば、腰をすえた仕事がもう今はできない時代になってるちゅうか、結局そういうバランスのいい、ただ頭のいい人を置いとくちゅうだけ。そやから何事をやるにしても、みんなと相談をして結論を出してという人ばっかりで。そやから独裁やないのかもしれんけども、やっぱり顔なんかに威厳がないちゅうか。

津本　まあ、ない。

井伊　ね。私ら吉田茂なんか知ってるでしょ。ああいう相の人がいないですね。

津本　そうですね。風格がありましたね。

井伊　全然違う。石橋湛山《いしばしたんざん》とか、あのへんまでね。なんかやっぱり一国の宰相ちゅう、ああいうのあったですけど。今はもう、なんか事務局員の集まりのトップという感じね。まあ安倍さん筆頭にね。失礼ながら安倍さんはＰＴＡの会長くらいならいいかもしれない。世襲のあれですね。なんか江戸時代とあんまり変わらない。

津本　まあ、そんな感じですね。

井伊　二世議員ちゅうんでしょ。

津本　幕府みたいな。

井伊　だから今、実際に首を斬られたり成敗がないだけであって、おんなじですよね。藩社会とつまりは一緒やし。会社のことしか考えない。会社のことしか考えたらあかんように、もっていかないかん。だから昔の藩と一緒です。一生忠誠を尽くして、そして死んでいく。いかに忠誠を尽くすかが、その人の価

石橋湛山（1884 ～ 1973）
ジャーナリスト、政治家、内閣総理大臣。経済ジャーナリストとして活躍し、戦後吉田内閣に大蔵大臣として入閣するが、公職追放となる。鳩山内閣で通産大臣。保守合同後の昭和 31 年（1956 年）12 月、自民党総裁選で岸信介を破り内閣総理大臣となったが、脳梗塞のため 3 ヶ月で退陣した。
（石橋湛山記念財団 写真提供）

値判断になる。

津本 そういうことですね。まあ定年になったら年金が。

井伊 年金が大問題になって、行方不明でしょ、あれ。

津本 えらいことですよね。

井伊 ほんまに、まじめにやってもバカを見る。

津本 そういうことです。

井伊 いいたいことを言うと、すぐクビになるし。今、根性なしいうんですかね。百年の計なんてとても考えてる人はいないし、そんな人いたらアホかっていわれるしねえ。来年の選挙とか、それればっかり考えていかなやっていけないし、いけないみたいな。長期的展望ないですもんね。

津本 ないですね。目先ばっかり。やらんならんことは、もうそれで精一杯ですもんね。

井伊 だから、ある意味で自転車操業ですな。やっぱり中国の人なんかでも、本当のもののわかる人なら、日本なんか見て笑とるんでしょうね。スケールの大きい五〇年、一〇〇年単位でものを考える人が見たら、やっぱり日本なんか東奔西走しとる。ただ走って動き回って、奔命《ほんめい》に疲れてるちゅうかねえ。それが文化にしても、今の刀にしてもね。甲冑にしても今は、いいものは海外へどんどん出ていく。日本人は文化の足元を見る暇が本当にないですなあ。

津本 ほんとにもう、三年先のことは分かりませんて。

井伊 三年先っていったら、ものすごい先（笑）。一年か半年単位です。今も

刀剣・甲冑の海外流出

日本の美術品の海外流出は、明治初期と大戦後の二度あった。一度目の明治初期の流失は、維新後の社会の混乱と急激な開国によって起こったことで、廃藩置県と身分制の廃止によって武士階級が没落、生活の困窮等から自らの家の家宝や武士の魂を売らざるを得なかった状況で起きたことであった。二度目は敗戦後の華族や有資産家の生活苦から資産の分売・切り売りが起こったが、この時は旧大名家や名家の没落であっただけに、彼らが秘蔵していた貴重な文化財、現在の重要文化財や国宝級のものが流出している。欧米では、日本の伝統文化や美術品への関心が深く、日本の美術品は海外の博物館･美術館あるいは資産家の蒐集の対象となっている。特に近年、日本の刀剣･甲冑等がアメリカやヨーロッパのコレクターのもとへ流出している。

う従業員ちゅうか、サラリーマンちゅうか、雇うのが例えば契約社員ちゅう一年単位とか。それで、もういらんもんは、どんどん切っていこうと。昔はそんなことなかったですもんね。

津本 なかったですねえ。

井伊 入社したら一定の期間働いて正社員になって。もう、そんなあれはないですね。契約社員。契約しとけば、いつでも切れるわけでしょ。とりあえず安心。

津本 もう一生懸命に会社のために尽くすという人は、だんだん少なくなってきましたね。

井伊 だから特別の人だけが、そうなんです。

津本 なるほどね。

井伊 一流の銀行や保険会社なんて、研修という名の一種の「かわいがり」で自殺する人もあるし。すごい研修せんならんですな。残るもんだけが研修、研修で振り分けられていくわけです。

津本 大変な世の中になってきたものですね。

井伊 戦国時代と変わらないですね。もちろん戦国時代のほうが殺されてすぐ、あの世にいけるから。今は殺されることがないから、何とかして生きていかんならんから生生《なまい》かし、生殺し。

津本 大変ですよね。

井伊 逆に大変ですわね。昔の戦国時代なんかのほうが考え方によっては楽ですよ、ホンマ。

大河内傳次郎（1898 ～ 1962）
大正、昭和期の俳優。戦前より多くの映画に出演し、『丹下左膳』は代表作。

映画と時代考証

井伊　昔の時代劇なんか、よう若いときご覧になったと思いますけどね。どういう映画を。例えば時代劇の俳優でね、誰が。

津本　そうですね。記憶に残ってる……。誰だったかな。いろいろ見ましたよね。月形龍之介やら出た。

井伊　あの人は私も一番大好きなね、われわれが小学校から中学校、高校の頃の東映の俳優で刀を差しても品格があったしね。それから刀の重みが出せる俳優。

津本　あ、なるほどね。

井伊　中身は竹光でも、本身の刀を差してるという感じが出せる。あの時代の東映の俳優で大河内伝次郎、月形龍之介。この二人ぐらいですね。特に月形、あの人はええ俳優でしたね。

津本　良かったですね。

井伊　いぶし銀の演技でしたね。しょうもない映画でも、ちゃんと存在感があって。あの方は晩年、腰か足を大変やってしまって痛めてしもうたらしいね。「それからの武蔵」ちゅう番組あって、息子さんの月形鉄之助ちゅう人がほとんど代役で、ロングは全部やって。

津本　あ、そうですか。

月形龍之介（1902 ～ 1970）＊
昭和 30 年代、中村（萬屋）錦之助、東千代之介、大友柳太朗らの登場によって全盛期を迎える東映時代劇を陰で支えた名脇役。まるで剣技を知悉《ちしつ》したかのような刃筋を立てた刀捌《さば》きは天下一品で、その侍姿は善悪いずれの役廻りにおいても余人の及ばぬ風格があった。本名門田潔人《もんでんきよんど》。昭和 45 年没、68 歳。

井伊　アップのこっから上は（腰から上を指して）。今はもう、時代劇にああいう俳優は絶対いない。例えば嵐寛寿郎《あらしかんじゅうろう》にしても。今は脇役も軽いのばかりでいいのがいないですね。なんか、すべてが電気紙芝居の時代で。この頃の時代劇は、まるっきり考証もみな駄目ですね。中村錦之助《きんのすけ》ぐらいまで。錦之助が、いわゆる先生になる前に。あの人が——錦之助が萬屋の名前になってから、あかんようになった。
　どちみち、それは電気紙芝居やと思えばそれでいいのかもしれんけど、ＴＶの時代劇のセリフなんか、ほんとにお粗末で身分意識も無いしね。だからそういうのも、ほんまに残念なところやね。その雰囲気が出せないような映画っていうのは。悪口ばっかり言うわけじゃないけど、やっぱり。服が奇麗やしね。日本の映画にしてもＴＶにしてもあかんのは、全部リアリティ——生活感が無い。そんなゆっくり作ってる暇は無いんか。
津本　味がないですね。
井伊　鎧の着方もあかんし、殺陣《たて》も。
津本　殺陣も下手くそでね。
井伊　ほんまに下手くそですわ。
津本　で、その振り付けをするものがね、また。
井伊　殺陣師がいかんのでしょうな。昔、東映に足立伶次郎ちゅう名殺陣師がいた時代は殺陣も良かったしね。そうですな。もう月形龍之介みたいな俳優が出ないし。悪役をさしても良かったし、ねえ。善玉をやらしても良かったし。

面懸《おもがい》
馬具のひとつで頭絡《とうらく》のこと。轡《くつわ》を馬の口に固定させる。胸懸、尻懸《しりがい》とともに「三懸」と呼ばれる。

胸懸《むながい》
馬具のひとつ。乗馬中、鞍が後方にずれることを防ぐため、鞍から馬の胸前に回した帯紐。面懸、尻懸とともに「三懸」と呼ばれる。

小具足
甲冑において、三者（兜、胴、袖）以外で甲冑に付属する部品の総称。

肩上《わだかみ》
甲冑の肩の上にあたる箇所を守る部品。

津本　そうですね。なかなか名画も、もうあんまり見なくなってきたですからねえ。
井伊　錦之助とか千代之助の時代はどうですか。
津本　見なかったですねえ。映画も見たけど、割と洋画。
井伊　二十歳ぐらいのとき。
津本　そうですね。洋画なんか見ましたね。
井伊　洋画というと俳優、誰がおるんですか。
津本　だいたい、いろいろシャルル・ボワイエとかね。クーパーでしょ。
井伊　あの頃は、あれでしょ。ハリウッド全盛じゃなかったですね。
津本　そうですね。楽曲、外国の……。
井伊　アラン・ドロンとかね。シャルル・ボワイエとかね。ジョン・ウェインなんかが「黒船」。
津本　ジョン・ウェインは良かったですよ。
井伊　あれ「黒船」の撮影で彦根に来たことがあるんですよ。
津本　あ、そうですか。なかなか大きな男です。
井伊　そうです。ああいうスクリーンでは当然のように見てるから、もう慣れてるけどもヘンリー・フォンダなんかは二メートル超えています。大きいです。
津本　大きいですねえ。
井伊　はあ。もう外国の映画を見てると、その顔に慣れてしまうから鼻が高くても麻痺してしもうて。もう人種が違うから鼻なんか、われわれなんかよりも、

ゲイリー・クーパー（1901 ～ 61）
アメリカの俳優。『モロッコ』『オペラハット』『ヨーク軍曹』『打撃王』『真昼の決闘』に出演した。
シャルル・ボワイエ（1897 ～ 1978）
フランス出身のハリウッド俳優。『ガス燈』などに出演した。妻は女優のパット・パターソンで、ボワイエは妻が死去して２日後に自殺した。
アラン・ドロン（1935 ～　）
フランスの俳優。『太陽がいっぱい』『生きる歓び』『パリは燃えているか』など多くの作品に出演した。美男子の代名詞として有名。
ジョン・ウェイン（1907 ～ 79）
アメリカの俳優。『駅馬車』『黄色いリボン』『静かなる男』『捜索者』『荒鷲の翼』『硫黄島の砂』『アラモ』『勇気ある追跡』に出演した。

めちゃ高いですもんね。ダスティン・ホフマンなんか、ほんと高いですよ。ニコラス・ケイジとは、いろいろ話したことがありますが、私より少し背が高いくらい。アクティブなスターにしては、あまり大きくない。大きく見せるのは演技力でしょうか。

コラム30　時代考証

この頃の時代劇は、時代考証がすっかりダメになってきている、という思いが強い。

われわれが小学校〜高校の頃までの東映映画の時代劇には、いい役者が揃っていた。大河内伝次郎、月形龍之介、大友柳太朗、萬屋錦之介（当時は中村錦之助の名であったが、萬屋錦之介に替えてからは、もう色あせたように思う。それ以前の内田吐夢の「宮本武蔵」くらいまでが、彼の一番いい時代だったと思う）くらいまでである。あの頃の映画は、大河内や月形の馬の乗り方も正当で、刀の差し方もちゃんと正しい差し方であった。面懸《おもがい》も胸懸《むながい》も本式のものが用いられており、美術小道具・衣装係の方や各技術指導の方がしっかりされていたのか、なかなかいい物を使っていた。

この頃の時代劇では、馬に乗っている侍を見ても、馬上の刀の差し方というものを知らないから、まるでデタラメになっている。今は制作費の関係もあるだろうが、そういうことを知らないし気を遣わないのか、第一、馬具がもうプラスチックなどのまがい物になっており、何もかもいい加減な「作り物」である。

ところで、日本の時代劇映画で世界に通用するのは、むろん黒沢映画である。その黒沢映画で一番の問題は、城の姿がすべて露出していることである。例えば「蜘蛛の巣城」に登場する城郭には木がなく、城の様子が顕わになっている。城の姿は見えなくするのが肝要であるから、あれだけ城郭の形が出てしまったら、強いか弱いか、すぐ露見してしまう。黒沢映画は時代考証がしっかりしているが、「城もの」は、はっきり言って駄目だと思う。

それから、黒沢映画には風がありすぎること。あの人の映画には必ず風がある。現実以上に風を吹かせすぎるというのが、どうも好きにはなれない。その他、細かく言い出したら切りがないが、差し物とか小道具類とかは比較的によく研究されている。それに引き替え、この頃の日本映画やテレビの時代劇で問題なのは、すべてリアリティがないことである。例えばNHKの大河ドラマや戦国のドラマを見ていて、甲冑を知る者として私がいつも一番抵抗を感じるのは小具足、特に籠手のことである。鎧の着方も駄目だが、籠手はみな肩上《わだかみ》に着けずに胸前で紐を結んでいるが、実用の時代はそういう着け方はしない。やはり正式な着け方ではないので、まったく感心しない。
もっといけないのは髪型で、武将が髪を茶筅《ちゃせん》に結っているのは、どうにも納得できない。茶筅髪は切腹するときとか、カブキ者（遊び人）が結うもので、いわばアブノーマルな髪形である。それに、いざ兜を着用するとき、総髪のままで乱髪にしない。兜は頭の天辺が蒸れる。暑いときに着用すれば、ものすごく蒸れるので、頭頂の髪を剃らないと、たいへんなのである。こういうことは、実際に着けた者でなければわからない。つまり、月代《さかやき》を伸ばしたままで、髷も結い方を茶筅にするというのは、実は大間違いなのである。こうしたことを、時代考証をする人は知らないのであろう。それとも既製の鬘しかないのだろうか？　どうにも合点がいかない。でなければ、茶筅や総髪ばかりにするようなことは、本来考えられないのである。やはり月代を剃った当時の髪型を再現しないと、興ざめがする。いつからこんな風になったのか知らないが、とにかく誰かが真面目に考証して、現場に教えないと駄目だと思う。時代考証を厳密にするほど、じっくり構えて制作する暇がないのかもしれないが、だとすれば、随分お寒いことで、実に寂しい限りである。

コラム31　乗馬と騎馬軍団の実態

映画などでは格好よく映っているが、甲冑姿というものは案外、格好のいいものではない。馬に乗って全身に鎧を身に着け、指物をさしてとなると、どうしても体格的にビシッと決まった人ばかりではないのだから仕方がない。江戸前期までなら、いつも乗りなれている人ばかりだからいいが、江戸中期以降の馬揃えなどを見たら、早い話がまるで、ちんどん屋の大会みたいなものである。

また、映画などを見ていると、今の馬は大きくて格が違う。実際に使われた昔の馬は、日本の在来種なので、もっと小さかったはずである。背の高さは四尺ほど、約一メートル二〇センチほどが基準であった。余談だが、加藤清正は体が大きい人で、四尺六寸（一六〇センチ）の高さがある帝釈《たいしゃく》栗毛という名馬に乗っていたという。日本在来種の馬からすれば、ものすごく大きな馬ということになる。しかし、そんな大きい馬でも清正が乗って足を下ろしたら、足が地面すれすれだったという話がある。清正はそれほど体が大きかった。そうした意味では、映画やテレビの時代劇を見慣れていると、当時の乗馬のイメージが狂って錯覚を起こしてしまうのである。

さらに、馬に乗るといっても江戸時代には脚の腱《けん》を切っていた。腱を切ると馬が脚を上げるので、格好がいいというわけである。しかし、長距離の行軍には耐えられないから軍用には使えない。そういう調子で、みんな馬の乗り方すら分からなくなってきている。

幕末の鳥羽・伏見の戦いの際、出陣した大将の滝川播磨守か誰かが馬から落ちたという話があるように、幕末ともなればひどいもので、すでに馬を乗りこなせなくなっていた。馬そのものも、戦争をまったく知らないから鉄炮を撃ったら、びっくりしてしまうのである。馬というのは繊細な動物で怖がりだから、修練・調練を重ねておかないといけない。馬を大砲の音や戦場の音が平気になるように慣らすのに、相当に苦労しなければならない。つまるところ、江戸時代は、馬の調練というものをしていないのである。だから一度、戦乱が起こったら、みんな大変なことになる。

ところで戦国・織豊時代には、日本においても騎馬戦といわれる戦がしばしばあったことになっているが、騎馬軍団のような部隊では騎馬兵の槍脇、馬の脇に詰める侍がいて、彼らと一緒に進軍していったのである。つまり騎馬兵のみの軍団、騎馬隊というものは実態として日本には存在しなかった。そもそも日本において騎馬軍団・騎馬隊などという観念は存在しなかったのである。したがって甲斐の武田軍が騎馬軍団といわれるのも、要するに馬に乗ったままで敵方に攻め入る軍隊という意味である。

これに対して、上方の侍は敵陣へ馬を乗り入れたりはしない。馬は戦道具として大事な存在だから、敵勢が近づいてきたら馬から下りて白兵戦になる。そうしなければ馬は真っ先に狙われる。ところが、戦国末~織豊期になって戦乱が拡大・大規模化し、東国とも軍事的な接触・戦闘が起こってくると、武田軍等が馬もろとも戦場に乗り入れる戦い方をしていたのがだんだん伝わってきて、それが斬新というか新しい戦い方として、上方の戦でも徐々に採り入れられた。武田家滅亡後、家康によって井伊直政に付けられた元武田家の侍が、上方での戦ぶりを見聞して、上方の侍が馬を戦場に乗り入れないのは、つまりは騎馬で突撃しないというのは、いったいなぜだろうと疑問に思って書いた記録が残っている。それほど馬は当時、貴重な存在であった。こうした事実も合戦の常識として確認していかねばならないことだと思う。

日本において騎兵思想というのは、日露戦争の頃になってから定着したと考えられる。それまでは「騎馬軍団」という言葉を現在使っているものの、騎馬の周囲にはたくさんの歩兵がいて、馬を守りながら進軍していくという戦い方であった。つまり、馬は今でいえば戦車みたいなものであって、その横に歩兵がついていくというスタイルである。馬だけが単独で、パーッと疾駆することはない。そんなことをしたら自殺行為であった。だから馬上で指揮をとりながら、戦をやっていたというふうに考えなければならない。そうしないと、馬の口取りや周りの家来がいたことが説明できない。供の家来をおいてきぼりにして、馬上の侍が一騎で戦場に向かっても戦にならないのである。

戦争の傷跡

津本　硫黄島で鼻の飛ばされた日本の兵隊に会ったんですよ。そしたら、もう高い高い鼻を付けてもらってね。というのも今ねえ、ものすごく高いと言ってましたよ。

井伊　その費用は、そのお金は助かった。

津本　助かった、助かった。その鼻がなくなったんで、向こうの捕虜になって。倒れてるところを持っていかれて、それで鼻付けてもらった（笑）。

井伊　しかし硫黄島なんてのも、ものすごい劣悪な環境やけども、人間というのは生きられるんですね。地獄のような中で。雲仙とか霧島、硫黄の臭いするでしょ、確か。あの臭い嗅いだだけで修学旅行いったとき、気分悪うなったんですけども、あの硫黄島なんかは、もうすごいでしょ。

津本　そうですよ。薬科壕《やっかごう》っていってね、まあ野戦病院ですわね。そこの壕の入り口に、こんな注射器とかアンプルとか、点滴をこんなぶら下げたのあるでしょ。あのとおり転がってるんですよ。

井伊　今でも。

津本　うん。それで、そこ入って行ったら上にこう、空気抜きの穴があるんですけどね。普通は上と下とに穴開けてるんですよ。そしたら風が、摂氏七〇度ぐらいの空気が二八度ぐらいに下がるんですよ。ところが、米軍が修理して一

日本の馬
日本の在来馬は、険しい山が連なる日本の地形に適しており、甲冑武者を乗せて山を上り下りすることができた。純血に近い日本在来馬は絶滅が危惧されている。
（宮下玄覇氏 蔵）

方の穴を塞いだんですよ。だから今、三メートル入ったらね、もうとても入れないですよ。僕と一緒に行った文春の若い人がカメラ持って一〇メートルぐらい中に入ったんですよ。そして出てきたらね、半袖シャツ汗びっしょり。初め飛行機で着いてね、「あ、こりゃ涼しいじゃないか」って言いながら飛行機降りて一五分散歩したんですよ。そしたら、何か足元からダーッと暑くなってくるんですわ。だから壕なんかとても、もう僕たちのときは一歩でも動けば汗びっしょりでしょ。だから天窓ぐらいあったたって効かんのですわ。

井伊　もちろん、どっかにまだ遺骸がたくさんあるんですな。

津本　いや僕らが聞くと飛行場の下に一万三〇〇〇人ぐらいあるっちゅうんですよ。それでね、一〇〇〇人ほど捕虜になって残ったんですよ。あれが四月から、海兵隊が沖縄へ行ったんですよ。それでニューヨークから陸軍部隊が行ったんですよ。そのニューヨークから行った連中は、日本の兵隊を助けようとした。それで初めて四月までね、骨なんてなかったですよ。

まあ、あれですね。あそこの硫黄島ちゅうのは、戦争で死んだ日本兵というのは五〇〇〇人ですかね。それでアメリカの海兵隊が、だいたい七〇〇〇人ぐらい死んでるんですね。それで負傷者は、アメリカの重傷者ばっかりで、一万九〇〇〇人になるんですよ。それで日本軍がだいたい二万人いたっていうけど戦争始まるまでに、もう三万四〇〇〇人が病気と爆撃で死んでたんですよね。だからね、損害の程度にしたらアメリカと同じぐらいなんですよ。

井伊　いや、むしろ日本の方が少ないですね。

硫黄島
東京都小笠原村に位置する島。太平洋戦争の激戦地として有名。海上自衛隊管理の航空基地があり、一般人の立ち入りは制限されている。

硫黄島航空写真（小笠原村 写真提供）

津本　そうですよ。ただね、もう飲み水はない。食うものはあったらしいですね。

井伊　しかし、生きられるもんですなあ。偶然ＴＶで硫黄島の渡辺謙やったかな、あれをちらっと見たんやけどね。もう、服が奇麗すぎる。あんな状態のとこじゃないですからね。硫黄島の地下道の状況はね、そら難しいかもしれんけれども、生活環境が凄惨な状況になっとるからね。映画では避暑地みたいな感じですからね。それを奇麗な服着てね。もともと、軍隊における礼儀いうもんがまた出来ていない。僕は一〇分ぐらいしか見てなかったけど、見てられなかったから。ああいう日本の陸軍の戦陣における軍人作法っていうのがね、あれが全然なってない。なんか外国人の美青年がやってるような映画でね。階級章はまああまあだったかもしれへんけど、なんか、これは大日本帝国軍人の軍服じゃないな、っていう感じでね。なんか全体に緩んでるというか。もっときちっとしてる。金はかかってるのかもしれんけども、軍人の作法が、なんかアメリカ的ですね。日本の軍人っちゅう感じがしない。もう太平洋戦争の時代考証がしっかり出来ないような時代になってきてるということでしょうか。もうこれは一つの大きな文化の衰退ですね。見るに堪えないわね。言葉とか作法とか、とにかく「天皇陛下万歳！」ばかり言うたらいいのではないのであって。それが、リアリティがないと見る気にならないですね。

津本　二五〇キロ爆弾っていうのね、落ちるでしょ。十六歳のときに明石の川崎航空機工場ちゅうところに勤労学徒。学徒動員令というのが出たんですよ。で、僕は中学四年生でしょ。四年生と五年生が四〇〇ほど行ったんです。そこ

硫黄島攻防戦
太平洋戦争末期、日本軍が守備する硫黄島に米軍が上陸した戦闘。昭和20年(1945)2月19日に海兵隊が上陸を開始したが、指揮官栗林忠道中将の巧妙な指揮のもと日本軍は善戦し、3月21日に日本軍が玉砕して組織的戦闘は収束した。日本軍は守備隊20,933名のうち96%にあたる20,129名が戦死。米軍の損害は日本軍を上回る28,686名に達した。

『硫黄島からの手紙』
2006年のアメリカ映画。監督クリント・イーストウッド、出演者渡辺謙、二宮和也、伊原剛志ほか。硫黄島攻防戦を日本側の視点から描いた作品。第79回アカデミー賞の作品賞、監督賞、脚本賞、音響編集賞にノミネートされるなど、高い評価を得た。

で学徒が六〇〇〇人とね、徴用工が六〇〇〇人と、それで一般の熟練工みな集めて四万人いたんです。そこで、B—29の撃墜のための屠龍《とりゅう》っていう、キの一〇二ちゅう飛行機作った。そのB—29ちゅうのは、もう日本の飛行機がこんなハエみたいですよね。そんなものね、機銃を撃ち込むでしょ。で、油のタンク撃ち込んでも、防弾板でパッと閉めて火が出ないんですよ。だからもう絶対、落ちない。それで撃ってるうちに、もう気がはやってきてね、それで後ろから尻尾の方へバーッと当たるんですよ。そうしないと弾幕で、近づくまでに落ちてしまう。後ろから行ってポーンとね。そしたら、キノコがピュッと生えたみたいに、航空写真撮ってあるのね。ここにB—29、こんな胴体あるでしょ。ここにピュッと出てるの、これが日本の戦闘機ですよ。そしたら落ちるんで。で、落とさんがために二〇ミリの機関砲を四丁付けた飛行機で攻撃しても全然落ちない。だから、それを三二ミリにして、三八ミリにして、四〇ミリにして、四八ミリにして、最後五八ミリになったんですよ。もう大砲みたいで、砲弾て一六発しか積めないんですよ。このぐらいの高さで爆弾みたいなやつ積んでね。それで機関砲だけどトントントンとは撃てない。バーンって一発撃って、当たったらバーンと砕けてしまう。ところが、なかなか当たらない。一万メートルの上空でやってるでしょ。そしたらね、電熱服着てるんだけども、撃つのに電気が要るんですよ。だから、みんな電熱服のスイッチ切ってしもうてね、零下三〇度のところでやるんですよ。銃も当たらんから、もう体当たりですわ。B—29の爆撃は二五〇キロ特殊爆弾で、三〇メートル辺りに落ちたら、もうドカ

B-29

第二次世界大戦後期のアメリカの大型四発爆撃機。愛称は「スーパーフォートレス（超空の要塞）」。登載兵器量、航続距離、高高度性、高高度における高速性、防禦砲火が卓越しており、日本軍の迎撃を困難なものとした。日本各地の都市に絨毯《じゅうたん》爆撃を行い焦土化し、日本の継戦能力を喪失させた。広島、長崎に原爆を投下したほか、朝鮮戦争でも爆撃任務についた。

屠龍

陸軍２式複座戦闘機。キ 45 改。日本陸軍の双発複座戦闘機。本来は爆撃機随伴戦闘機として開発されたが、大型爆撃機迎撃で能力を発揮した。しかし B-29 には性能面で対応出来ず、硫黄島が占領されて B-29 に随伴戦闘機がつくようになると、活動は制限された。

ンなんて音しないですよ。洗面器を頭にかぶってね、それからハンマーでガーンと叩かれる、そんな感じですよ。カンカンカンカンカン、カンカンカンカーンてね。それで、こう耳がこんなようになってるみたいなね。僕はそれで……八機、八機、一六機、三二機の波状攻撃で四回やられたんですよ。それ全部の時間が四〇分ぐらいです。で、その間に四〇〇人の死亡者、一五〇〇人の負傷者が出た。もう僕は十五、六から三十五ぐらいまで、雷と揺れる電車が大嫌いですよ。

井伊　当然、そうなりますわな。

津本　なんとか三十五、六でようやくその気持ちが。二五〇キロ爆弾で第二の攻撃を受けたとき、僕たちのいるところへきたんですよ。それで直径三〇メートル以内に六発が落ちたんですよ。そしたらね、その特殊爆弾二五〇キロでしょ。どのくらいの威力あるかっていったらね。その後でね、研究所って鉄筋の地上六階、地下三階建てで、防爆壁《ぼうばくへき》って、こんな稲妻状の壁になってるんですよ。それで棟の上までエッチラオッチラ上って見たんです。そしたら直径四メートルぐらいの穴開いて、鉄筋はこんなん下向いとるわけですよ。そっから、こうして見たら地下三階まで突き抜けてね、それで爆発して地上三階まで壁全部飛んでしもうとる。

井伊　二五〇キロで。

津本　二五〇です。

井伊　ほな一トン爆弾っていったらすごいもんですな。

20mm 機関砲

キ 102 は当初、襲撃機型（乙）と高高度戦闘機型（甲）の二種類が開発され、襲撃機型（キ 102 乙）には 57mm 機関砲 1 門、20mm 機関砲 2 門、12.7mm 機関砲 1 門が搭載され、高高度戦闘機型（キ 102 甲）には 37mm 機関砲 1 門、20mm 機関砲 2 門、12.7mm 機関砲 1 門が搭載された。さらに高高度夜間戦闘機型（キ 102 丙）も開発され、30mm 機関砲 2 門、20mm 機関砲門を搭載したが、実戦には間に合わなかった。

津本　ああ、そりゃ、すごいもんですよ。
井伊　今の兵器はさらに進んでるでしょ。
津本　今やったら一〇トンぐらいとちがいますか。
井伊　ねえ、今のあれは、もっとすごいでしょ。今の爆弾とか当然ながら。
津本　あれ、何かクラスター爆弾っていうんですね。一発を撃ったら、バーッて、何か八〇メートルぐらいあちこち飛ぶっちゅうんでしょ。
井伊　イラクなんかで使うとるんですな。
津本　やられたわけでしょ。そやから、もう何ていうか、何とも言えんですわね。
井伊　あれは、やがて全面禁止になるでしょうな。

信長VS信玄、謙信

井伊　あの、信長から捉えた場合の信玄とか謙信とか、どういうお考えを？武将としての。
津本　そうですね。信長のほうがやっぱり、謙信はね、あれはうるさい存在だったんですよ。だけど勝つ感じはしてます。だから関東をまず狙ってね、その後、北陸戦線でやられたでしょ。織田信長。あのときねえ、謙信は本気で……かなりうるさい存在だったと思うんですけどね。やっぱり関東をまず制覇するっていうんですかね。そういう気持ちを持ってたから助かったんだと思うんですよ。

クラスター爆弾
対人、対戦車用の空対地集束爆弾のこと。爆弾本体内に子爆弾が300個ほど内蔵され、子爆弾内にはさらに600ほど子弾が内蔵される。子弾は人体などの目標を広範囲に制圧する。子爆弾の不発性が高く、残留した不発弾が破裂して、民間人に多大な被害を出すため国際的に非難をあび、2008年5月のダブリンでの国際会議で、クラスター爆弾の大半が禁止対象となった。

井伊　謙信は、もっと義理人情じゃなくて実利的に行動するべきだった。しかし、そこが彼の魅力でした。

津本　そうですよ。で、信玄は早く死んだでしょ。しかも、あんまり本気じゃなかったですねえ。美濃を攻めて、それから近江攻めて、それから京でしょ。だからそこまで、なかなか行かなかった。もう信玄、謙信のほうがね、もう一足のところまで来てたんですから。だったらもう、若狭かなんか突っ走って京都へ入るっていうことは。あるいは近江のほうへ行って一向一揆と手を結んで、それでやるということもできたんですよね。だから信長のうまいところは、やっぱり兵農分離やってたし、侍をみな城下に集めたでしょ。

井伊　つまり、もう軍隊組織が違いますね。

津本　だから略奪しなかったんですよ。略奪しないということはね、百姓からね、通報が入るんですよ。だから、そういう点では信玄はとても信長と戦って京まで行けるっていう可能性は非常に少なかったでしょうね。上杉謙信も大金持ちだけど、やっぱり略奪させてましたね。だから、そういう点では信長という人は非常に残虐で敵を片っ端から殺したといわれるけど、実際は民衆のほうに割と人気があった。ただ一向一揆を相手にしても。だから門徒は嫌がったんだが、その代わりほかの連中は割合言うことをきいたですね。こりゃ、どっちがどっちともいえないけど結局、信長には地の利があったですね。それがもう、ほかの二人とははるかに違いましたからね。ただねえ、上杉謙信はひょっとしてね、正面から戦ったら何か変なことなったんじゃないかという気はしますね。

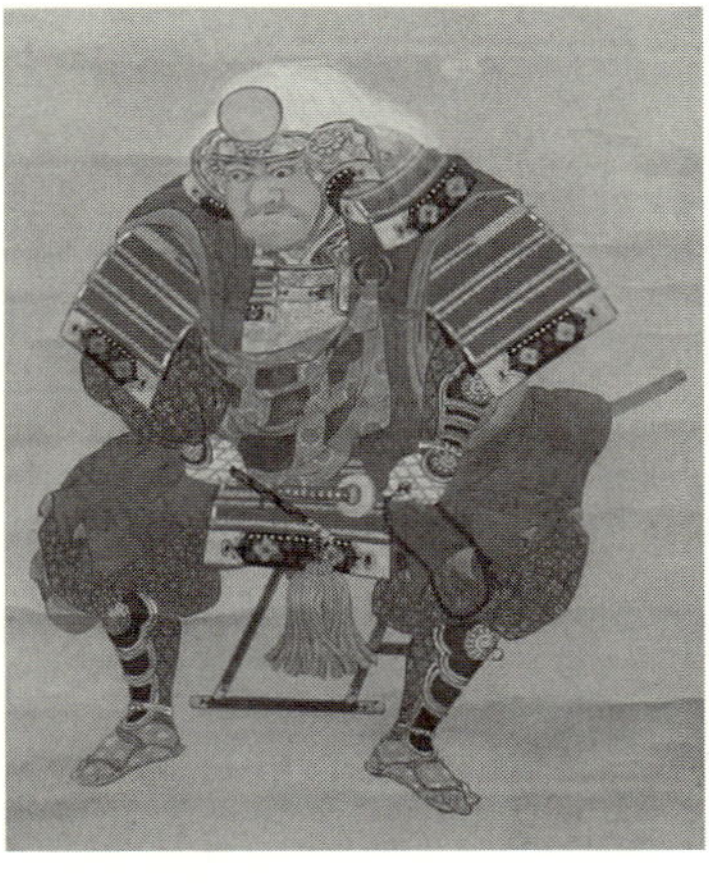

武田信玄甲冑像
（住吉内記広尚 筆・宮下玄覇氏 蔵）

略奪
戦国時代における略奪行為は「乱妨取り《らんぼうど》り」「乱取《らんど》り」と呼ばれ、略奪行為は恒常化していた。合戦に参加する農民の中には、食料の配給や戦地での掠奪を目的として自主的に参加する者が多く、大名もこれを黙認、推進した。上杉謙信が永禄9年（1566）に、常陸小田城を陥落させると、1人20文から30文で人身売買を行ったほか、武田信玄、今川義元、織田信長も略奪や人身売買を行っており、人身売買は天正15年（1587）秀吉による人身売買停止令まで続いたが、「大坂城合戦絵巻」には略取される人が描かれている。

井伊　信長は避けてますもんね。
津本　避けてたんですよ。まあ信玄ともそうやけど。
井伊　対決をね。まあ避けながら、避けながらね。
津本　もう避けながら、避けながらね。
井伊　謙信や信玄は侍の個々の力は抜群でしたが、信長の方は言われたとおり職業軍人ばっかりだったんですよね。上杉や武田は、まあ下部組織はお百姓さんですもんね。それが徴集されて来てますからね。
津本　だから略奪しなかったら、もう言うこと聞かない。
井伊　まあ、それが楽しみですわな。
津本　暴行略奪ですからね。
井伊　それを目当てにやりますもんね。だから、やはりそういうことを行動の初期段階から厳しく規制してたちゅうのは織田軍団の。
津本　そうですね。近代組織。
井伊　近代組織ちゅうか。それと信長にとっては、あれだ。あの二人がちょっと離れたところにおったから良かったんですねえ。
津本　まあ、そうですね。
井伊　あれが近江におったりすると。
津本　もう、そりゃ……全然ないです。
井伊　しかしまた、あの時代はやはり侍の風土性というもんも強くあったと思うんですが。やっぱり甲斐の国とか、越後の兵隊は強かったんですね。上杉、

武田浪人＊
家康は滅亡した武田家の浪人衆の内、帰順した者の多くを井伊直政に付属させた。これは天正十年秋くらいからはじまり、さみだれ式に徐々に増量されたと推定される。その人数は七十四人とされ、もとは甲州四手、すなわち一条右衛門大夫、山縣三郎兵衛、土屋惣蔵、原隼人らに属した士衆《さむらいしゅう》である。中でも名を知られていたのは、広瀬美濃、三科肥前、石黒将監、水上勘兵衛、脇又市、早川弥三左衛門、孕石《はらみいし》備前、曲淵宗立斎《まがりぶちそうりゅうさい》、長坂十左衛門等である。

武田には弱いですね、近江や尾張は、みんなやっぱり。

津本 昔は開けてますから。

井伊 暮らすには楽なところですからね。武田家滅亡後、井伊家にたくさんの武田浪人が召し抱えられてますよね。彼らが信玄のことは一つも良いとは言うてませんね。一つも良いところのある人ではなかったですね。戦は上手やったけどね。人間的にはよくない。武田衆が井伊直政に出した諫書の中にこのことを書いてます。

津本 あ、そうですか。

井伊 だから、あの時代の典型的な専制君主。信虎もそうでしょ。非道残虐なことやってますもんね。また、それをできないと統率ができないというだけの理由があったんでしょうね。

津本 でも新府といって武田勝頼ね。最後に立てこもろうとしたお城。あそこを家康が占領したら、人を煮る釜があったんですって。それを家来が引っ張って帰ろうとした。そしたら、こんなもん割ってしまえと。使い道ないって言って全部割らせた。ということは、徳川方の日記に載ってました。

井伊 何か武田は毒矢やらも使ってました。そういうなもんも直政なんか廃止させてますね。

津本 毒矢。あ、そうですか。かなり、まあえげつない。

井伊 そうそう。もう勝つためには手段を選ばない。

津本 そうですね。

武田二十四将図
（土佐光貞 筆・宮下玄覇氏 蔵）

コラム32　川中島の合戦

川中島の合戦は、すさまじかった。ここを先途《せんど》と戦う中世最後の大激戦といってよい。井伊家が彦根に封ぜられて、新たに浪人が自分の履歴を名乗って、就職しようとしてくるのだが、そのなかに武田の豪傑、浅香庄次郎の身内と名乗ってきた浪人がいた。それが川中島の前後の話を知ったようにするので、たまたま彦根にいた浅香庄次郎の時代の武田方の生き残りの老婆に、その浪人の話をそっと襖《ふすま》越しに聞かせたところ、とんでもない嘘だということがわかった。その浪人の話では、自分たちの父親が喜び勇んで戦いに備えてたというようなことを言ったのだが、実際には老婆の話によると上杉の襲来というだけで、武田の心ある人はみんな木の葉のような青い顔して死を覚悟していたという。それをあんなこと言う浪人は偽者に違いないと。それほど両軍とも命がけの合戦だった。

そして勝っても、どれだけの果実があるかということを考えたら、無きに等しい。武田は、仮に上杉を破れば越後を併合することになるが、上杉の場合には信濃の部将に泣きつかれて仕方なく出陣したような、ただ戦いのための戦いであり、最も消耗的不経済な意味のない戦いだった。上杉謙信は一生をそのように東奔西走した武将で、その間に国の中は治まらないまま、反乱さえ起こっている。かなり血の気が多い人物で、みなの前で成田という有力部将をどついて恥をかかせたりもしている。

親鸞を描く

井伊　親鸞をこれから書かれるんですか。

津本　まあね、前にね一年間、読売新聞の朝刊に連載してたんですよ。それで上下二巻の『弥陀の橋は』という本を出したんです。そしたらご門主が、ちょっと難しいから、だから教行信証を書くころの親鸞聖人を中心にして、もう一度書き直せとおっしゃったんですよ。それで、やることになったんですけどね。

浅香庄次郎
戦国時代の武士。美男子として知られる。水野、松浦、浅香と姓を三度改めた。はじめ織田信雄に仕えたが、木村伊勢守に仕えて男色関係にあった。主人木村伊勢守が蒲生家に仕えると、蒲生家に仕官。蒲生家の転封によって石田三成に仕えた。関ヶ原の前哨戦である杭瀬川の戦いで活躍したが、関ヶ原の戦いによって主家は滅亡した。戦後は前田利常に仕えた。

井伊　まあ、今で言う浄土真宗。その当時は、いわゆる新興宗教みたいなもんですわね。そういうことじゃないですか、あの時代、比叡山あたりから見れば。

津本　まあ比叡山。親鸞はもとは天台僧だし、浄土宗は天台宗から分離した宗派ですから。

井伊　浄土宗もそんなもんですか。

津本　浄土宗も、法然の弟子と親鸞は言っていますからね。

井伊　あ、そうですか。

津本　浄土真宗はね、浄土宗の一番真のところを捉えているんだという意味で言っているのですよ。親鸞聖人が亡くなってから三〇〇年近く経って蓮如が出てきた。そのときに、まあ浄土宗とは別派みたいにやってますけどね。親鸞は「私は法然上人の弟子だ」と、それしか言ってない。

井伊　なんか、あの世のことか極楽のことか知りませんけど、誰かによく聞かれて、なんかね、法然さんという師匠が言うんやから何かあるんだろう、師匠が言うから信じると、親鸞はね。

津本　そうですね。だまされてもかまわないという絶対の信頼です。

井伊　あんにゃから、あんにゃろちゅうような。そういう従来の国家鎮護の仏教カラーで考えると、その親鸞の新しい宗教の一番大きな違いってどこになるんですか。やっぱり、もちろん庶民のためというか。

津本　うん。一番大きな違いっていうのは、悪いことしないんですよ。

井伊　ああ。つまり、いい男やっちゅうことですな。

釜茹《ゆ》での刑
受刑者を大釜に入れて煮殺す刑。古代中国では「烹煮《ほうしゃ》」と呼ばれ多くの執行例がある。日本では石川五右衛門《ごえもん》が釜茹でにされたという伝説があり、文禄3年(1594)8月に三条橋間の川原にて姓氏不明の盗賊一人が釜茹での刑に処されている。江戸時代初期の会津でも釜茹での刑が実施されたが、その方法は、大釜の蓋《ふた》に穴をあけ、下駄を履かせた罪人を中に入れ、頭、顔、手を蓋から外へ出させ、緩やかに火で煮て、熱気が釜の中に充満したところに油を注ぎ入れ焼き殺すというものであった。

親鸞(1173～1263)
鎌倉時代初期の僧で、浄土真宗の開祖(宗祖)。法然の弟子となったが、承元の法難によって法然教団が弾圧されると、親鸞は僧籍を剥奪され越後に配流された。その後関東を中心に布教活動を行い、『教行信証《きょうぎょうしんしょう》』を著述した。

津本 そうです。

井伊 南無阿弥陀仏……。

津本 行っていうの一切ない。そんなことしたって、もともと煩悩《ぼんのう》のある人間がね、できるわけない。それで法然の教えを守って……。まあ、いろいろ行している人はいる。自分はなんていうか、聖者だと言ってる人間が現在の利益をむさぼって戒名をたくさん発して、それで贅沢して陰で妾《めかけ》を囲ってると。そういう坊さん、いっぱいいたんですよ。実際、何をしてるかというと、もう現世の出世主義者と変わりないようなことしてると。それではもう、民衆を安心させられないと言おうとしてる。

井伊 一遍の時宗《じしゅう》があるでしょ。あれと一向宗というか親鸞とのかかわりって、どういうもんです?

津本 時宗は踊念仏《おどりねんぶつ》ですね。あれも、なんていうんですかねえ、

井伊 あれも易行道《いぎょうどう》ですね。

津本 易行です。一遍は割と、ちょっと快楽主義があるんですよね。

井伊 つまり叡山とか南都も含め、ああいう貴族とか、貴族専門みたいな仏教のころにですね、民衆の宗教の萌芽《ほうが》がある。昔はなかったんですね。

津本 自然信仰でしょうね。自然に神を見る。

井伊 叡山の仏教は貴族のための仏教ですね。

津本 貴族と、それから僧侶と。これが成仏できると。ほかの者は駄目ですよ。

井伊 そしたら歴史的には、意外に後に出てきたわけですね。浄土真宗……。

一遍（1239 ～ 89）
鎌倉時代中期の僧侶で、時宗の開祖。法諱は智真。諡号は証誠大師。伊予河野氏の出身で、日本全土を遊行《ゆぎょう》、「南無阿弥陀仏決定往生六十万人」の文言が刷られた札を配り、踊念仏を修して全国に念仏を勧進《かんじん》した。伝記である『一遍聖絵《ひじりえ》』は当時の風俗を知る上でも貴重。（寶厳寺 蔵）

日蓮宗なんかも、だいたい前後してますね。

津本　禅宗もみなそうです。みな天台宗から出てきた。

井伊　だいたい天台から出てきてますもんね。

津本　全部、天台です。

井伊　法然とか、日蓮もそうか、道元もそうだし。だから、やっぱり最初の学問体系ちゅうか、宗教の基礎体系ちゅうものが、やはりそういう台密《たいみつ》ちゅうか、ああいうオーソドックスな仏教を……。

津本　中国に留学して、それで帰ってきた。比叡山と奈良ね。ここへ行って、どっちも顕教《けんきょう》と密教《みっきょう》ですわね。顕密を。で、空海がさらに高野山へ行ったと。そんな形ですかね。

井伊　あの先ほどの上杉謙信にしても信玄にしても、僧正なんか、あれなってるでしょ。ねえ。出家して。

津本　なってます。謙信はあんまり高くなかったけど、信玄は権大僧正かなんか。

井伊　それは、どういうあれなんですか。

津本　謙信はね……。

井伊　純粋な信仰。

津本　戦争で人を殺すでしょ。だから、ほんとは真言の行者になりたい……。

井伊　うん、初め何かそうなってますね。

津本　信玄はね、政治的に利用しようとしたんですよ。大名は四位《しい》で止まりな

『弥陀の橋は 親鸞聖人伝』
平成 14 年 読売新聞社刊。親鸞の生涯を描いた長編小説。読売新聞連載の単行化本。

んですよ。ところが、あの権大僧正というのは従三位《じゅさんみ》ですから。

井伊　そういう点から考えても、謙信と信玄は性格の相違というのがはっきりしてる。

津本　まあ、そうですかね。

井伊　やっぱり謙信は理想主義的なところがあって、信玄は現実的ちゅうか。

津本　まあ、そうですね。

井伊　まあ謙信は生きてるときも領内が治まってませんもんね。なかなか政治家という意味では信玄のほうが上でしたでしょうし、さらにその上、さらに信長……さらにね、新しい時代になるだけの。しかし、そういう宗教的な寝業《ねわざ》は全然ないでしょうしね。

津本　そうでしょうね。

井伊　信長なんかは自分の、生まれつきの才能ですかな。誰に教えてもらったわけでもないだろうし。

津本　才能ですね。あれはもう、自分の考えたとおりのことしかやらないですからね。だいたい信玄は素人の五段くらいの碁を打ったそうですね。

井伊　ほう。

津本　棋譜《きふ》は残ってるんですよ。でね、信長は初段ぐらいですって。

井伊　信玄はそんな。

津本　信玄はもう、碁をよく打ったそうですね。

井伊　それを単に打ってるだけじゃなくて、その間にいろいろ考えてやったん

僧正・権大僧正

僧綱《そうごう》位の一つ。僧侶を統制する中央機関の僧綱は、奈良時代では僧正、僧都《そうず》、律師《りっし》の3職があったが、構成員の増大とともに、僧綱位も拡大。大、少の区別を設け、さらに権《ごん》位が付設されることとなり、大僧正、権大僧正、僧正、大僧都、権大僧都、少僧都、権少僧都、律師、権律師の9位階が成立することとなった。

武将と囲碁

日本には奈良時代に伝来し、以来「琴棋書画《きんきしょが》」として教養の一つに数えられた。囲碁はその特質上、戦争のシミュレーションとなる要素があるため、室町時代から戦国時代にかけて武将が戦争のシミュレーションとして愛好した。『爛柯堂棋話《らんかどうきわ》』(1849年)には、本能寺の変における三劫《さんごう》の話、武田信玄と香坂弾正の対局、真田昌幸・信幸親子の対局のものとされる棋譜が掲載されている。

ですね。

津本 まあ、そうですね。やっぱり彼は戦術の研究としてやったんやと思いますよ。家康もヘボなんだけど打ったらしいですよ。

井伊 あの時代は、そういう囲碁をたしなむか、能をやるか。家康なんか能やってますもんねえ。

津本 あれは秀吉にね、強制されて。

井伊 信長もやって……。

津本 信長。信長はね、あまりやらないんですよ。じっと見てるだけですよ。だいたい能って幽霊でしょ。

井伊 信長の能はさておき、幽霊といえば世の中並《な》べて幽霊みたいなもので、有って無きがごとし。現世あるかのごとく確かに見えても、実は幻のように何もない。しょせん、はかない夢のようなもの。まこと「下天は夢」です。偶然、話が落ちがついたようです。

（完）

あとがきに替えて

津本　陽

直木賞を受賞して二、三年過ぎた頃、文春オール読物編集部にすすめられ、隔月に明治前後の剣豪小説を掲載し、六本溜ったところで「明治撃剣会」という小説集にまとめた。

それがチョン髷《まげ》をつけて刀をふりまわす小説の書きはじめであった。（それまではもっぱら私小説を書いていた。）

好奇心をそそられて書きはじめたのだが、もともと剣道は好きであったので、真剣で竹や若葉、豚などを斬ってみると、日本刀のすさまじい切れ味が分り、なお興味を持つようになった。

そのうち「ネオ剣豪小説」と評判が立つようになり、あちこちから註文が殺到して、いつのまにか剣豪作家と呼ばれるようになった。

しばらくするうちに、戦国大名についての小説長篇執筆の依頼がくるようになり、結局三十数年間に、現代小説、剣豪小説、歴史小説をあわせて三百冊をこえる数の単行本を生産した。

そのうち、東京と和歌山の家にあるものが百冊ほどか。あとは版元と国会図書館にゆけば一冊ずつくらいは残っていると思う。

私は書いたものにはたいして愛着を持っていないので、身辺は整理がゆきとどかず、いろいろと散乱している。

秘書は三度いれかわったが、いずれも整理に長じていなかったので、現在のようになった。

歴史小説を書くようになったのは、これも編集者にすすめられたからで、行きあたりバッタリズムというのか、そういう傾向がつよい。井伊さんとは、以前に御高著をいただき、井伊直政の小説『獅子の系譜』を書くにあたり、ご尽力をいただいたご縁でお近づきになった。

井伊さんは私より大分年下で、これからまだまだスケールの大きな仕事をするだろうという、期待の持てる好漢《こうかん》である。

井伊家の史料はもとより、たくさんの武具や骨董も持っておられ、小説として使えるなと思う、多くの歴史知識をそなえておられる。

私とはなぜか気があい、しゃれた料理屋の座敷で、ちょうどいい量の旨いおつまみが、和洋さまざま出てくるので、ビールを飲みつつずいぶん長い時間、井伊さんと対談をした。何時間しゃべったか覚えていないくらいで、そのなかから掬《きく》すべきものをつまみだして、立派な対談集をつくっていただくことになり、感謝しています。

井伊達夫氏とは京都へゆくとき、またお逢いしたいと思っています。

井伊直弼 一行書
（宮下玄覇氏 蔵）

『史眼』誕生縁起

井伊達夫

津本陽さんとの縁は、拙著『井伊軍志』を贈呈したにはじまる。改めて思い返すともう二〇年も昔のことであるが、そんな遠いことのように思えない。

『井伊軍志』というのは―井伊直政と赤甲軍団―と副題したように、徳川家康の創業をたすけた井伊直政を主人公に、その行蔵《こうぞう》と付属諸士の働きを、実史料にもとづいて描いた史伝である。

近年になって津本さんは右の拙著をベースに「獅子の系譜」という井伊直政物語を連載（『オール讀物』）され、そのあと単行本（文藝春秋社刊・平成十九年）にされた。

出版に際して文藝春秋社の担当の方々と共に津本さんが京都井伊美術館に挨拶にみえた。いろいろ雑談の果てに本書の対談話がまとまった。

その間、文藝春秋社の方々のお誘いで、津本さんと秘書のお嬢さんも交え夕食を共にしたことがある。

驚いたのは、津本さんの健啖《けんたん》ぶりである。そこは中華料理の老舗《しにせ》であったが、出てくるものは完全に平らげる。それもかなりなスピードである。大量の執筆をこなす作家のエネルギーをみせつけられた。年齢を考えない鍛錬《たんれん》がすぎ、膝を悪くして減量を強いられていた私は腑甲斐《ふがい》ない思いをした。

対談は一年前の今時分、京の町屋《まちや》を改造した料亭で行われた。私の方から、兜や刀剣類などはなしのネタになりそうなものを少し持参して、昼少し前から昼食を摂《と》りながら開始され、夕方に及んだ。

およそ七時間、ビールを間断なく飲みながらほとんどぶっ通しの長丁場である。気がついたら、既に六時をすぎていた。こんなに刻の過ぎるのを忘れたことはない。

さすがに終盤の方は津本さんもお疲れで、卓前に横臥《おうが》の状況になった。煎豆《いりまめ》を齧《かじ》りながらねそべって、古今の英雄豪傑を月旦《げったん》するのは人生の至楽といったのは諸葛孔明のひそみにならった荻生徂徠《おぎゅうそらい》であるが、私も右にならえで、手前味噌ながら史談縦横の醍醐味ここに尽きるという感じであった。

本書はその間の対話の全てを、できるだけ削らず、修正せず、ナマのままで収録した。小奇麗に調理しない。野性のままである。世上に氾濫《はんらん》する対談本の多くは、みんな後から手を加えて外所行《よそゆ》きに装われているように思う。本音を語って実は建前しかしゃべっていないというものが多い。少くともこの本はそういうことはない。木を語るなら、風にあおられそよぐ葉の動きはもちろんだが、根本、樹液の匂いまでも読み手に悟ってもらいたい。気持はそんなところだが、果たしていかが。思いは丈《たけ》、実りは寸毫《すんごう》にすぎないかも知れない。もしそうであれば、責めは別のところにある。津本さんとは機会があればまたいろいろお話を伺いたいと思う。私もまだたくさんお話ししたいことがある。末筆ながら津本さんには厚く御礼申し上げたい。

平成二十年元陽旬初日

（コラムは本対談の補足説明として、私が編集子と別の日に対談したものである。そのまま対談の形で気楽な付録として載せるのが私の趣旨であったのだが編集部がコラムにしてしまった。砕けた会話の雰囲気は消え教条的な文言になってしまったのは残念であり、私の本意でないことを付記しておく。）

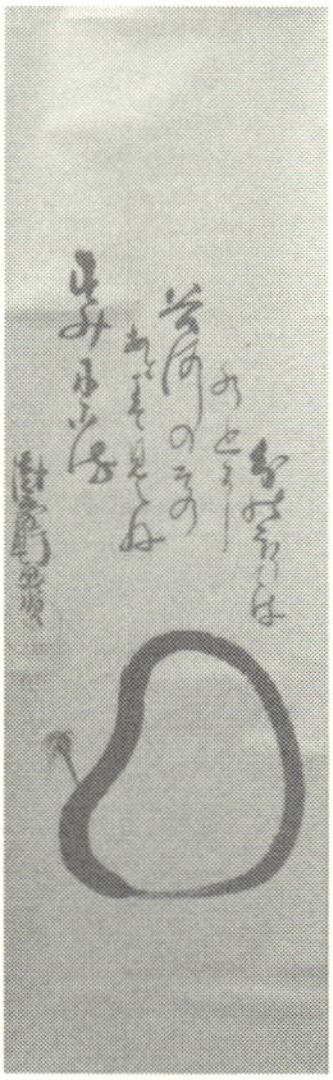

井伊直弼 達磨画賛
（京都井伊美術館 蔵）

〔著者紹介〕

津本 陽

昭和4年和歌山市生まれ。東北大学法学部卒。剣道三段、抜刀道五段。13年間のサラリーマン生活を経験。昭和41年、同人誌『VIKING』に参加。昭和53年『深重の海』で第79回直木賞受賞。平成7年『夢のまた夢』で第29回吉川英治文学賞受賞。平成9年紫綬褒章受賞。第53回菊池寛賞受賞。長編歴史小説『下天は夢か』が100万部を突破するベストセラーとなり、一大信長ブームを巻き起こす。
主な著書に『柳生兵庫助』『風流武辺』『大わらんじの男』『乱世、夢幻の如し』『孤塁の名人』『勝者の極意』『獅子の系譜』『薩南示現流』『最後の相場師』『薩摩夜叉雛』『武蔵と五輪書』『武神の階』『鉄砲無頼伝』がある。

井伊 達夫（旧姓中村）

昭和17年彦根市生まれ。実戦刀術、古流兵法研究家。京都井伊美術館（旧称京都戦陣武具資料館 中村甲刀修史館）館長、井伊兵部少輔家（旧与板藩）第19代、日本甲冑史学研究会会長。その他日本甲冑研究交歓会、甲刀倶楽部等、甲冑武具関係団体を主宰。井伊家の武具や文書史料の研究に従事。彦根藩史・当世具足鑑定の第一人者。『越の老函人』で井上靖北日本文学賞受賞。また論文が多数あり、本間薫山刀剣学術賞などを受賞。
著書に『赤備え―武田と井伊と真田と―』『井伊軍志―井伊直政と赤甲軍団―』『井伊家歴代甲冑と創業軍史』『彦根藩公用方秘録』などがある。

史眼 Shi-Gan
―縦横無尽対談集―

2008年7月20日 第1刷発行
著　者 津本 陽×井伊 達夫
後日対談 井伊 達夫×宮下 玄覇
コラム編集 近藤 孝敏
脚　注 井伊 達夫（＊印）ほか
撮　影 岩槻一弘・越智信喜
発行者 宮下 玄覇
発行所 株式会社宮帯出版社
〒602-0062
京都市上京区堀川通寺之内東入
電 話 (075) 441-7747
FAX (075) 431-8877
URL http://www.miyaobi.com
振替口座 00960-7-279886
定価はカバーに表示してあります。
落丁・乱丁本はお取り替え致します。
印刷所 株式会社平河工業社

© Yo Tsumoto,Tatsuo Ii 2008 Printed in Japan ISBN978-4-900833-47-0 C0021

井伊軍志—井伊直政と赤甲軍団—

井伊達夫 著

Ｂ5判 上製 486頁 **定価21000円**

いかにして譜代筆頭の大藩井伊家は誕生したか。また唯一の井伊直政の伝記としても貴重。津本陽『獅子の系譜』(文藝春秋社)の底本。

〈序文〉法政大学教授・文学博士 村上 直氏、〈扉〉作家・故司馬遼太郎氏、〈カバー見返し〉作家津本 陽氏

井伊家歴代甲冑と創業軍史

井伊達夫 著

Ｂ5判 上製 270頁 **定価25200円**

井伊氏歴代の甲冑を内外くまなく博捜しながら、その詳細な資料について微細にわたって解説。あわせて厳しい歴史考証を以って検討。

広島藩 地方書の研究

勝矢倫生 著

定価6825円

近世農村支配の現場から記された農政批判書としての地方書に着目し、丹念に解読。田制・徴租法・地域政策など、広島藩における農政の構造と変容過程を詳細に解明した研究書。

歴史小説

疾《はや》き雲のごとく～早雲と戦国黎明《れいめい》の男たち～

津本 陽氏推薦

四六判 上製 280頁 **定価1700円** 伊東 潤 著

応仁・文明の乱後の関東の戦国前期、北条早雲(伊勢宗瑞)に関わった六人の男たち、彼らの視線から早雲の活躍を描く歴史小説。群雄割拠し、躍動する戦国の世が今ここに再現される。

海武者～ある秘剣の物語～

山崎真馬 著

中国で大反響!!(中国版『合掌』)

四六判 上製 448頁 **予価1800円**

戦国時代の剣豪三島宗惺《そうせい》は、肥前国を牛耳る松浦党《まつらとう》により捕われの身となるが船の難破により漂流、明国《みんこく》に流れ着く。倭寇《わこう》が跋扈《ばっこ》した明代中国を舞台に、一人の武人の戦いと苦悩を描いた歴史活劇！

手帳

帰ろう日本の暮らしに 着物手帳〈平成21年版〉

予約受付中 PR現代編集部 編

A6判変型 208頁 **定価1200円**

二十四節季の着こなし、旧暦・月齢、現代版・着物衣替えカレンダー、着物のまわりのアイデア、ぬり絵で楽しむ着物日記、着物体験談、着物の基礎知識〔着物の種類・染と織の産地・帯の種類・贈り物リスト・着物寸法メモ・おでかけスポット〕、きものTPO ほか

名物裂表紙の茶湯手帳〈平成21年版〉

予約受付中 宮帯出版社編集部 編

資料もますます充実、必携の一冊。

三五判 216頁 **定価798円**

平成21年カレンダー、暦解説、勅題一覧、茶湯史略年表、茶湯道統略系図、三千家血脈系図、茶道家元系譜、茶人花押一覧、千家十職系譜、同歴代落款一覧、楽脇窯歴代落款、釜師系譜、古筆鑑定家系譜、香道系譜、人間国宝一覧、大徳寺山内図、同山内住職、同歴代住持一覧、同住持花押、年齢の異称・賀寿、年忌表、茶湯美術館一覧 ほか

宮帯出版社の本

幻の宰相 小松帯刀伝〈決定版〉

8月刊行予定　瀬野富吉 著

A5判 並製450頁　予価2940円

坂本龍馬の活動を公私にわたって支えた盟友、小松帯刀清廉。「朝幕間で最も重要な人物」といわれた小松帯刀の波乱に満ちた短い生涯を、精緻な考証をもとにたどる。第13回南日本出版文化賞受賞の幻の名著、ここに復刊。

鹿児島大学教授 原口 泉 監修

（仮）黒田軍団の甲冑
―如水・長政と二十四騎の牛角武者たち―

8月刊行予定　本山一城 著

A5判 上製　予価2940円

上杉謙信・景勝と家中の武装

来春刊行予定　竹村雅夫 著

A5判 上製　予価2940円

日本各地に点在する上杉氏の武具・甲冑を網羅。衝撃のカラー写真満載。

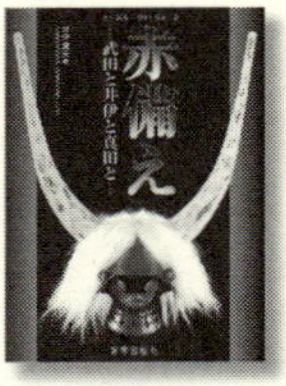

赤備え―武田と井伊と真田と―

井伊達夫 著

『井伊軍志』の要約版

A5判 上製 320頁（カラー図版32頁）定価2940円

日本の軍制史上一際異彩を放つ、赤い軍装をユニフォーム化した「赤備え」。彦根藩史及び井伊家軍制と武装を長年研究してきた著者の手になる、研究家待望の「赤備え」決定版！

甦る武田軍団―その武具と軍装―

静岡大学教授 小和田哲男氏 絶賛！

三浦一郎 著

武田軍団は、いかなる武装をして、いかなる戦闘を行っていたのか――。
甲斐武田氏とその軍団にまつわる遺物の精査・古文書の分析などから、その実態に迫る。〈未公開写真多数掲載〉 A5判 上製 296頁（カラー図版16頁）定価5040円

直江兼続

図版を多用し、最新の研究成果をわかりやすく解説。

予約受付中　花ケ前盛明 編

（来春刊行予定）予価2940円

年代別 武田信玄・勝頼家臣団人名事典

予約受付中　宮下玄覇 著

（来春刊行予定）予価2940円

桃山の「光源氏」猪熊少将教利

宮下玄覇 著

10月刊行予定　A5判 上製　定価1800円

桃山時代の伝説的な貴公子で、公家のファッションリーダーであった猪熊少将が非業の死を遂げて四百年。「天下無双」の美男子の破天荒な生涯をつづる。
一大ブームとなった「猪熊様《いのくまよう》」と呼ばれる髪型や、帯の結び方とは――。猪熊事件に連座した若公家たちの流麗な和歌・連歌を収載！

徳川将軍家・御三家・御三卿旧蔵品総覧

（今秋刊行予定） A4判 上製 函入 定価19950円　宮下玄覇 編

徳川家（尾張・紀伊・水戸・田安・一橋）の売立目録13冊（大正7年～昭和13年）と伊予西条松平家（紀伊家分家）の戦災等で失われたものを含む古写真4000点余を収録。またその落札値を載せ、現在の貨幣価値に換算。